KB037936

오늘의 역사
역사의 오늘

LOS HIJOS DE LOS DÍAS

오늘의 역사 역사의 오늘

알려지지 않은 세계사의 **365**장면

Los hijos de los días

에두아르도 갈레아노
남진희 옮김

버터북스

그러자 날들이 걷기 시작했다.
그 하루하루가 우리를 만들었다.
그리고 우리가 태어났다.
시대의 아이들이자
지식의 탐구자로,
삶을 추구하는 영혼으로.

— 마야인의 〈창세기〉에서

이 책을 읽는 법

라틴아메리카의 대표적인 비판적 지식인이자 그 굴곡진 역사를 헤쳐 나간 작가 에두아르도 갈레아노가 말년에 심혈을 기울여 쓴 '가장 보편적인 인류의 달력'입니다. 오늘에 해당하는 페이지부터 펼쳐도 좋고, 이리저리 넘겨보며 관심 있는 주제부터 읽어도 좋습니다. 주석과 함께 읽어주세요.
그 많은 상처와 시련 속에서도 에두아르도 갈레아노는 누군가는 분명히 나아가고 있다고, 우리는 그렇게 내일로 향해 간다고 이야기합니다. 그러므로 1월 1일부터 차례로 읽는 것이 가장 좋습니다.
내일이 오늘의 다른 이름이 아니길 바라며.

버터북스 편집부

추천의 글

디지털 태엽에 감긴 채 살아가는 우리가 경험하는 세계란 거대하고 빈약하다. 정보는 느는데 앎은 줄어든다. 비난은 우글거리는데 저항은 조롱거리가 된다. 제 고통엔 예민해졌으나 타자의 고통을 감지할 촉수는 한껏 무뎌졌다. 에두아르도 갈레아노는 이런 세태를 당당히 거스르며 살고, 싸우고, 글을 썼다. 《오늘의 역사 역사의 오늘》은 말년의 그가 한없이 취약해진 세계에 건네는 절제된 호소문이다. 라틴아메리카에 대한 서구의 장기 수탈을 오랫동안 파헤쳤던 집요함으로, 작가는 성실한 투사가 되어 과거의 어느 시기, 지구 어느 곳에서 아무것도 아닌 인간으로, 생명으로 살기를 거부한 존재들을 역사의 전면에 등장시킨다. 처음에는 동서고금의 숨은 역사를 자유롭게 횡단하는 그의 해박함에 놀랐지만, 독서를 끝낸 뒤에는 짓밟힌 생명, 지식, 사건을 앎의 자리에 기어이 끄집어낸 그의 의지에 경외감이 들었다. 365일 중 어느 하루의 과거를 끄집어내 기억해야 한다면 당신은 누구를, 무엇을 등장시키고 싶은가? 다른 미래를 만들기 위해 지금 우리가 던져야 할 역사적 질문이다.

2024년 3월

조문영

오늘의 역사

역사의 오늘

1월

1월 1일
오늘

오늘은 새해 첫날이다. 그러나 마야인, 유대인, 아랍인, 중국인을 비롯해 이 세상의 수많은 민족에겐 그렇지 않다.
우리가 쓰는 달력은 로마 즉 로마제국이 만들었고, 로마에 있는 바티칸이 공인한 것이다. 그러니 오늘, 전 세계 사람들이 새해가 된 것을 반긴다고 말한다면, 약간 과장된 표현이 아닐 수 없다.◆
그러나 인정하자. 오늘은 눈 깜짝할 새 사라지는 나그네 신세인 우리 모두에게 환하게 웃어주는 날이다. 채소 가게에 펼쳐진 색색의 빛깔만큼이나 즐거운 오늘은 새해 첫날로 받아들여도 괜찮은 날이리라.

◆ 1582년 교황 그레고리오 13세가 도입한 그레고리오력은 태양력을 기반으로 한, 오늘날 가장 널리 사용되는 표준 달력이다. 이외에도 다양한 달력이 있다. 마야 문명은 서로 다른 두 가지 달력 시스템을 복합적으로 사용했고, 유대인들은 복잡한 윤년이 있는 달력을 사용한다. 이슬람교는 달의 움직임에 기반한 달력을 쓰는데, 이는 태양력에 비해 1년이 대략 11일 짧다. 중국 달력은 1년을 태양년으로, 한 달을 달의 월령으로 계산한다.

1월 2일
불에서 또 다른 불로

1492년 오늘, 그라나다가 함락되면서 에스파냐에 세워졌던 아랍인들의 왕국도 무너졌다.
기독교로서는 성스러운 종교재판의 승리일지 모른다. 하지만 그라나다는 모스크와 교회 그리고 유대교 사원이 서로 좋은 이웃으로 지낸 마지막 왕국이었다.◆
그해 아메리카 정복이 시작되었다. 당시 아메리카는 이름도 없는 신비의 땅이었다.
그리고 그 뒤로 수십 년에 걸쳐 여기저기에서 타오른 불과 함께 이슬람인, 히브리인, 아메리카 원주민들의 책이 잿더미로 변했다.
불은 지옥에서 태어난 공허한 말들의 최종 목적지였던 셈이다.

◆ 13세기부터 15세기까지 이어진, 에스파냐의 마지막 이슬람 왕국 그라나다는 1492년 그라나다 전쟁으로 에스파냐에 편입되며 사라지게 되었다. 에스파냐가 이슬람 왕국을 다시 기독교 영토로 가져온 이 과정을 '재정복'이라는 의미의 '레콩키스타(Reconquista)'라 부른다.

1월 3일
걸어 다니는 기억

기원전 47년 세 번째 날, 고대 세계에서 가장 유명한 도서관이 불탔다.

로마 군단은 이집트를 침공하였고, 클레오파트라의 남동생 프톨레마이오스 13세와 율리우스 카이사르가 벌인 전쟁으로 인한 화마火魔가 알렉산드리아 도서관◆에 소장되어 있던 수천, 수만 권의 장서 대부분을 집어삼켰다.

그로부터 2000년이 지난 오늘, 미군은 이라크를 침공했고, 조지 부시 대통령이 자기가 키운 적, 다시 말해 사담 후세인과의 십자군 전쟁을 벌이는 동안 바그다드 도서관의 수천, 수만 권의 장서 대부분을 재로 만들어버렸다.◆◆

인류 역사를 통틀어, 전쟁과 불을 피해 도서관이 자신을 무사히 지킬 수 있었던 단 하나의 사례는 10세기 말 페르시아의 총리 압둘 카셈 이스마엘이 고안한 '이동식 도서관'뿐이었다.

지칠 줄 모르는 여행가이자 지혜로운 인간이었던 이스마엘은 언제나 도서관과 함께 이동했다. 2킬로미터가 넘는 캐러밴 대열을 이룬 400여 마리의 낙타가 11만 7천 권을 등에 지고 다녔다. 낙타는 책을 분류하는 역할을 맡기도 했다. 첫 글자가 페르시아 알파벳 서른두 자 중 무엇에 속하는가에 따라 낙타들을 나누었기 때문이다.

◆ 기원전 3세기에 설립된 알렉산드리아 도서관은 그리스, 로마, 이집트 등 다양한 문화의 수많은 저작물을 소장한, 고대 학문의 중심지였다.

◆◆ 2003년, 이라크 전쟁이 일어났다.

1월 4일

인간을 부르는 땅

1643년 오늘, 아이작 뉴턴이 태어났다.
알려진 바에 따르면 뉴턴은 사랑하던 남자도 여자도 없었다.
그는 독신으로 죽음을 맞았다. 아무도 그를 돌봐주지 않았기에 뉴턴은 평생 전염병과 유령에 대한 두려움을 안고 살았다.
뉴턴은 유난히 겁이 많았지만 연구 활동에는 과감했다. 그는 천체의 움직임, 빛의 성분, 음속, 열전도 그리고 중력의 법칙◆ 등을 밝혀냈다. 끊임없이 우리를 부르는 땅의 거부할 수 없는 중력은 우리 인간의 뿌리와 최종 종착지를 다시 한번 상기시킨다.

◆ 아이작 뉴턴이 밝혀낸 천체의 움직임은 오늘날 '뉴턴의 운동 법칙'으로 불린다. 빛의 성분을 발견한 실험은 '뉴턴의 프리즘 실험'으로, 광학 분야에 큰 영향을 끼쳤다. 또한 '만유인력의 법칙'은 지구의 중력뿐만 아니라 천체 간의 중력 상호작용을 설명한다.

1월 5일
다정하게 말을 건네는 땅

조지 카버[◆]는 꿈에서 하느님을 만났다.
"원하는 것을 말해보라!" 하느님이 말씀하셨다.
카버는 땅콩의 비밀을 밝혀달라고 청했다.
하느님의 대답은 간단했다.
"그것은 땅콩에게 직접 물어라!"
노예의 아들이었던 카버는 노예 노동력을 이용한 플랜테이션 농업으로 인해 황폐해진 땅을 되살리는 데 평생을 바쳤다. 그는 연금술사의 부엌 같은 연구실에서 땅콩과 고구마를 이용해 식용유부터 치즈, 버터, 소스, 마요네즈, 비누, 염료, 잉크, 당밀, 접착제, 납석까지 수백 가지가 넘는 제품을 만들어냈다.
"식물들이 이 모든 걸 이야기해줬어요. 귀 기울일 줄 아는 사람에게 식물은 모든 것을 털어놓지요."
1943년 1월 5일 타계할 때까지 조지 카버는 여든이 넘은 나이에도 다양한 제조법과 지식을 전하는 한편, 앨라배마 주에서 처음으로 흑인의 입학을 허용한 희한한 대학[◆◆]에서 강의를 했다.

◆ 조지 워싱턴 카버(George Washington Carver)는 미국의 식물학자이자 발명가로, 1864년 미국 미주리 주 다이아몬드에서 흑인 노예로 태어났다. 그의 부모는 아버지 길스와 어머니 메리였으며, 그들의 주인이자 양부모인 도이칠란트계 이민자 모지스와 수전 카버 부부의 돌봄을 받아 최소한의 교육을 받았다. 그 후, 그는 농화학과 식물학 분야에서 높은 업적을 이루며 성장하였다.

◆◆ 1881년에 설립된 미국 앨라배마 주의 터스키기 대학(Tuskegee University)은 흑인 학생들에게 교육 기회를 제공한 대학이다.

1월 6일
그리운 고향 땅

2009년 오늘, 튀르키예는 나즘 히크메트◆의 국적을 복원시켰다. 튀르키예 국민의 가장 많은 사랑을 받았으나 한편으로는 가장 증오의 대상이기도 했던 시인 나즘 히크메트가 튀르키예인이라는 사실을 마침내 인정한 것이다.
그러나 그는 이 기쁜 소식을 들을 수 없었다. 반세기 전에 생의 대부분을 보낸 망명지 러시아에서 세상을 떠났으니.
고향은 그를 간절히 원했지만, 그는 자신의 책과 함께 단단히 봉인되었다. 머나먼 곳에 유배되었던 시인은 절절하게 고향 땅을 그리워했다.

> 아직 나에겐 할 일이 남아 있네
> 무수히 많은 별과 함께 있었지만, 나는 미처 다 헤아릴 수 없었네
> 우물에서 물을 길었지만, 그 물을 건네줄 수가 없었네

나즘 히크메트는 다시는 고향에 돌아가지 못했다.

◆ 나즘 히크메트(Nâzım Hikmet) 튀르키예의 시인이자 극작가, 감독으로, '낭만적 공산주의자'로 불렸다. 그리스 영토 사로니카에서 태어나 14세부터 시를 지었다. 1921년 모스크바의 '동방노력자공산대학'에 들어가 마야콥스키와 에세닌과 교류했으며 1924년에 튀르키예로 귀국해 활동하다 체포되었다. 튀르키예 정부가 작품 발표를 금지해 죽을 때까지 모국에서는 시를 발표할 수 없었을 뿐만 아니라, 여러 번 체포되어 옥중 또는 망명지에서 삶 대부분을 보냈다. 그의 시는 50개 이상의 언어로 번역되었다.

1월 7일
손녀

라파엘 바렛◆의 손녀 솔레다드◆◆는 늘 할아버지의 말씀을 떠올렸다.
"이 세상에 선善이 존재하지 않는다면, 우리는 선을 만들기 위해 노력해야 한단다."
파라과이 사람이 되는 것을 선택했고 혁명을 자신의 소명으로 받아들인 바렛은 집보다는 감옥에서 더 많은 시간을 보냈고, 결국 망명지에서 생을 마감했다.
1973년 오늘, 솔레다드는 브라질에서 총알 세례를 받았다.
그녀를 넘겨준 안셀무는 반란을 꾀한 선원이자 혁명 지도자였다.
그는 패자로 살아가고 싶지 않았던지 자신이 믿고 원했던 모든 이상을 포기하고, 브라질 군부독재에 맞서 함께 싸웠던 동료들을 차례로 고발해 고문과 사형을 받게 했다.
결국, 그는 아내인 솔레다드까지 버렸다. 안셀무는 그녀가 숨어 있던 장소를 밀고한 다음 그곳을 떴다.
첫 번째 총소리가 정적을 깬 그 시각, 그는 이미 공항에 있었다.

◆ 라파엘 바렛(Rafael Barrett)은 에스파냐에서 태어나 주로 파라과이에서 활동한 작가이자 저널리스트이다. 20세기 초 파라과이 문학을 대표하는 무정부주의자였다. 1월 7일은 그의 생일이기도 하다.

◆◆ 솔레다드 바렛 비에드마(Soledad Barrett Viedma)는 브라질 군부독재 정권에 저항한 파라과이 출신 무장 항쟁가였다. 쿠바에서 게릴라 훈련을 받았으며, 브라질의 반독재 무장 항쟁 단체인 민중혁명의 전위(Vanguarda Popular Revolucionária)에 합류해 싸웠다. 1973년, 브라질 헌병대에 살해당했다.

1월 8일

안녕이라는 말은 하지 않을 거야

1872년 오늘, 에콰도르 대통령은 마누엘라 레온◆에 대한 사형 집행을 지시했다.

자기처럼 신사적인 사람이 여인을 사형장으로 보냈다는 기록을 남기지 않기 위해, 대통령은 최종 판결문에 '마누엘라'를 '마누엘'로 적는 의도적인 실수를 범했다. 그러나 그녀는 분명 원주민 여인이었다.

마누엘라는 원주민 땅에 사는 모든 부족에게 분연히 떨치고 일어나라고 외쳤으며, 세금 납부와 노예노동을 거부하라고 부추겼다. 큰일은 아니었을지 모르나, 수많은 군인이 놀란 토끼 눈으로 지켜보는 가운데 정부 관리로서 이 일을 대집행하던 바예호 중위에 맞서 당당하게 싸웠다. 넓게 펼쳐진 들판에서 바예호의 칼은 그녀의 무딘 창에 고개를 숙였다.

최후의 날을 맞은 마누엘라는 눈을 가리지 않은 채 사형 집행을 위해 늘어선 병사들을 노려보았다. 마지막으로 하고 싶은 말을 묻자 자신의 언어로 당당하게 한마디를 남겼다.

"마나피."

없다.

◆ 마누엘라 레온(Manuela León, 1844-1872)은 잉카 제국의 부활을 꿈꾸는 원주민 무장 항쟁 단체의 일원으로 가열차게 싸웠던 에콰도르 여성이다. 원주민 인권을 위해 가브리엘 가르시아 모레노 정부의 억압에 맞서 싸웠고, 1872년 리오밤바에서 정부군에 의해 사살되었다. 2010년 에콰도르 공화국 국회는 그녀를 국가의 영웅으로 선포하였다.

1월 9일

짧은 글에 대한 찬사

1776년 오늘, 필라델피아에서 《상식Common Sense》의 초판이 발행되었다.
이 글을 쓴 토머스 페인은 독립이야말로 피식민지라는 굴욕과 사자에게 씌워야 할 왕관을 당나귀에게 씌우는 우스꽝스러운 세습 군주제에 맞서기 위한 가장 상식적인 일이라고 했다.◆
48쪽밖에 되지 않는 이 책은 공기와 물보다 더 빨리, 더 넓게 퍼졌으며, 그는 미국 독립의 아버지 중 한 사람이 되었다.
1848년 카를 마르크스와 프리드리히 엥겔스는 '유령이 유럽을 떠돌고 있다'는 구절로 시작되는 《공산당 선언》을 썼다. 23쪽에 불과한 이 짧은 글은 20세기 혁명에 가장 큰 영향을 미쳤다.
2011년 스테판 에셀이 출간한 《분노하라》는 전체가 26쪽이다. 이 몇 안 되는 단어들은 수많은 도시에서 지진과도 같은 저항운동에 불을 지폈다. 수천수만 명의 분노한 사람들이 거리와 광장으로 뛰쳐나와 수없이 많은 밤낮을 이어 전 세계의 은행가들과 군인들이 만든 독재에 맞서 싸웠다.

◆ 《상식》에서 페인은 영국 군주제와 영국 군주에 대한 불만을 표현하고, 미국 독립의 필요성을 주장했다.

1월 10일
거리

차가 털털거리며 달려가고 있었다.
차가 한 번씩 튀어 오를 때마다 차곡차곡 구겨진 채 앉아 있던 연주자들이 이리저리 흔들렸다. 농민들의 잔치에 흥을 더하러 가던 그들은 아르헨티나 중서부 산티아고 델 에스테로 주의 펄펄 끓는 길 위에서 오랫동안 길을 잃고 헤매고 있었다.
이 덜떨어진 연주자들은 길을 묻지도 못했다. 한때 숲이었던 황량한 사막에서는 사람을 찾아보기 어려웠을 뿐만 아니라, 인적마저 완전히 끊긴 것이다.
그런데 갑자기 먼지구름이 일더니 자전거를 탄 여자아이가 나타났다.
"얼마나 남았니?"
여자아이는 이렇게 대답했다.
"얼마 안 남았어요."
여자아이는 먼지구름을 몰고 그곳을 떠났다.

1월 11일
길을 가는 기쁨

1887년 오늘, '살타'라는 지방에서 '살타'라는 이름의 남자아이가 태어났다. 그의 본명은 후안 카를로스 다발로스◆로, 수많은 음악가와 시인을 배출한 집안의 창시자였다.
사람들 이야기에 따르면, 그는 아르헨티나 북부 지방에서 최초로 콧수염 포드라는 별명이 붙었던 포드 T형 자동차를 몰고 다녔다. 그의 포드 T형 자동차는 그르렁거리는 소리와 연기를 내뿜으며 거리를 누볐는데, 정말 느리게 움직였다. 거북이가 앉아 기다릴 정도였다.
이웃이 다가와 인사를 하며 이렇게 이야기했다.
"그런데 다발로스 씨, 이 속도로 가면 도대체 언제 목적지에 도착합니까?"
그러자 그가 확실하게 대답했다.
"나는 특별히 어딜 가려고 떠난 것이 아니라, 그저 길을 가기 위해 떠난 것이네."

◆ 후안 카를로스 다발로스(Juan Carlos Dávalos, 1887-1959)는 아르헨티나의 시인이자 작가로, 특히 어린이를 위한 우화집으로 사랑받았다. 호르헤 루이스 보르헤스, 파블로 네루다와 함께 남아메리카 문학의 황금시대를 이룬 작가로 기억된다.

1월 12일
황망한 사람들

2007년 오늘 아침, 바이올린 연주자가 워싱턴의 지하철역에서 콘서트를 열었다.
쓰레기통 옆 벽에 기대선 연주자는 언뜻 평범한 동네 청소년처럼 보였는데, 슈베르트의 작품과 다른 클래식 곡을 45분 정도 연주했다. 행인 천백여 명이 바쁜 걸음으로 그 앞을 지나쳤다.
단지 일곱 명만이, 그것도 아주 잠깐 멈춰 섰을 뿐이다. 아무도 박수를 보내지 않았다. 그곳에 머무르고 싶었던 몇몇 아이들이 있었지만, 부모 손에 이끌려 멀어졌다.
아무도 그가 전 세계에서 가장 존경받는 최고의 바이올린 연주자 조슈아 벨◆이라는 사실을 알아차리지 못했다.
이 이벤트를 기획한 〈워싱턴 포스트〉는 "당신은 아름다움을 위해 시간을 낼 수 있나요?"라는 질문을 던지고 싶었다고 전했다.

◆ 조슈아 벨(Joshua Bell)은 미국의 바이올리니스트이자 지휘자이다. 그래미상을 수상했으며, 현재 세계 최고의 오케스트라로 손꼽히는 영국의 '세인트 마틴 인 더 필즈 아카데미'에서 음악감독을 맡고 있다.

1월 13일
포효하는 대지

2010년 지진은 아이티의 상당 부분을 집어삼켰고, 20만 명 이상이 사망했다.◆

다음 날 미국의 복음 선교 텔레비전 목사인 팻 로버트슨이 이 참상에 대해 이야기했다. 수많은 영혼의 목자인 그가 '아이티의 흑인들은 독립을 요구한 일에 책임을 져야 한다'고 말한 것이다. 이번 지진은 아이티를 프랑스에서 독립시킨 악마가 대가를 요구한 것이라는 게 로버트슨 목사의 주장이었다.◆◆

◆ 2010년 1월 12일 화요일, 아이티에서 규모 7.0의 대지진이 발생했다. 사망자 수는 10만 명에서 31만 6천 명 사이로 추정된다.

◆◆ 팻 로버트슨 목사는 이전에도 허리케인 카트리나가 미국의 낙태 정책에 대한 하나님의 징벌이라고 주장한 바 있다.

1월 14일

아이티의 저주

아이티 지진은 쉴 곳도 마실 물도 없는 나라의 오랫동안 이어진 비극에 정점을 찍었다. 이 나라는 식민주의자들의 탐욕과 노예제도 폐지를 둘러싼 전쟁으로 인해 초토화되었다.

그러나 주인의 자리를 뺏긴 식민주의자들은 이를 다르게 설명한다. 이 모든 불행이 예나 지금이나 부두교 때문이라는 것이다. 부두교는 종교로 인정되지 않았고, 아프리카에서 건너온 미신이자 흑마술, 흑인들만의 것, 악마의 것으로 취급되었다.

가톨릭 교회에선 독실한 신자들이 성자들의 손톱이나 대천사 가브리엘의 날개 깃털 등을 판매한다. 이런 가톨릭 교회가 아이티에선 1845년, 1860년, 1915년, 1945년 등 여러 차례 법적으로 부두교도들의 이러한 행위를 미신으로 몰아 금지했다.◆

최근, 복음 선교라는 명목으로 '미신과의 전쟁'이 더욱 강화되고 있다. 이는 팻 로버트슨의 나라에서 비롯되었는데, 놀랍게도 이 나라에선 건물에 13층을 만들지 않으며 항공기에도 13열을 두지 않는다. 뿐만 아니라 대다수 기독교 문명인들은 하느님이 단 일주일 만에 이 세상을 창조했다고 굳게 믿고 있다.

◆ 1845년에는 부두교 의식과 관련된 공개 행사를 금지하는 법률이 제정되었고, 1860년에는 부두교의 상징이나 '미신적인' 물품 사용을 금지하는 법령이 시행되었다. 부두교와 가톨릭 교회의 갈등은 더욱 심화되어, 1915년에는 부두교의 종교 활동을 금지하고 처벌하는 법률이 제정되었고, 1945년에는 부두교의 종교적 자유를 제한하는 법적 조치가 시행되었다.

1월 15일
구두

혁명가 로자 룩셈부르크◆는 1919년 오늘, 베를린에서 암살되었다. 자유군단이라고도 불리던 사민당 의용군은 그녀의 시신을 운하에 내던졌다.
이 과정에서 그녀는 구두를 잃어버렸다.
누군가 그녀의 구두를 주워 흙탕물에 던져버렸다.
로자는 자유라는 미명 하에 정의가 희생되지 않고, 정의라는 미명 하에 자유가 희생되지 않는 세상을 꿈꿨다.
매일 누군가 그녀가 들었던 깃발을 주워 든다.
구두와 함께 흙탕물에 버려진 그 깃발을.

◆ 로자 룩셈부르크(Rosa Luxemburg, 1871–1919)는 폴란드 출신의 마르크스주의자이자 철학자, 경제학자, 여성운동가였으며 혁명가였다. 1919년 1월 15일, 도이칠란트의 스파르타쿠스 반란이 실패한 후 체포되어 살해되었다. 베를린의 란트바이어 운하에서 룩셈부르크의 시신이 발견되었다.

1월 16일
술을 권하는 법

1920년 오늘, 미국 상원이 금주법을 통과시켰다.

이를 통해 술을 금지하는 것이야말로 술을 광고하는 일임을 확인할 수 있었다. 다시 말해 금주법 덕분에 술의 제조와 소비가 오히려 꽃을 피웠고, 알 카포네와 그의 부하들은 그 어느 때보다 많은 사람을 죽였으며 많은 돈을 벌었다.◆

16개나 되는 훈장을 받을 정도로 긴 세월 동안 미 해군을 지휘했던 스메들리 버틀러 장군은 1933년, 알 카포네가 시카고에서 거둔 성공이 세 대륙◆◆에 살고 있던 소년들에게 영감을 선사했다고 이야기했다.

◆ 알 카포네(Al Capone)는 20세기 초 미국에서 활동한 유명한 범죄인으로, 시카고에 범죄 조직을 건설하였으며, 금주법 시대에 불법 술을 제조하고 판매하는 데 중요한 역할을 했다. 조직원들과 함께 시카고와 뉴욕 등 여러 도시에서 불법 술을 제조하고 유통해 수십만 달러의 이익을 얻었다. 정치인, 경찰, 사법부 등에 대한 부정부패를 조직화하는 데도 관여했으며, 이 과정이 영화 〈대부(The Godfather)〉에 상징적으로 나타난다.

◆◆ 아시아와 유럽 및 아프리카.

1월 17일

하느님을 총살한 남자

1918년 혁명의 열기가 들끓던 모스크바에서 아나톨리 루나차르스키는 하느님에 대한 재판을 이끌었다. 피고석에는 성경을 앉혔다.

검사는 하느님이 기나긴 인간의 역사에서 인류에 반하는 수많은 죄를 지었다고 밝혔다. 관선 변호인은 하느님이 심각한 치매를 앓고 있기에 죄를 물을 수 없다고 변론하였다. 그러나 법정은 하느님에게 사형을 선고했다.

오늘 새벽, 하늘을 향해 다섯 발의 총알이 발사되었다.

1월 18일
성수

종교재판이 한창이던 시절, 목욕을 즐기던 에스파냐 사람들은 이슬람의 피를 물려받은 것이 아니냐는 의심을 받았다.
물에 대한 숭배는 무함마드에서 비롯되었다.
무함마드는 570년경에 사막에서 태어났다. 타는 목마름의 왕국인 사막에서 물을 찾아 헤매는 사람들로 이루어진 종교를 만들었다.
그는 '알라'라고 부르는 하느님이 이렇게 이야기하라고 시켰다고 했다.
"구원의 길에 들기 위해서는 하루 다섯 번 아래턱이 땅에 닿을 정도로 몸을 굽혀 기도해야 한다. 기도하기 전에는 반드시 물로 몸을 깨끗이 해야 한다."
'청결이 믿음의 반이다'라고 그는 이야기했다.

1월 19일

그와 함께 새로운 시대가 시작되었다

1736년 오늘, 스코틀랜드에서 제임스 와트가 태어났다.

그가 증기기관을 발명한 사람은 아니다.◆ 비록 원대한 꿈을 품지는 않았지만, 그는 증기기관을 개량한 사람으로, 형편없는 작업실에서 산업혁명을 유발한 에너지원을 만들어낸 사람이기도 했다.

그날 이후 증기기관을 토대로 수많은 기계가 만들어졌다. 농부는 노동자가 되었으며, 현기증이 날 정도의 빠른 속도로 오늘이 내일이 되었고, 어제는 머나먼 선사시대로 보내졌다.

◆ 최초의 증기기관은 토머스 뉴커먼이 1712년에 발명한 대기압식 증기기관으로, 주로 탄광에서 물을 퍼내는 데 사용되었다. 뉴커먼의 증기기관을 개량하여 효율을 획기적으로 높인 와트의 증기기관은 다양한 용도로 사용되었으며, 기계화와 산업혁명의 초석이 되었다.

1월 20일
성스러운 뱀

1585년 오늘 열린 3차 공의회에서 멕시코의 주교들은 교회 외벽이나 제단, 뒤편 벽에 뱀을 그리거나 조각하는 것을 금했다.◆
당시 우상을 척결하기 위해 힘썼던 사람들은 악마의 도구로 쓰인 뱀이 원주민들에게는 혐오나 두려움을 유발하지 않는다는 것을 잘 알고 있었다.
오히려 이교도들은 뱀을 숭배했다. 아담을 유혹한 사건 이래 뱀은 성서에서 분명 저주받은 동물이었지만, 아메리카에서는 오히려 사랑스러운 동물이었다. 물결치듯 꿈틀거리는 파충류는 풍년과 비를 부르는 번개를 앞서 알려주었고, 사람들은 구름에 물을 머금은 뱀이 살고 있다고 믿었다. 멕시코의 신인 '케찰코아틀Quetzalcoatl'은 깃털 달린 뱀으로, 물길을 따라다닌다고 전해진다.

◆ 3차 공의회는 멕시코에서 열린 천주교회의 공의회로, 멕시코의 원주민들을 개종시키기 위한 목적으로 열렸다.

1월 21일

그들은 물 위를 걸었다

1779년 오늘, 영국의 정복자 제임스 쿡은 하와이에서 매우 신기한 광경을 목격했다.

너무 위험해 설명하기조차 어려운 놀이를 본 것이다. 바로 케알라케쿠아 베이◆에서 파도를 타고 물결 따라 떠다니는 원주민들의 모습이었다.

제임스 쿡은 오늘날 '서핑'이라 불리는 스포츠를 처음으로 목격한 사람이 아닐까?

그러나 여기에는 서핑 이상의 의미가 담겨 있을 수 있다. 파도를 타고 거행한 종교적인 의식에는 뭔가 있었던 것이 분명하다. 원주민들은 모든 생명의 어머니인 물이 성스럽다고 믿었지만, 신성한 물 앞에 무릎을 꿇거나 고개를 숙이지는 않았다. 그저 물이 지닌 에너지와 소통하며 바다 위를 걸어 다녔다.

그로부터 삼 주 후, 제임스 쿡은 물 위를 걷던 원주민들에게 살해당했다. 영국 왕실에 오스트레일리아를 바쳤던 이 대범한 항해가는 하와이 또한 바칠 작정이었다.

◆ 하와이의 케알라케쿠아 베이는 서핑과 다이빙 등 다양한 해양 스포츠로 잘 알려진 곳이다. 2000년 유네스코 세계문화유산으로 등재되었다. 제임스 쿡의 사망 200주년을 기념하여 1979년에 세워진 기념비가 있다.

1월 22일
왕국 천도

1808년 오늘, 두 달 전 리스본에서 출발한 선단이 빵과 물이 바닥나 기진맥진한 채 브라질 해안에 도착했다.

나폴레옹은 포성과 함께 유럽 전역을 짓밟았고 포르투갈 국경을 넘었다. 그로 인해 포르투갈 왕실은 별수 없이 살던 곳을 버리고 열대 지방으로 떠나야 했다.

마리아 여왕◆이 천도를 진두지휘했다. 가발과 화려한 복장을 갖춘 수많은 왕자, 공작, 후작, 백작, 자작, 남작이 그 뒤를 따랐다. 이것이 훗날 리우데자네이루 카니발의 기원이 되었다.

절망에 빠진 다양한 직업군의 사람들이 그 뒤를 이었다. 사제와 군 지휘관, 궁인, 재봉사, 의사, 재판관, 공증인, 이발사, 서기, 제화공, 정원사들….

마리아 여왕은 제정신은 아니었지만, 그렇다고 완전히 미쳤다고는 할 수 없었다. 그러나 이런 광란의 와중에서 들을 수 있었던, 유일하게 신중한 말 한마디를 남겼다.

"그렇게 뛰지 마라! 그러면 우리가 도망치는 것처럼 보이지 않겠느냐!"

◆ 마리아 1세 여왕(Maria I)은 18세기 말부터 19세기 초까지 포르투갈 여왕으로 통치했다. 정신질환을 앓은 것으로 알려져 있으며, 나폴레옹의 침공을 피해 브라질로 망명했다. 이로써 포르투갈 왕정을 유지했으며, 식민지 개척에도 주요한 역할을 했다.

1월 23일

문명의 어머니

1901년 오늘, 빅토리아 여왕이 숨을 거둔 바로 다음 날, 런던에서 성대한 장례식이 시작되었다.

장례위원회 구성은 쉽지 않았다. 한 시대를 풍미한 여왕의 죽음은 위대한 서거라고 불릴 만했다. 여왕은 먼저 떠나보낸 남편을 위해 40년 동안 상복을 벗지 않았던 헌신적인 여성상의 모범이기도 했다.

대영제국의 상징이자 19세기의 최고의 안주인이며 최고의 여왕이었던 빅토리아 여왕은 중국에 아편을 강요하면서도 자국민들에게는 고결한 삶을 주문했다.

영국의 심장부에서는 예의를 존중하라는 내용의 책을 의무적으로 읽어야 했다. 1863년 출간된 구흐 부인의 《예절 지침서》는 당대의 사회적인 계율을 확실히 보여준다. 예를 들어, 도서관에선 남성 작가의 책과 여성 작가 작가의 책을 한 서가에 지나치게 가까이 두는 것을 피해야 한다는 등의 계율이 들어 있었다.

다만 로버트 브라우닝과 엘리자베스 바렛 브라우닝처럼 남자 작가와 여자 작가가 결혼을 통해 하나가 된 경우에는 함께 둘 수 있다고 했다.

1월 24일
문명의 아버지

1965년 오늘, 윈스턴 처칠이 세상을 떴다.

1919년 당시 영국 공군을 지휘했던 그는 전쟁 수단에 대해 이 같은 교훈을 즐겨 이야기했다.

"독가스 사용에 대해 점잔 빼는 인간들을 이해할 수 없어. 문명화되지 못한 미개인들에게 독가스를 사용하는 것에 나는 전적으로 찬성이야. 도덕적인 효과가 있을 뿐만 아니라, 이 세상 끝까지 이어질 공포심을 퍼트릴 수 있을 테니까."

그는 1937년 팔레스타인 왕립위원회◆에서 이야기하던 중에 인류 역사가 반복해서 던져준 교훈 하나를 늘어놓았다.

"좀 더 강하고 질적으로 성숙한 인종이 아메리카 원주민이나 오스트레일리아 원주민들이 사는 곳에 가서 그들의 자리를 차지했다고 해서, 이것이 그들에게 나쁜 짓을 한 거라는 말은 절대로 받아들일 수 없습니다."

◆ 팔레스타인에서 일어난 아랍-유대 충돌을 조사하기 위해 영국 정부가 설립한 위원회. 로이드 조지 전 영국 총리가 위원장을 맡았으며, 영국, 미국, 프랑스, 이탈리아, 벨기에, 네덜란드, 스웨덴, 유고슬라비아 등 14개국의 대표로 구성되었다. 분쟁 해결을 위한 이 위원회가 실패로 끝나면서 팔레스타인 분쟁은 더욱 악화되었다.

1월 25일

장난 칠 권리

니카라과 사람들은 '구에구엔세'◆를 열고 한껏 즐긴다.
이 축제가 진행되는 동안 거리는 무대가 되고, 익살꾼Pícaro이 등장해 이야기하고 노래하고 춤춘다. 그들의 공연과 익살 덕에 모든 사람이 만담꾼, 가객, 춤꾼이 된다.
구에구엔세는 라틴아메리카 거리극의 시조다.
식민지 시대부터 구에구엔세는 언어유희를 가르쳐왔다.
"이길 수 없으면 비기기라도 해라. 비길 수도 없으면 엉망으로 흔들어버려라."
세기에 세기를 거듭하며 구에구엔세는 의도적으로 바보가 되었고, 의미 없는 말을 만들어냈으며, 악마도 질투할 정도의 말썽꾸러기가 되어 망나니들과 함께 망신을 살 만한 짓만 골라 하는 뻔뻔한 사람이 되었다.

◆ 구에구엔세(Güegüense)는 니카라과 전통 축제이다. 원래 언어유희와 풍자 정신을 담은 축제였고, 식민지 시대에는 저항을 표명하였으며 이후 사회 비판적인 요소까지 더해졌다.

1월 26일
볼리비아의 두 번째 건국일

2009년 오늘, 국민투표는 에보 모랄레스가 제안한 새 헌법을 통과시켰다.
이때까지만 해도 원주민들은 볼리비아 국민이 아니었고, 단순한 노동력에 불과했다.
1825년 제정된 첫 헌법은 전체 인구의 3, 4퍼센트에게만 시민권을 부여했다.◆ 다른 사람들, 즉 원주민과 여성, 가난한 사람들, 문맹인 등은 불청객으로 존재했다. 많은 외신 기자들은 볼리비아가 통제할 수 없고, 이해할 수 없으며, 다루기 어렵고, 살기 힘든 나라라고 했다. 아마도 그들은 '없다' 혹은 '어렵다'는 의미를 착각한 것 같다. 사실, 그들은 자기들에겐 볼리비아가 보이지 않는 나라였단 사실을 털어놓아야 할 것이다. 이는 이상한 일은 아니다. 오늘까지도 볼리비아는 눈이 먼 나라였다.

◆ 1825년 볼리비아 헌법은 볼리비아의 독립을 선언하는 중요한 사건이었지만, 이로 인해 원주민과 소수민족은 배제되었으며 백인 소수의 지배가 지속되었다. 2009년 제정된 새 헌법은 이러한 불평등을 해소하고 원주민과 소수민족의 권리를 인정했다. 에보 모랄레스 대통령은 볼리비아의 역사적 변화와 정치적 변화에서 결정적인 역할을 했다.

1월 27일
당신이 세상을 들을 수 있도록

1756년 오늘, 볼프강 아마데우스 모차르트가 태어났다.
수 세기가 지난 오늘, 아이들도 그가 남긴 음악을 사랑한다.
모차르트의 음악을 들으면 신생아들이 덜 울 뿐만 아니라 잠도 잘 잔다는 사실이 여러 연구에서 여러 번 증명되었다.
그의 음악을 들려주는 것은 아기가 이 세상에 온 것을 환영하는 최고의 방법이다.
뿐만 아니라, 이런 이야기를 들려줄 수 있는 최고의 방법이기도 하다.
"여기가 너의 새로운 집이야. 그래서 이런 아름다운 음악을 들려주는 거란다."

1월 28일

당신이 세상을 읽을 수 있도록

인쇄술이 발명되기 전, 카롤루스 마그누스 황제는 아헨◆에 유럽 최고의 도서관을 만들 대규모 필사팀을 꾸렸다.

다른 사람들이 읽을 수 있도록 큰 도움을 베푼 카롤루스 마그누스 황제 자신은 정작 글을 읽을 줄 몰랐다. 그는 814년 오늘, 문맹인 채로 생을 마감했다.◆◆

◆ 도이칠란트 노르트라인베스트팔렌 주에 있는 도시.

◆◆ 카롤루스 마그누스 황제가 문맹이었다는 사실에는 논란이 있다. 일부 학자들은 카롤루스 마그누스 황제가 글을 읽을 수 있었음에도 문맹 행세를 했다고 주장한다.

1월 29일

입을 다물고 이야기하겠다

오늘 안톤 체홉이 태어났다. 그는 말을 하지 않았기에 책을 썼다. 그렇게 그는 모든 것을 이야기할 수 있었다.

1월 30일

투석기

1933년 오늘, 아돌프 히틀러가 도이칠란트 수상으로 임명되었다. 얼마 되지 않아 그는 국가의 새로운 주인이자 최고 권력자에 걸맞은 대단한 행동을 했다.

그는 겸허한 자세로 이렇게 외쳤다.

"내가 진실의 시대를 열겠습니다! 깨어나라, 도이칠란트여! 깨어나라!"

폭죽, 불꽃놀이, 종소리, 찬가와 박수 소리가 엄청난 메아리를 불러왔다.

5년 전만 해도 나치 즉 국가사회주의노동자당 득표율은 3퍼센트에 미치지 못했다.

히틀러가 올림픽◆에서 보여준 정상을 향한 도약은 임금, 고용, 화폐 가치 등이 일제히 구렁텅이로 떨어진 것만큼이나 사람들의 눈길을 끌었다.

모든 것이 한꺼번에 붕괴하는 것에 미쳐버린 도이칠란트 국민은 범인 색출에 나섰다. 유대인, 급진 좌파, 동성애자, 집시, 의지가 약한 사람, 지나치게 생각이 많은 사람 등이 그 대상이 되었다.

◆ 아돌프 히틀러는 1936년 베를린 하계 올림픽을 통해 나치즘의 우월성을 과시하고, 도이칠란트의 국제적 위상을 높이고자 했다. 도이칠란트 전역에 올림픽 분위기를 조성하는 한편 유대인 선수들의 출전을 금지하는 등 나치즘을 올림픽에 적극 드러냈다. 그러나 올림픽을 통해 나치즘의 폭력성과 차별성이 오히려 전 세계에 알려지게 되었다.

1월 31일
우리는 바람에서 왔다

1908년 오늘, 아타우알파 유판키◆가 태어났다.
삶에는 세 가지, 예컨대 기타와 타고 다니던 말, 그리고 자기밖엔 없다고 생각했다. 혹 네 번째가 있었다면, 바람을 들었을 것이다.

◆ 아타우알파 유판키(Atahualpa Yupanqui, 1908-1992)는 아르헨티나의 예술가이자 기타리스트이다. 부에노스아이레스에서 태어나 어릴 때 아르헨티나 북부의 투쿠만으로 이주한 그는 〈투쿠만의 달〉, 〈인디오의 길〉, 〈작은 항구의 추억〉 등의 명곡을 만들었다. 민요에 담긴 정서를 승화시켜 독특한 예술로 완성했을 뿐만 아니라 심오한 인생관을 담은 가사를 많이 만들었다.

2월

2월 1일

반쪽짜리 제독

블라스 데 레소는 1689년 오늘, 에스파냐의 기푸스코아Guipúzcoa에서 태어났다.

에스파냐 해군 제독이었던 그는 페루 해안에서 영국 해적을 무찔렀으며, 강성한 도시인 제노바를 점령했고, 알제리의 도시 오란을 정복했다. '카르타헤나 데 인디아스' 전투에서는 몇 척 안 되는 배로 탁월한 전술을 펴 영국 함대를 괴멸시키기까지 했다.◆

22번의 전투 끝에 그는 대포에 맞아 다리 하나를 잃었고, 나무 파편에 한쪽 눈을 잃었으며, 팔 역시 총에 맞아 하나뿐이었다.

사람들은 그를 '반쪽짜리 인간'이라고 불렀다.

◆ 블라스 데 레소(Blas de Lezo)가 활약한 '에스파냐 계승 전쟁'은 1701년부터 1714년까지 벌어진 전쟁으로, 에스파냐 왕위 계승을 둘러싸고 프랑스, 에스파냐, 오스트리아, 영국, 네덜란드 등 유럽 열강이 싸웠다. 1714년 위트레흐트 조약과 라슈타트 조약으로 전쟁이 종결되었고, 에스파냐는 많은 영토를 상실했다.

2월 2일
여신은 축제 중이다

오늘, 아메리카 대륙의 해안 지방에선 레만야Lemanyá◆ 여신을 기리는 축제가 열린다.
이날 밤, 노예선을 타고 아프리카에서 건너온, 물고기들의 어머니 레만야 여신은 하얀 포말을 타고 솟아올라 두 팔을 벌린다. 바다는 여신을 사랑하고 두려워하는 선원들에게서 얻은 빗이며 칫솔, 향수, 맛있는 음식 등을 여신에게 제물로 바친다.
여신의 친지들이 축제에 참여하기 위해 아프리카 판 올림포스 산에서 달려온다.
그녀의 아들이자 하늘에서 내리는 비를 관장하는 '상고Xangó', 무지개이자 불의 수호자인 '오수마레Oxumaré', 대장장이이자 전사, 그리고 싸움꾼이자 난봉꾼인 '오군Ogún', 강에서 잠을 자며, 한번 글로 쓴 것은 절대로 지우는 법이 없는 사랑스러운 연인 '오슌Oshún', 지옥의 사탄이자 나자렛 예수와도 같았던 '엑수Exü' 등을 들 수 있다.

◆ 레만야는 아프리카의 요루바족 신화에서 유래한 여신으로, 예만자, 예모자, 레만자 등 다양한 발음으로 불린다. 노예로 끌려온 사람들이 아메리카 대륙에 정착하면서 함께 전해졌다. 물고기, 바다, 여성, 출산, 건강, 풍요 등을 상징한다.

2월 3일
카니발이 날개를 펴다

1899년 오늘, 리우데자네이루의 거리는 리우 카니발 역사의 개막을 알리는 음악에 맞춰 광란의 춤을 추었다.
춤과 술을 동반한 요란한 축제에 쓰인 마시시◆ 〈날개를 펴라O abre alas〉는, 지나치게 엄격했던 사교춤을 비웃던 브라질 음악 특유의 노래다. 어린 나이에 작곡을 시작한 시키냐 곤자가◆◆가 쓴 이 곡은 곧 리우 카니발을 대표하게 되었다.

16살 때 부모님은 시키냐 곤자가를 강제로 결혼시켰는데, 카시아스 후작이 결혼식 대부였다.
20살 때 남편은 그녀에게 집과 음악 중 하나를 선택하라고 강요했다.
시키냐는 "나는 음악이 없는 삶을 받아들일 수 없어요"라고 말하고 집을 뛰쳐나갔다.
아버지는 가문의 명예가 훼손되었다며, 시키냐가 흑인인 할머니의 타락한 성격을 물려받았다고 비난했다. 자신에게 그녀는 이제 죽은 사람이라고 선언한 다음, 잘못된 길로 들어선 그녀의 이름을 두 번 다시 언급하지 말라고 집안사람들에게 명령했다.

◆ 마시시(Maxixe)는 1870년대에 브라질에서 유행한 춤곡으로, 흑인들의 민속춤에서 유래했다고 전해진다. 빠른 템포와 화려한 움직임이 특징이다.

◆◆ 시키냐 곤자가(Chiquinha Gonzaga)는 브라질의 피아니스트이자 작곡가로, 브라질 최초의 여성 지휘자이다. 최초의 리우 카니발 행진곡 〈날개를 펴라〉(1899)의 작곡가로, 마시시를 카니발에 도입하여 리우 카니발의 현대적인 형태를 확립했으며, 브라질 대중음악의 다양한 장르를 개척했다. 노예제 폐지 운동에 참여하기도 했다.

2월 4일

협박

그녀의 이름은 후아나 아길라르였지만, 사람들은 엄청나게 큰 클리토리스 때문에 그녀를 후아나 라 라르가(기다란 후아나)라고 불렀다.

신성한 종교재판소는 '지나치게 죄를 걸머진 신체'를 지녔다는 죄목으로 수차례 고발장을 발부했다. 1803년 과테말라의 왕립 고등법원은 외과의사 나르시소 에스파라고사에게 피고를 검사하라고 명령했다.

해부학 분야에선 현명하다는 평판을 받던 의사였지만, 에스파라고사는 후아나가 '자연 질서에 위배'될 뿐만 아니라, 그녀의 클리토리스가 위험을 초래할 수 있다고 경고했다. 그는 이집트나 동양에 있는 왕국에선 이런 사실이 잘 알려져 있다고 했다.

2월 5일
두 목소리

비올레타 파라◆는 기타와 함께 자랐다. 하나가 부르면 다른 하나가 한달음에 달려왔다.
그녀는 기타와 함께 웃고, 함께 울고, 질문을 주고받으며 성장했다.
기타는 가슴에 커다란 구멍이 있다.
그녀 역시 마찬가지였다.
1967년 오늘, 기타가 불렀지만 그녀는 오지 않았다.
다시는, 다시는 오지 않았다.

◆ 비올레타 델 카르멘 파라 산도발(Violeta del Carmen Parra Sandoval)은 칠레의 유명 민속음악 가수로, 칠레의 민속 음악을 집대성하였으며, 노래를 통한 사회 개혁을 표방한 '누에바 칸시온(Nueva Cancion, 새 노래 운동)'의 토대를 다졌다. 그녀의 음악은 칠레뿐만 아니라 라틴아메리카 전역에 영향을 끼쳤다. 반시(反詩) 운동으로 우리나라 1980년대 시단에 지대한 영향을 미친 니카노르 파라의 동생이기도 하다. 1967년 2월 5일 권총 자살로 생을 마감했다.

2월 6일
절규

밥 말리Bob Marley는 가난한 농가에서 태어나, 스튜디오의 바닥에서 잠을 자며 첫 번째 노래를 녹음했다.
몇 년 뒤 그는 부자가 되었고 유명해졌다. 덕분에 미스 월드를 껴안고 푹신한 침대에서 잠을 잘 수 있었으며, 대중의 사랑을 받았다.
그러나 그는 자신이 홀로 존재하지 않는다는 것을 늘 기억했다.
지난 세월에 대한 절절한 침묵과 축제의 소리가, 그리고 자메이카의 산중에서 지난 2세기 동안 노예주들을 미치게 했던 노예 전사의 분노가 자기 목소리를 통해 노래로 승화되고 있다는 사실을 그는 잘 알고 있었다.◆

◆ 자메이카의 노예들은 노예제도에 끊임없이 저항했다. 노예주로부터 도망쳐 자유를 찾은 이들은 자메이카의 산악 지역에 정착해 마룬(Maroon)이라는 독립적인 공동체를 형성했다.

2월 7일

여덟 번째 벼락

버지니아의 산지기였던 로이 설리번은 1912년 2월의 일곱 번째 날에 태어나, 칠십 평생 일곱 번의 벼락을 맞고도 살아남았다.

1959년에는 벼락에 맞아 발톱이 빠졌으며, 1969년에는 또 다른 벼락에 눈썹과 속눈썹이 날아갔다. 1970년에는 벼락에 맞아 왼쪽 어깨가 다 탔으며, 1972년에는 머리카락이 다 빠졌다. 1973년에는 벼락을 맞아 다리에 화상을 입었으며, 1976년에는 복사뼈가 부러졌다. 1977년에는 또 다른 벼락이 가슴과 배를 태웠다. 그러나 1983년 그의 머리를 갈라놓은 것은 하늘에서 떨어진 벼락이 아니었다.

그것은 한 여인의 말, 혹은 침묵이었다고 한다.◆

◆ 로이 설리번은 셰넌도어 국립공원에서 산림감시원 일을 시작한 이후 일곱 번이나 낙뢰에 맞으며 '인간 피뢰침'이라는 별명을 얻었다. 사람들은 그와 함께 있으면 벼락을 맞을지도 모른다고 두려워해 그를 피하기까지 했다. 로이 설리번은 71세의 나이로 실연해 권총 자살로 생을 마감했다.

2월 8일
키스

1980년 브라질의 소로카바 시◆에서는 이례적인 민중 시위가 일어났다.

군사독재가 한창이던 시절,◆◆ 미풍양속에 반하는 키스를 금지하는 법이 공표된 것이다. 키스를 즐긴 사람에게 금고형을 내린 마누엘 모랄레스 판사는 이렇게 설명했다.

"호색적이다 못해 음란한 키스가, 다시 말해 목이나 외음부에 하는 키스가 있다. 끈끈한 두 입술이 하나가 되는 등 음란한 성격이 말로 다 표현할 수 없을 정도인 키스도 있다."

도시는 엉뚱하게 응답했다. 도시 전체가 커다란 키스 경기장으로 변해버린 것이다. 그때까지만 해도 그렇게 열심히 키스를 나눈 사람들이 없었다. 금지가 오히려 욕망을 부추긴 셈이다. 순전히 호기심이 동해 말로 표현할 수 없는 키스의 즐거움을 알고 싶어진 사람이 많았던 것이다.

◆ 브라질 남부 상파울루 주에 있는 도시.

◆◆ 브라질 군사독재는 1964년부터 1985년까지 지속되었다. 군사 정부는 정치적 반대를 억압하고, 언론을 검열했으며, 인권을 유린했다. 경제가 약화되고 대중적 반대가 커진 1980년부터 군사 정부는 빠르게 권력을 잃기 시작했다.

2월 9일
숨 쉬는 대리석 조각상

아프로디테는 그리스 조각사에서 첫 번째 여성 누드 조각상이었다. 프락시텔레스◆는 여신의 튜닉이 발치에 떨어져 있는 것처럼 조각했다. 그런데 코스 시는 여신에게 옷을 입힐 것을 요구했다. 다른 도시 즉 크니도스는 조각상을 반갑게 맞아주었고 사원까지 제공했다. 덕분에 여신 중의 여인이자 여인 중의 여신인 아프로디테는 크니도스에서 살게 되었다.

여신은 사원에 갇힌 채 삼엄한 경비를 받았지만, 간수들도 그녀를 찾는 미치광이들의 공격을 다 막아낼 수는 없었다.

오늘 같은 어느 날, 도를 넘는 추행에 질린 아프로디테는 그곳에서 도망쳤다.

◆ 프락시텔레스는 고대 아테나이의 조각가이다. 조각가 케피소도투스의 아들로, 기품 있는 정서를 아름다운 형태 속에 표현한 후기 고전기의 대표적 조각가로, 기원전 370년부터 기원전 330년경에 활동했다.

2월 10일
문명의 승리

우루과이 강 북쪽에서 일어난 일이다. 에스파냐 국왕은 예수회 신부들이 일군 일곱 개의 미션◆을 장인인 포르투갈의 왕에게 선물하였다. 선물 목록에는 그곳에 살던 3만여 명의 과라니족 원주민도 포함되어 있었다.

과라니족은 이 명령을 거부했고, 원주민들과 공모했다는 죄로 기소된 예수회 신부들은 에스파냐로 송환되었다.

1756년 오늘, 카이보아테 언덕에서 원주민들의 저항은 철저하게 짓밟혔다.

4천여 명의 병사, 말, 대포, 노예 사냥꾼, 토지 강도들로 이루어진 에스파냐와 포르투갈 연합군이 결국 승리를 거뒀다.

공식적인 기록에 따르면 최종 결과는 다음과 같다.

원주민 1723명 사망.

에스파냐 병사 3명 사망.

포르투갈 병사 1명 사망.

◆ 예수회 신부들이 선교를 위해 일군 '원주민 보호구역'을 미션 혹은 레둑시오네스(Reducciones)라고 한다. 예수회 신부들은 이를 통해 지상의 천국을 건설하려고 했다. 예수회 신부들과 과라니족의 이야기는 영화 〈미션〉의 모티프가 되었다.

2월 11일

아니오!

1962년 오늘, 두 명의 기타리스트, 한 명의 베이스 연주자와 드러머로 이루어진 무명 밴드가 런던에서 첫 음반을 녹음했다.
청년들은 리버풀로 다시 돌아와 조용히 기다렸다.
시간과 날짜가 흘러가는 것을 세고 있었다.
더는 물어뜯을 손톱도 남지 않았던 어느 날, 대답을 들을 수 있었다. 데카 레코드사는 그들에게 솔직히 이야기했다.
"당신들의 노래가 마음에 들지 않습니다."
그리고 이렇게 판단했다.
"기타 밴드는 끝났어."◆
그러나 비틀스는 끝나지 않았다.

◆ 1962년 데카 레코드는 비틀스를 탈락시키고 브라이언 풀 앤드 더 트레멜로스와 계약했다. 이는 음악 산업 역사상 가장 큰 실수로 평가받는다.

2월 12일

모유 수유의 날

쓰촨성 청두역, 물결 모양의 지붕 아래 젊은 중국 여인 수백 명이 웃으며 사진을 찍었다.

모두 똑같은 새 앞치마를 단정히 걸쳤다.

모두 곱게 머리를 빗고, 깨끗이 세탁해 다림질한 옷을 입었다.

모두 아이를 낳은 지 얼마 되지 않은 산모였다.

그녀들은 베이징행 기차를 기다리고 있었다.

베이징에서 다른 사람의 아이들에게 젖을 줄 것이다.

젖소 역할을 할 이 여인들은 좋은 월급과 좋은 식사를 제공받을 것이다.

그동안 베이징에서 멀리 떨어진 쓰촨성에 있는 아이들은 분유를 먹고 자랄 것이다.

모두 자식 때문이라고, 자식이 좋은 교육을 받을 수 있게 하기 위함이라고 그들은 이야기했다.

2월 13일
위험한 놀이

2008년 멕시코의 과달라하라 시 교외에서 뛰어놀던 미겔 로페스 로차는 발을 헛디뎌 산티아고 강에 빠졌다.
미겔은 여덟 살이었다.
미겔은 물에 빠져 죽지 않았다.
미겔은 독극물에 중독되어 죽었다.◆
강물에는 아벤티스, 바이엘, 네슬레, IBM, 듀폰, 제록스, 유나이티드 플라스틱, 셀라니즈 등의 다국적 기업이 강에 투척한 비소, 황화수소, 수은, 크롬, 납, 퓨란 등이 들어 있었다. 기업들의 본국에서는 이 같은 방류 행위가 금지되어 있음은 말할 것도 없겠지만.

◆ 미겔(Miguel Ángel López Rocha)의 부모는 오염 물질을 배출한 공장과 이를 묵인한 정부를 상대로 소송을 제기했다. 2022년 2월 14일, 멕시코 누에보레온 주 법원은 소년의 부모에게 500만 페소(한화로 약 6억 원)의 보상금을 지급하라는 판결을 내렸으나, 기업은 판결에 불복해 항소했다.

2월 14일
빼앗긴 아이들

아르헨티나 군부독재가 한창일 때, 반체제 인사들의 아이는 전쟁의 전리품이었다. 군부독재가 진행되던 몇 년 동안 500명 이상의 아이를 훔쳤다.

그러나 오스트레일리아의 민주 정부는 더 오랫동안, 법의 비호와 사람들의 박수갈채까지 받으며 이보다 더 많은 아이를 훔쳤다.◆

2008년 케빈 러드Kevin Rudd 오스트레일리아 수상은 한 세기 이상 아이들을 강제로 빼앗겨온 원주민들에게 용서를 빌었다.

정부 기관과 기독교 교회는 아이들을 가난과 범죄에서 구출해 교화시키고, 야만적인 삶의 방식으로부터 분리한다는 명목으로 아이들을 납치하여 백인 가정에 나눠주었다.

그들은 '흑인들을 백인화하기 위한 목적'이라고 이야기했다.

◆ 1900년대부터 1960년대까지 10만여 명의 아이들이 부모에게서 강제로 분리되었다. 이들은 원주민 언어와 문화를 금지당했고 가족과의 연락조차 금지되었다. 많은 아이들이 학대당했으며 성인이 된 후에도 외상 후 스트레스 장애에 시달렸고, 정상적인 사회생활을 하지 못한 채 외롭게 살았다. 이 야만적인 정책과 그 희생자들을 일컬어 빼앗긴 세대(Stolen Generations)라 부른다.

2월 15일
또 다른 도둑맞은 아이들

"마르크스주의는 최악의 정신질환이다."

프란시스코 프랑코 총통이 다스리던 에스파냐의 최고의 정신과 의사 안토니오 바예호 나헤라 대령은 이렇게 선언했다.

그는 감옥에 갇힌 공화파 젊은 엄마들을 연구해 이들에게 범죄 본능이 있음을 증명하였다.

마르크스주의자들의 병적인 타락과 엄마에게 물려받은 범죄 인자로 인해 위협받는 이베리아의 순수 혈통을 보존하기 위해, 갓 태어난 신생아 수천 명과 젖먹이 아이들, 그리고 공화파 부모의 자식들을 납치해 십자가와 칼에 헌신적인 자세를 보이는 가정에 넘겨주었다.

이 아이들은 누구였을까? 몇 년 후 이 아이들은 어떻게 되었을까? 우리는 지금도 알지 못한다.◆

프랑코 독재 정부는 서류를 위조하여 자신들의 흔적을 지웠다. 그리고 잊으라고 명령했다. 아이들을 훔쳤을 뿐만 아니라 기억까지 훔친 것이다.

◆ 2018년, 에스파냐 정부는 납치된 아이들에 대한 조사를 공식적으로 시작했다. 2023년 현재까지 849건의 납치 사건이 확인되었으며, 이중 162건이 형사사건으로 분류되어 조사가 진행 중이다. 납치된 아이들의 수는 아직 정확하게 알려지지 않았으나 1만 명에서 3만 명에 이르는 것으로 추정된다. 납치된 아이들은 기록이 말소된 탓에 프랑코 독재 정권이 끝난 후에도 부모를 찾지 못한 채 살아야 했다.

2월 16일
콘도르 작전

마카레나 헬만은 남아메리카 군부독재 정권들과 연계된, '좌파 세력 척결을 위한 테러 한마당'이라 불리던 콘도르 작전◆의 희생자이다. 아르헨티나 군부에 의해 우루과이로 송환되었을 때 마카레나의 어머니는 딸을 임신한 상태였다.

마카레나의 어머니는 아이를 낳자마자 우루과이 독재 정권에 살해당했다. 정부는 갓 태어난 아이를 경찰 간부에게 선물로 주었다. 마카레나는 유년 시절 내내 반복해서 설명하기 어려운 악몽으로 고통을 받았다. 무장한 남자들이 이를 드러낸 채 쫓아오는 꿈을 꾸었던 것이다.

마카레나가 자신의 삶에 대한 진실을 알게 되었을 때 비로소 악몽의 의미를 알게 되었다. 그것은 아기가 배 속에서 자리를 잡아갈 무렵, 군부정권의 체포를 피해 도망 다니다 검거되어 죽음을 맞은 엄마가 느낀 공포였다.

◆ 아르헨티나 군사독재 정권은 인접국으로 망명한 좌익 세력의 체포와 심문을 위해 브라질, 볼리비아, 칠레, 파라과이, 우루과이 군사정권과 함께 비밀 공조체제를 만들었다. 이것을 '콘도르 작전'이라 불렀다. 콘도르는 죽은 이의 영혼을 하늘로 올려보낸다는 전설을 가진 새이다. 1973년 칠레 군사 쿠데타 이후 남아메리카 지역을 중심으로 자행된 '마르크스주의 테러리스트들을 뿌리 뽑기 위한 암살, 납치 공작'을 가리키는 암호로도 사용되었다.

2월 17일
환대 아닌 환대

아르헨티나 파타고니아 초원에서 일하던 일용직 노동자들은 쥐꼬리만 한 임금을 받으며 장시간 노동해야 하는 상황에 맞서 파업에 돌입했으나, 군의 강제 진압으로 질서를 되찾았다.◆

콩 볶는 듯한 총소리가 났다. 1922년 오늘 밤, 질리도록 사람을 죽인 군인들은 당연한 보상을 받고자 산 훌리안 항구의 사창가에 갔다.

그러나 그곳에서 일하던 다섯 명의 여인이 문전에서 큰 소리로 그들을 쫓아냈다.

"이 살인자들아! 여기서 당장 나가라!"

작가인 오스발도 바예르가 그들의 이름을 적어놓았다. 콘수엘로 가르시아, 앙헬라 포르투나토, 아말리아 로드리게스, 마리아 훌리아체 그리고 모드 포스터.

진정 존경받아 마땅한 창녀들이었다.

◆ 아르헨티나 푼타 아레나스와 리오 갈레고스 지역을 중심으로 노동자들이 더 나은 임금, 노동시간 단축, 작업 조건 개선, 노동자 권리 등을 요구했다. 경찰과 군인이 투입되었으나 정확한 통계는 기록된 바 없다. 결국 정부는 일부 요구를 수용하고 노동자의 권리를 존중하는 법률을 제정했다.

2월 18일

오직 그에 대해서만

미켈란젤로는 조수 이상이었던 프란체스코의 죽음을 알게 되자 조각하고 있던 대리석상을 망치로 부수었다.

얼마 지나지 않아 미켈란젤로는 이런 글을 썼다.

"그의 죽음은 신의 은총이었지만, 나에겐 엄청난 충격과 고통이었어. 은총이라고 한 것은 살아생전 나를 살아갈 수 있게 도와주었던 프란체스코가 죽어가며 내게 고통 없이 죽는 법을 가르쳐주었기 때문이지. 나는 26년 동안이나 그를 가슴에 담아두어야만 했어…. 이젠 끝없이 이어질 불행만 남아 있을 뿐이야. 나의 대부분은 그와 함께 떠나버렸으니."

미켈란젤로는 피렌체의 산타 크로체 성당에 누워 있다.

미켈란젤로는 불가분의 관계에 있던 프란체스코와 함께 그 계단에 앉아 드넓은 광장에서 선수들이 공을 차고 받으며 벌였던 결투를 즐기곤 했다. 오늘날엔 그것을 '축구'라고 부르고 있다.

2월 19일
오라시오 키로가[◆]는 죽음을 이렇게 노래했으리라

오늘, 나는 죽었다.
1937년, 나는 치료하기 힘든 암에 걸렸다.
언제부터인가 나를 쫓던 죽음이 드디어 나를 발견했다는 사실을 알게 되었다.
드디어 죽음과 얼굴을 맞댄 나는 이렇게 이야기했다.
"이 전쟁이 드디어 끝났군."
이 말도 덧붙였다.
"승리는 자네 것이야."
그리고 끝으로 한마디 했다.
"그렇지만 마지막 순간은 내가 결정할 거야."
죽음이 그를 죽이기 전, 그는 스스로 죽음을 택했다.

◆ 오라시오 키로가(Horacio Quiroga)는 우루과이 소설가로 1878년 12월 31일 살토에서 태어났다. 1899년 잡지 〈살토〉를 창간, 첫 단편 〈잠 못 이루는 밤을 위하여〉를 비롯해 문학 및 사회 비평을 발표했으며, 1901년 그동안 쓴 시와 산문을 엮은 《산호초》를 출간했다. 라틴아메리카 환상 문학의 기틀을 마련했다고 평가받는 〈깃털 베개〉와 〈목 잘린 닭〉을 비롯해 200여 편의 단편을 썼다. 대표작으로 《사랑 광기 그리고 죽음의 이야기》, 《밀림 이야기》, 《야만인》 등이 있다. 1937년 위암 진단을 받고 부에노스아이레스의 병원에서 음독자살로 생을 마감했다.

2월 20일

사회 정의가 실현된 날

19세기 말, 우루과이와 브라질 국경 마을에 후안 피오 아코스타가 살고 있었다.

그는 외로움을 안고 마을과 마을을 오가며 일했다.

그는 일등석, 이등석, 삼등석 손님 여덟 명과 함께 마차로 여행했다.

후안 피오는 언제나 운임이 가장 싼 삼등석에 탔다.

운임이 왜 다른지 그는 이해가 되지 않았다. 돈을 많이 낸 사람이나 적게 낸 사람이나 모두 똑같이 여행하는데. 사람들 틈에 끼어 앉아 먼지를 뒤집어쓴 채 끊임없이 흔들려야만 했으니 말이다.

어느 겨울날이 되어서야 그 이유를 알게 되었다. 마차 바퀴가 진흙에 빠져 꼼짝도 하지 않자 마부가 소리쳤다.

"일등석 손님은 그대로 앉아 계십시오!"

"이등석 손님은 마차에서 내리세요!"

"삼등석 손님은… 마차를 미세요!"

2월 21일
작아져만 가는 세계

오늘은 모국어의 날◆이다.
그런데 2주에 하나씩 언어가 사라지고 있다.
인간의 말이 하나씩 둘씩 사라지면 세상은 작아질 수밖에 없다.
식물과 곤충이 다양성을 잃어가는 것과도 비슷하다.
1974년, 세상의 끝인 티에라 데 푸에고Tierra de Fuego 섬에 살던 마지막 오나족 원주민 앙헬라 로이호가 세상을 떴다. 그녀는 오나족 언어를 구사하는 마지막 사람이었다.
그녀는 아무도 기억하지 못하는 언어로 혼자서 노래하곤 했다.
누구를 위해 부르는 것도 아니었다.

> 나는 떠나간 이들의 발자취를 따라
> 걷고 있다네.
> 그런데 그만 길을 잃었다네.

먼 옛날, 오나족 원주민들은 다양한 신을 섬겼는데, 최고의 신은 페마울크Pemaulk였다.
페마울크는 '말씀'을 의미했다.

◆ 1952년 2월 21일, 동파키스탄(지금의 방글라데시)의 다카에서 벵골어를 공용어로 인정할 것을 요구하는 시위대에 파키스탄 경찰이 발포하여 네 명이 사망했다. 이 사건 이후 벵골어 역시 동파키스탄의 공용어로 인정되었다. 1999년, 유네스코는 2월 21일을 국제 모국어의 날로 지정했다.

2월 22일
침묵

당시 콘스탄티노플로 불리던 이스탄불에서 침묵의 바울◆은 서기 563년 사랑의 시 15편을 완성했다.
이 그리스 시인의 이름은 그의 행동에서 비롯되었다. 그는 유스티니아누스 황제의 궁전에서도 오로지 침묵에만 신경을 썼다.
침대에서도 마찬가지였다.
그가 쓴 시엔 이런 글귀가 있다.

> 당신의 가슴을 나의 가슴에,
> 당신의 입술을 나의 입술에.
> 나머지는 침묵.
> 나는 다물지 않는 입을 증오한다.

◆ 침묵의 바울(Pablo Silenciario, 500-575(추정))은 6세기 비잔티움의 시인이다. 유스티니아누스 황제 시대에 비잔티움 궁중에서 의식을 주관하는 역할을 맡았다. 그는 특히 '침묵'을 맡아 의식을 행했다.

2월 23일

기적의 책

1455년 이맘때에 유럽에서 금속활자로 인쇄한 첫 번째 책인 성경이 세상에 출현했다.

중국인들은 이보다 2세기 앞서 책을 인쇄해왔다. 그러나 모든 문학에서 가장 감동적인 장르인 소설을 대량으로 유포하기 시작한 사람은 요하네스 구텐베르크이다.

소설은 이야기를 들려주지만 설명하지는 않는다. 그리고 설명할 필요도 없다. 성경은 노아가 600살의 나이로 대홍수를 맞이할 때까지 어떤 식습관을 가졌는지, 아브라함의 아내가 아흔 살의 나이로 임신하기 위해 어떤 방법을 썼는지도 이야기하지 않는다. 자기 주인과 토론을 벌인 발람의 당나귀가 히브리어로 말할 줄 알았는지◆ 그 여부도 밝히지 않았다.

◆ 민수기 22장. 발람은 점술가로 유명한 브올의 아들로, 모압 왕 발락의 뇌물을 받고 이스라엘을 저주하러 가기로 결심한다. 그러나 여호와의 사자가 앞길을 가로막는다. 발람은 여호와의 사자를 보지 못하고 자신의 당나귀와 다툰다. 당나귀는 여호와의 사자를 보고 앉아버리고, 발람은 당나귀를 때린다. 그때 당나귀가 말을 하자 발람의 눈이 열리며 여호와의 사자를 보고 엎드려 경배한다. 여호와의 사자는 발람에게 만일 당나귀가 길을 피하지 않았다면 발람은 여호와의 노여움을 받고 죽었을 것이라고 말한다.

2월 24일

리얼리즘의 교훈

1815년, 나폴레옹 보나파르트는 엘바 섬의 감옥에서 탈출하여 프랑스 왕좌를 탈환하기 위한 여정을 시작하였다.

한 걸음 한 걸음 진격할 때마다 그를 따르는 군인도 늘어났다. 정부 기관지 〈모니퇴르 위니베르셀〉은 프랑스인들이 루이 18세를 지키기 위해 기꺼이 목숨을 바칠 것이라며, 나폴레옹을 '무력으로 국토를 유린한 자, 이방인 무법자, 찬탈자, 매국노, 역병과 같은 인간, 산적 두목, 자신을 추방한 프랑스의 국토를 감히 더럽히려는 프랑스의 적'이라고 불렀다. 그리고 '이것이 그의 광기에서 비롯된 마지막 행동일 것이다'라고 지적했다.

그러나 루이 18세가 도망치고, 아무도 그를 위해 목숨을 내놓지 않았다. 나폴레옹은 총 한 번 쏘지 않고 다시 왕좌에 앉았다.◆

이번에 신문은 이렇게 전했다.

> 나폴레옹이 파리에 입성했다는 기쁜 소식에 모두가 한마음으로 폭발적인 환영에 나섰으며, 모든 사람이 얼싸안고 황제 만세를 외치는 소리가 하늘을 가득 메웠다. 뿐만 아니라, 모든 사람의 눈에 환희의 눈물이 맺혔으며 프랑스 영웅의 귀환을 축하했다. 그리고 마지막으로 황제 폐하에게 진심에서 우러난 충성을 바칠 것을 약속했다.

◆ 나폴레옹이 엘바에서 탈출하여 왕좌를 탈환, '백일 제국'이 이어지는 동안 루이 18세는 국민의 지지를 잃고 망명길에 오른다. 이후 나폴레옹의 통치가 완전히 끝나면서 루이 18세는 다시 프랑스에 복귀하여 왕위에 앉는다.

2월 25일

쿠나족의 밤

파나마 정부는 법에 기초하여 국내에 존재하는 야만족, 반야만족, 미개인들에게 문명화된 삶으로 돌아오라고 명령했다.

대변인은 이렇게 발표했다.

"쿠나족 원주민은 앞으로 절대로 코에 색칠하지 말고 뺨에만 할 것이며, 코걸이는 하지 말고 귀걸이만 해야 한다. 더는 몰라◆를 입지 말고 문명화된 옷을 입어야 한다."

그리고 남자든 여자든 하느님의 뜻에 반하는 원시 종교를 믿거나 의식을 행하는 것을 금했다. 그들만의 양식과 방법으로 다스리는 전통 관습 역시 금지했다.

1925년 이구아나의 달 25일 밤, 쿠나족은 자신들의 삶의 방식을 금지한 모든 경찰을 칼로 찔러 살해했다.

그날 이후 쿠나족 여인들은 코에 색을 칠하고 코걸이를 했으며, 실과 바늘로 그려낸, 작품과도 같은 몰라를 다시 입었다. 자의든 타의든 함께 공유하던 왕국을 지키고자 했던 2천 개가 넘는 섬에서 살고 있던 쿠나족 남녀는 다시 의식을 행하고 집회를 열었다.

◆ 쿠나족의 전통 의상을 만드는 데 사용되는 무늬 있는 원단. 주로 여성의 상의를 만든다. 천 안쪽에 바느질해 아름다운 색채와 복잡한 패턴을 만들어낸다. 쿠나족 예술의 중요한 부분이다.

나의 아프리카

19세기 말 유럽 열강은 아프리카를 분할하기 위해 베를린에서 모였다. 식민지라는 전리품, 밀림, 강, 산, 토지, 지하자원 등을 둘러싼 다툼은 길고도 길었다. 새로운 국경이 그어졌으며 1885년 오늘엔 전지전능한 하느님의 이름으로 일반의정서General Act를 체결했다.

좋은 취향을 가졌던 유럽인들은 금이며 다이아몬드, 상아, 석유, 고무, 주석, 코코아, 커피 야자유 등을 거론하지 않았다.

그들은 노예제도를 노예제도라고 부르는 것을 금지했으며,

시장에 인류를 공급하는 회사를 자선 단체라고 불렀다.

'교역과 문명의 발전이라는 정당한 욕망'에서 이런 행동을 했다고 그들은 밝혔다.

혹시라도 의심을 살까 봐, 자신들이 '원주민들의 도덕적이고 물질적인 복지를 증진시키려는 따뜻한 배려심으로 행동에 나섰음'을 분명히 하였다.

이렇게 유럽은 아프리카의 새 지도를 만들었다.

이 정상회담에 장식으로라도 앉혀놓은 아프리카 사람은 단 한 사람도 없었다.

2월 27일
은행이 망하는 날

성서는 이렇게 이야기한다. '푸른 것은 결국 시드는 법.'◆

1995년 오늘, 영국에서 가장 오래된 상업은행 베어링스Barings 은행이 파산했다. 일주일 후 단돈 1파운드에 팔렸다.◆◆

이 은행은 대영제국 재정의 오른팔이었다.

은행의 자립과 외채 모두 라틴아메리카에서 시작되었다. 우리는 누구나 빚을 지고 태어난다. 베어링스 은행은 라틴아메리카에서 나라를 사기도 했고, 국민적인 영웅을 임대하기도 했고, 전쟁을 후원하기도 했다.

절대 망하지 않을 거라고 믿으면서.

◆ 이사야서 15장 6절. 이 구절은 가톨릭 공동번역 성서에는 '푸성귀란 볼 수가 없구나'로 번역되어 있는데, 글의 내용과 어울리지 않아 원문을 살려 옮겼다.

◆◆ 베어링스 은행의 파산은 28세의 젊은 딜러가 저지른 한순간의 실수로 일어났다. 닉 리슨이라는 딜러가 주가지수선물에서 5억 파운드(7억 9천만 달러)의 평가손을 내자, 베어링스 은행은 영국 정부에 관리를 의뢰하고 법원에 파산보호를 신청했다. 은행의 자산은 대부분 네덜란드의 금융보험그룹 ING에 매각되었다.

2월 28일
바로 그때

선박의 나선계단을 내려가던 그때, 그는 단백질 분자가 물결치는 듯한 바닥 위를 이렇게 나선형으로 돌아다닐 수도 있겠다고 생각했다. 이것은 엄청난 과학적 발견으로 밝혀졌다.
로스앤젤레스에서 기침을 많이 하는 것이 자동차 탓이라는 것을 알게 된 그때, 그는 전기 자동차를 발명했다. 그의 발명품은 안타깝게도 상업적 성공을 거두지는 못했다.
신장에 문제가 생겼지만 약이 듣지 않았던 그때, 그는 건강한 음식과 비타민 C를 엄청나게 먹어대 결국 스스로 병을 고쳤다.
히로시마와 나가사키에서 원자폭탄이 터진 그때, 마침 그는 할리우드에서 과학 강연을 하기로 되어 있었다. 자신이 진실을 말하지 못했음을 알게 된 그때, 그는 전 세계적인 핵무기 반대 운동에 앞장섰다.
그가 두 번째 노벨상을 받았을 때 〈라이프〉는 이를 미국에 대한 모욕이라고 밝혔다. 이미 미국 정부는 그가 공산주의에 동조하고 있다고 의심해 두 차례나 여권을 압수한 바 있다. 게다가 그는 '신'이라는 개념 자체가 불필요한 생각이라고 이야기하기도 했다.
그의 이름은 라이너스 폴링◆이고, 20세기가 시작되던 1901년 바로 오늘 태어났다.

◆ 라이너스 칼 폴링(Linus Carl Pauling, 1901-1994)은 미국의 화학자로, 노벨화학상(1954년)과 노벨평화상(1962년)을 모두 받은, 과학적 업적과 평화적 노력으로 기억되는 인물이다. 그의 학문적 업적은 화학 분야뿐만 아니라 분자생물학에도 큰 영향을 미쳤다. 특히, 벤젠의 구조를 밝혀내고 DNA의 이중 나선 구조와 염기쌍에 대한 연구를 주도했다. 뿐만 아니라 국제적으로 핵전쟁의 위험을 경고하고 핵실험을 중단하기 위한 노력을 기울였으며, 이로써 1962년에는 노벨평화상을 수상했다.

2월 29일
바람과 함께 사라지지 않은 것

오늘은 달력에서 곧잘 도망치지만 4년에 한 번은 반드시 돌아온다.

한 해 중 가장 이상한 날이다.

그러나 1940년 할리우드에선 이날이 이상한 날이 아니었다. 2월 29일 할리우드는 아주 자연스럽게 무려 여덟 개의 오스카상을 〈바람과 함께 사라지다〉에 수여했다. 잃어버린 노예제도가 존재했던 호시절에 대한 향수에 긴 한숨을 내쉰 영화에 말이다.

할리우드는 다시 한번 관습을 확인하였다. 25년 전 어마어마한 성공을 거뒀던 첫 번째 작품, 〈국가의 탄생〉◆ 역시 쿠 클럭스 클랜Ku Klux Klan을 찬양하는 찬가에 지나지 않았다.

◆ 〈국가의 탄생(The Birth of a Nation)〉은 1915년 데이비드 워크 그리피스 감독이 제작한 무성영화이다. 남북전쟁과 재건 시대를 배경으로 한 이 영화는 개봉 당시 엄청난 상업적 성공을 거두었으나 백인우월주의를 옹호하고 흑인을 비하해 가장 논란이 많은 영화로 손꼽힌다. 영화는 흑인들을 미개하고 야만적인 존재로 묘사하며, 백인이 흑인을 지배해야 한다는 메시지를 전한다. 또한 미국 사회에서 인종차별을 조장하고, 흑인들의 권리 향상을 위한 노력을 저해했다는 비판을 받았다.

3월

3월 1일
이런 일이 있었다

엘리사 린치는 맨손으로 무덤을 파고 있었다. 승리한 연합국 병사들도 겁에 질려 그녀가 하는 대로 바라만 보았다. 손톱에서 붉은 먼지가 피어올랐고, 얼굴을 덮은 붉은 머리카락이 이리저리 흔들렸다.

그녀의 곁에 솔라노 로페스가 누워 있었다.◆

그로 인해 만신창이가 되었지만, 그녀는 눈물 한 방울 흘리지 않았고, 눈길 한번 주지 않았다. 그저 그가 땅에 누워 있도록 두었다. 한때 자신들의 땅이었던 곳에 그를 묻고 싶어 하염없이 맨손으로 땅만 팠다.

그는 이미 그가 아니고, 파라과이도 더는 파라과이가 아니었다.

전쟁은 5년이 걸렸다.◆◆ 파라과이는 패배했고 무너졌다. 금융자본과 상업자본에 무릎 꿇지 않았던 유일한 라틴아메리카 국가였다.

한때 자신의 남자였던 그에게 엘리사는 계속해서 흙을 뿌렸다. 해는 지고, 1870년의 저주받은 오늘도 지는 해와 함께 사라져갔다.

코라 언덕의 나뭇잎 사이에서 새들이 작별 인사를 던지고 있었다.

◆ 초대 파라과이 대통령 카를로스 안토니오 로페스의 첫째 아들로 태어났다. 1862년 아버지가 사망하자 군부의 도움으로 대통령이 되었다. 남아메리카의 나폴레옹을 자처하며 영토 확장을 위해 우루과이의 내분을 이용하고자 했다. 이 과정에서 아르헨티나 영토를 침범했고, 이로 인해 우루과이, 아르헨티나, 브라질과 삼국 동맹 전쟁을 치렀다. 1870년 3월 1일, 전투 중 사망하자 아내 엘리사 린치가 직접 땅을 파 그를 묻었다. 파라과이는 로페스 대통령을 저항정신과 애국심의 상징이자 국부로 추앙하지만, 나라마다 평가는 엇갈린다.

◆◆ 삼국 동맹 전쟁 또는 파라과이 전쟁(Guerra de la Triple Alianza)으로 불리는 이 전쟁으로 파라과이는 멸망 일보 직전까지 몰렸고, 남성 인구의 90퍼센트가 사망한 것으로 알려졌다.

3월 2일
휘파람 소리로 전하는 이야기

휘파람은 '라고메라La Gomera' 섬의 언어이다.
1999년 카나리아 제도의 주 정부는 휘파람을 부는 사람들 덕분에 계속 이어져온 '휘파람 언어'◆를 학교에서도 가르치기로 했다.
옛날 라고메라 섬의 목동들은 먼 산에 있어도 계곡이 메아리를 만들어주어 휘파람 소리로 의사소통을 할 수 있었다. 이런 식으로 메시지를 전달했고, 일어난 일과 소식을 주고받았으며, 위험과 기쁨을, 하루하루 일어난 일과 사건을 전했다.
수 세기가 흘렀지만, 새들도 질투했던 인간의 휘파람 소리는 여전히 바람과 바닷소리만큼이나 강력한 위력을 발하고 있다.

◆ 에스파냐 카나리아 제도의 라고메라 섬에서 사용되는 실보 고메로(Silbo Gomero) 외에도 다양한 휘파람 언어가 존재한다. 특히 튀르키예 산악 지역의 쿠쉬딜리(Kuş Dili)는 러시아군의 공격을 알리기도 했다. 2017년 유네스코는 '긴급 보호가 필요한 인류무형문화유산 목록'에 휘파람 언어를 등재했다.

3월 3일
브라질의 해방자

1770년 오늘, 쿠아리테레에서 테레자 데 벵겔라◆의 통치가 끝났다. 드물게 브라질에서 도망친 노예들이 자유를 구가하며 살 수 있었던 이곳에서, 테레자는 20년 동안이나 마투그로수 정부군을 곤혹스럽게 했다. 그녀를 생포할 수 없었던 것이다.
밀림 속 은신처에는 이스피리투 산투의 자심바 감바, 리우데자네이루 내륙의 마리아나 크리올라, 바이아의 제페리나, 토칸친스의 펠리파 마리아 아라냐와 같이 요리와 출산 외에도 전투와 지휘에 능한 여성들이 있었다.
트롬베타스 강변의 파라는 마에 도밍가스가 다스렸다.
알라고아스 주의 팔마리스에 있는 드넓은 피난처에서는 아프리카 공주 아쿠알숭이 자유가 보장된 마을을 다스렸다. 이 마을은 1677년, 식민지 군대에 의해 짓밟히고 불태워졌다.
페르남부쿠 주에는 '콘세이사우 다스 크리올라스'가 여전히 존재한다. 도망친 흑인 노예 프란시스카와 멘데차 페레이라 자매가 1802년에 건설한 공동체이다.
군대가 다가오자, 자유를 얻었던 노예들은 아프리카 사람들 특유의 무성한 머리카락 사이사이에 씨앗을 가득 넣었다. 그들의 고향인 아메리카에서 그랬듯, 긴급 상황에 대비해 자신들의 머리를 곡물 창고로 만든 것이다.

◆ '여왕 테레자'로 불리며 노예화에 저항하고 아프리카계 브라질 공동체를 이끌었다. 2014년, 브라질은 7월 25일을 '테레자 데 벵겔라와 흑인 여성의 날'로 지정했다.

3월 4일
사우디의 기적

1938년 오늘, 엄청난 소식이 들려왔다. 스탠더드 오일이 사우디아라비아의 거대한 모래사막 아래에서 '석유의 바다'를 발견한 것이다.
오늘날 사우디아라비아는 가장 유명한 테러리스트◆를 배출한 나라이자 인권을 가장 처참하게 짓밟는 나라이다. 그러나 5천 명이나 되는 왕자를 거느린 이 나라와 가장 좋은 관계를 유지하는 나라는 놀랍게도 다름 아닌 서양의 강대국들이다. 이들은 공포를 불러일으키고 폭탄 투척을 유도하기 위해 아랍의 위기를 조장하고 기원한다. 아마도 사우디아라비아가 석유를 가장 많이 파는 나라이자 무기를 가장 많이 사주는 나라이기 때문이 아닐까?

◆ 알카에다의 전 수장이자 이슬람 극단주의의 상징, 인류 역사상 최악의 테러리스트로 알려진 오사마 빈 라덴.

3월 5일

건강상의 이유로 이혼

1953년 멕시코에선 루이스 부뉴엘 감독의 〈엘Él〉◆이라는 영화가 개봉되었다.

에스파냐를 떠나 망명 생활을 하던 부뉴엘이 연출한 이 작품은 마찬가지로 에스파냐에서 추방된 소설가 메르세데스 핀토의 작품을 영화화한 것이다. 결혼생활의 고단함을 다룬 작품이었다.

영화는 삼 주 동안 상영되었다. 관객은 마치 칸틴플라스의 코미디 작품이라도 되는 듯 웃어댔다.

이 소설의 작가는 1923년 에스파냐에서 추방되었다. 마드리드 대학에서 신성모독의 성격이 강한 강연을 했다는 이유였다. 강연의 제목은 '건강상의 이유로 이혼'이라는 참아주기 어려운 것이었다.

독재자였던 미겔 프리모 데 리베라◆◆는 자신 앞에 소환된 그녀에게 가톨릭 교회와 성모 마리아의 이름을 앞세워 짧은 명령을 내렸다.

"입을 다물거나 이곳을 떠나시오!"

그래서 메르세데스 핀토는 에스파냐를 떠났다.

그날 이후 메르세데스 핀토는 우루과이, 볼리비아, 아르헨티나, 쿠바, 멕시코 등 발 디디는 나라들을 잠에서 깨우며 창의적인 발자취를 남겼다.

◆ 에스파냐어 'Él'은 영어의 'He'와 마찬가지로 남성을 의미하는 삼인칭 대명사이다.

◆◆ 미겔 프리모 데 리베라는 1923년부터 1930년까지 에스파냐 총리를 지낸 독재자이다. 그는 정치인들이 에스파냐를 망쳤다며 정치인 없이 통치해야만 국력을 회복할 수 있다고 굳게 믿었다. 그래서 그는 '국가, 종교, 군주제'를 슬로건으로 내세웠다. 역사가들은 그를 명확한 사상과 정치적 통찰력이 부족한 무능한 독재자로 평가하고 있다.

3월 6일

플로리스트

조지아 오키프◆는 거의 한 세기 동안 그림을 그리며 살았고, 그림을 그리며 생을 마감했다.
그녀의 그림은 고독한 사막에 높이 세운 정원과도 같았다. 조지아가 그린 꽃, 클리토리스, 여성의 성기, 질, 젖꼭지, 배꼽 등은 여성으로 태어난 기쁨에 대한 감사의 미사를 올리는 축배였다.

◆ 조지아 오키프는 미국의 화가로, 꽃을 소재로 그린 그림으로 널리 알려졌다. 동물의 유골과 사막의 풍경을 주제로 한 그림을 그리기도 했는데, 인간화한 양식과 강하고 선명한 색을 특징으로 한다.

3월 7일
못생겼는데 속임수까지 쓰는 여자

1770년 영국법은 '속임수를 쓰는 여성들'을 처벌하기로 했다.
흉물스러운 여인들이 '향수며 화장, 목욕, 의치, 가발, 양털 충전재, 코르셋, 후프, 반지와 귀걸이, 하이힐 등의 속임수'를 써서 폐하의 백성들을 유혹, 결혼을 강제하고 있다는 것이다.
법조문은, '이런 속임수를 쓴 여자들은 마술을 벌하는 현행법에 따라 처벌받을 것'이라고 했다. 그리고 '이런 속임수를 쓴 결혼 역시 무효이며 파기될 것'이라고 했다.
실리콘과 지방흡입술, 보톡스, 성형수술, 기타 외과 및 화학적인 방법은 다행히 뒤늦게 만들어져 이러한 속임수에 포함되는 것을 피할 수 있었다.

3월 8일
헌사

오늘은 여성의 날이다.
유구한 역사 속에서, 사상가는 물론 인간과 신을 막론하고 모든 남성은 참으로 다양한 이유로 여성을 연구했다.

• 해부학적 측면에서…

아리스토텔레스는 '여성은 불완전한 남성이다'라고 했고,
성 토마스 아퀴나스는 '여성은 자연의 오류이며, 나쁜 정자에서 태어났다'라고 했다.
마르틴 루터는 '남성은 넓은 어깨와 작은 엉덩이를 가지고 있습니다. 지혜를 부여받았지요. 그러나 여성은 좁은 어깨에 펑퍼짐한 엉덩이를 가졌습니다. 자식을 낳고 가정에 머무르기 위함이지요'라고 이야기했다.

• 여성의 본성에 대해서는…

프란시스코 데 케베도는 '암탉은 달걀을 낳고 여성은 부정을 낳는다'라고 했으며,
성 요한 다마스체노는 '여성은 고집만 센 당나귀다'라고 했다.
그리고 아르투어 쇼펜하우어는 '여성은 긴 머리카락에 생각은 짧은 동물이다'라고 했다.

• 여성의 운명에 대해서는…

성서에서 여호와는 여성에게 이렇게 말했다. '네 남편이 너를 다스릴 것이다.'
코란에서 알라는 마호메트에게 이렇게 말했다. '착한 여인은 순종할 것이다.'

3월 9일
멕시코가 미국을 침공한 날

1916년 오늘 새벽 판초 비야◆는 국경을 넘어, 콜럼버스 시에 불을 지르고 군인 몇 명을 죽였으며 말 몇 마리와 탄약을 가져갔다. 그는 이튿날 멕시코로 돌아가 자신의 위업을 떠벌렸다.
순식간에 벌어진 판초 비야 기병대의 침입은 미국 역사상 유일무이하게 당한 침략이었다.
반면, 미국은 전 세계를 침략했고 지금도 침략하고 있다.
1947년부터 미국은 '전쟁부'라는 이름을 '국방부'로 바꿨으며, '전쟁 예산' 역시 '국방 예산'으로 바꾸어 불렀다.
이름이란, 삼위일체의 신비보다 더 풀기 어려운 수수께끼이다.

◆ 본명은 호세 도로테오 아랑고 아람불라(José Doroteo Arango Arámbula)이지만 일명 '판초 비야(Pantcho Villa)'로 불렸다. 멕시코 혁명 지도자로, 1916년 국경을 넘어 미국을 침입해 국가간 긴장을 고조시켰다. 1923년 암살되었다.

3월 10일

악마가 바이올린을 연주하다

1712년 오늘 밤, 악마는 젊은 바이올린 연주자인 주세페 타르티니◆를 찾아와 꿈속에서 그를 위해 바이올린을 연주했다.
주세페는 그 음악이 끝나지 않기를 바랐다. 그러나 잠에서 깨었을 때 음악은 이미 사라지고 없었다.
타르티니는 이 '잃어버린 음악'을 찾아 219곡의 소나타를 작곡했고 평생을 연주했지만, 완벽의 경지에는 도달하지 못했다.
그리고 대중은 그의 실패에 박수갈채를 보냈다.

◆ 주세페 타르티니(Giuseppe Tartini)는 이탈리아의 바이올린 연주자이자 작곡가이다. 그의 대표작 〈악마의 소나타(El trino del diablo)〉는 기술적으로 어려운, 화려한 연주를 뽐내는 곡으로 알려져 있다.

3월 11일

좌익은 우익을 위한 학교이다

1931년 오스트레일리아에서 루퍼트라는 이름의 아이가 태어났다. 몇 년 뒤, 루퍼트 머독◆은 전 세계 미디어 업계의 주인이자 최고 경영자가 되었다.

그의 경이로운 성공은 교활함과 반칙에 통달한 덕분이었다. 루퍼트는 자본주의 체제의 작동 방식에 담긴 비밀을 너무 잘 알고 있어, 이에 도움을 받았다.

레닌과 마르크스를 동경했던 20대의 대학생 시절 이를 배울 수 있었던 것이다.

◆ 루퍼트 머독(Rupert Murdoch)은 기업인이자 언론인으로, 뉴스 코퍼레이션과 21세기 폭스의 설립자이자 전 회장이며, 현재는 뉴스 코프와 폭스 코퍼레이션의 설립자이자 회장이다. 전 세계 미디어 시장에 영향력을 미치는 대표적인 미디어 거물이다. 1952년, 아버지가 운영하던 신문사 '더 뉴스'의 지분을 물려받으며 미디어 업계에 진출했고, 1980년대에는 신문 제국을 세웠다. 그의 언론사들은 종종 저널리즘 윤리와 범죄 스캔들, 정치적 편향성과 선정주의적인 보도로 인해 논란의 중심에 섰다. 특히 2011년 〈뉴스 오브 더 월드〉 기자들이 정치인과 유명인의 휴대전화를 해킹해 기사를 써온 사실이 발각되었고, 납치 살인사건 피해자의 음성 메일에 불법 해킹으로 접근한 사실도 밝혀졌다. 이 사건은 머독 미디어 제국의 신뢰성에 큰 타격을 입히며, 해당 신문의 폐간으로 이어졌다.

3월 12일
꿈은 모든 것을 알고 있다

일본의 상징 후지산이 붉게 변했다.
붉은 플루토늄 구름과 노란 스트론튬 구름, 자줏빛 세슘 구름이 하늘을 뒤덮고, 암을 비롯해 수많은 괴물들이 하늘을 무겁게 짓눌렀다.
여섯 개의 원자력 발전소가 폭발했다.
절망한 사람들은 어디로 가야 할지 알지 못했다.
"우릴 속였어. 우리에게 거짓말을 했다고!"
서둘러 삶을 마감하기 위해 몇 사람은 바다에, 몇 사람은 허공에 몸을 던졌다.
2011년 오늘, 일본에 대재앙을 안긴 핵 재앙이 터지기 20년 전, 이 악몽을 꾼 구로사와 아키라는 이를 필름에 담았다.◆

◆ 〈꿈(夢, Dreams)〉은 미국에서 제작된 구로사와 아키라 감독의 1990년 드라마이다. 데라오 아키라, 바이쇼 미쓰코 등이 주연으로 출연했으며, 마이크 Y. 이노우에 등이 제작에 참여하였다. 〈꿈〉은 구로사와 아키라가 반복적으로 꾸었던 꿈에서 영향받았다. 제6편 붉은 후지산(Mount Fuji In Red)은 원자력발전소가 폭발해 후지산이 다시 활화산화되는 내용으로, 수많은 사람들이 피난을 떠나며 원자력발전소가 안전하다고 주장해온 정부를 비난한다.

3월 13일

양심

2007년 오늘, '유나이티드 프루트 컴퍼니'◆의 유산을 물려받은 바나나 회사 '치키타'는 지난 7년 동안 콜롬비아 반군에 자금을 댔다는 사실을 시인하고 벌금형을 받았다.

민병대는 '노동조합의 파업 및 나쁜 관습으로부터 치키타 브랜드를 보호한다'는 명목으로 173명의 조합원을 바나나 농장에서 살해했다.

벌금은 2천 500만 달러였다.

그러나 희생자 가족들에게는 한 푼도 전달되지 않았다.

◆ 돌(Dole), 델몬트과 함께 악명 높은 정경유착 기업. 라틴아메리카에서 대규모 바나나 플랜테이션을 경작했으며 이들 국가에 엄청난 영향력을 행사해 라틴아메리카 사람들에게 문어(el pulpo)라는 별명으로 불렸다. 처우 개선을 요구하던 노동자들을 정부군과 함께 총으로 탄압한 '바나나 학살 사건'은 가브리엘 가르시아 마르케스의 《백년의 고독》의 한 장면으로 그려지기도 했다. 1990년 치키타(Chiquita)로 개명한 후 1997년부터 2004년까지 콜롬비아 우파 테러 조직(AUC)에 자금 지원을 했으며, 콜롬비아 혁명군(FARC)에도 유사한 금액을 지출했다. 오늘날 치키타는 세계에서 가장 큰 바나나 유통업체 중 하나이며 한국에도 바나나를 수출하고 있다.

3월 14일
자본론

1883년 오늘, 영국 런던의 묘지에서 치러진 카를 마르크스의 장례식에는 장의사를 포함해 열한 명이 참석했다.
그가 생전에 남긴 가장 유명한 말이 묘비명이 되었다.
"철학자들은 세계를 단지 여러 가지 방식으로 해석해왔다. 중요한 것은 세계를 변화시키는 것이다."◆
그러나 세상을 바꾸겠다던 이 선지자는 평생 경찰과 채권자들을 피해 다녔다.
자신의 걸작에 대해 마르크스는 이렇게 이야기했다.
"돈도 별로 없으면서 돈에 대해 이렇게 많은 글을 쓴 사람은 없었다. 〈자본론〉은 내가 글을 쓰며 피웠던 담뱃값도 주지 않을 것이다."

◆ 카를 마르크스는 1845년에 11개 명제로 구성된 〈포이어바흐에 관한 테제〉를 작성한다. 그중에서도 가장 유명한 제11명제가 그의 묘비명이 되었다. 〈테제〉에서 마르크스는 유물론과 관념론을 비판하며, 세계의 변화는 사회적 실천과 물질적 활동을 통해 이루어진다고 주장한다. 이 작업은 마르크스가 프랑스에서 쫓겨나 브뤼셀로 이주하는 과정에서 이루어졌다. 평생에 걸친 망명 생활의 시작이었다.

3월 15일

밤의 목소리

기원전 44년 오늘 아침, 칼푸르니아는 울면서 잠에서 깼다.
꿈에 칼로 난도질당한 남편이 자신의 품에 안겨 죽어가는 모습을 본 것이다.
칼푸르니아는 남편에게 꿈 이야기를 했다. 밖에 나가면 무덤이 기다린다고, 집에서 나가지 말아달라고 울면서 간청한 것이다. 그러나 최고 대신관이자 종신 독재자, 신성한 전사, 무적의 신이었던 그는 아내의 꿈 따위에 조금도 개의치 않았다.
율리우스 카이사르는 아내를 거칠게 밀쳐냈고, 죽음이 기다리는 로마 원로원을 향해 걸어갔다.

3월 16일
이야기꾼

예나 지금이나 허공에 글을 쓰듯 큰 소리로 이야기를 들려주며 자기들만의 축제를 여는 이들이 있다.
이 이야기꾼에게 영감을 주고 이들을 수호하는 수많은 신이 있다. 그중에는 콜롬비아 아라라쿠아라 지방의 우이토토족◆의 기원에 관한 이야기를 들려준 '라푸에마 할아버지'도 있었다.
라푸에마는 우이토토족이 창조를 논한 '말言'에서 태어났다고 했다. 그가 이 이야기를 할 때마다 우이토토족은 다시 태어났다.

◆ 우이토토족은 콜롬비아의 원주민 부족으로, 아마존 지역에서 살았다. 40년 넘게 계속되는 내전으로 인해 고향에서 쫓겨나 도시로 몰려들었다.

3월 17일

그들은 듣는 방법을 알고 있다

카를로스 랜커스도르프와 구드룬 랜커스도르프◆는 도이칠란트에서 태어나 도이칠란트에서 성장했다.
1973년 저명한 두 교수는 멕시코로 건너갔다. 마야 세계인 토호라발 공동체에 발을 디딘 두 사람은 이렇게 자신을 소개했다.
"우리는 배우기 위해 왔습니다."
원주민들은 입을 다물었다.
잠시 후 누가 이 침묵이 무엇을 의미하는지 설명해주었다.
"우리에게 이런 이야기를 한 것은 당신들이 처음입니다."
구드룬과 카를로스는 몇 년 동안 그곳에서 뭔가를 배우며 머물렀다.
그들은 마야의 언어가 주체와 객체를 나누지 않는다는 사실을 알게 되었다. 나를 마시는 물을 내가 마시고, 내가 보는 모든 것이 나를 바라보기 때문이다. 이런 식으로 인사하는 법도 배웠다.
"나는 또 다른 당신입니다."
"당신은 또 다른 나입니다."

◆ 카를로스 랜커스도르프와 구드룬 랜커스도르프(Carlos Lenkersdorf, Gudrun Lenkersdorf)는 도이칠란트 출신의 부부 학자이다. 마야-토호라발 철학의 연구에 주요한 기여를 했다. 1973년부터 치아파스주의 토호라발 공동체로 이주해 20년 동안 생활했으며, 학계와 서양 사회에 만연해 있던 유럽 중심의 시각과 인종차별주의를 비판했다. 1994년 멕시코시티로 이주한 후에도 토호라발 언어와 문화에 대한 연구와 강의를 지속했다.

3월 18일
가슴속 신들과 함께

에스파냐 정복자들은 안데스 산맥에서 원주민들의 신을 쫓아냈다.
그들은 '우상숭배'를 뿌리 뽑을 생각이었다.
그러나 1560년, 신들이 다시 돌아왔다. 어디서 왔는지는 알 수 없지만, 커다란 날개를 펴고 떠돌다 아야쿠초에서 오루로◆까지, 그곳에서 살아가던 아들들의 몸속으로 들어가, 그들의 몸속에서 춤을 췄다. 정복자들은 반란의 춤을 춘 춤꾼들을 끊임없이 채찍질하고 교수형에 처했지만, 그들을 막을 방법은 없었다. 그들은 계속해서 정복자들에게 굴욕을 안겼다.
케추아어◆◆로 냐우파ñaupa는 과거를 의미하는 '…이었다'인 동시에 미래를 의미하는 '…일 것이다'이다.

◆ 볼리비아의 도시로, 오루로 주의 주도. 세계적인 주석 광산지로 알려져 있다.

◆◆ 케추아어(Quechua)는 주로 안데스 산맥 및 주변 지역에서 사용되는 인디오 언어이다. 페루와 볼리비아, 에콰도르, 콜롬비아 등 안데스 산맥 지역에서 주로 쓰인다. 잉카 제국 이전부터 존재했으며, 다양한 민족들 사이에서 통용된다.

3월 19일
영화의 탄생

1895년 루이 뤼미에르와 오귀스트 뤼미에르 형제◆는 리옹의 한 공장에서 퇴근하는 노동자들의 모습을 담은 아주 짧은 단편영화를 촬영했다.
영화 역사상 첫 번째 작품인 이 영화는 몇몇 친구만이 보았고, 그 외에는 아무도 본 사람이 없다.
12월 28일 드디어 뤼미에르 형제는 현실의 덧없는 순간을 기록한 또 다른 단편영화 아홉 편을 대중에 공개했다.
파리의 그랑카페 지하에서 〈마법 랜턴의 아들, 인생의 바퀴 그리고 여러 편의 마술 공연〉이라는 제목으로 경이로운 볼거리의 세계사적인 공연이 펼쳐졌다. 객석을 가득 메운 35명의 관객은 1프랑의 관람료를 내고 들어왔다. 조르주 멜리에스◆◆도 그중 한 사람이었다.
그는 촬영기를 사고 싶었지만, 파는 곳이 없어서 스스로 만들 수밖에 없었다.

◆ 뤼미에르 형제는 프랑스의 영화 제작자이다. 아버지가 운영하는 사진 회사에서 루이는 기술자로, 오귀스트는 경영자로 일했다. 시네마토그래프를 발명해 1895년 2월에 특허를 받았으며, 이를 이용해 그해 3월 19일에 첫 영화를 찍었다. 주요 작품으로 〈리옹의 뤼미에르 공장을 나서는 노동자들〉, 〈열차의 도착〉 등이 있다.

◆◆ 조르주 멜리에스(1861-1938)는 프랑스의 마술사이자 영화 제작자이다. 초창기 영화제작 기술과 장르 발전을 이끈 선구자로 평가받는다. 또한, 여러 가지 특수효과 개념을 고안해 영화에 도입한 것으로도 유명한데, 대표적으로 정지 트릭, 다중 노출, 타임랩스 기법, 디졸브 기법, 채색 수작업 등을 들 수 있다.

3월 20일
거꾸로 본 세상

2003년 3월 20일, 이라크 비행기가 미국을 폭격했다.◆
폭격 이후 이라크 군대가 미국 영토로 공격해 들어갔다.
양측에서 수많은 사상자가 나왔다. 대부분이 여성과 아이들이었던 수많은 미국 시민이 생명을 잃거나 불구가 되었다. 정확한 숫자에 대해선 밝혀진 바가 없다. 침략자 중에서 희생자 수를 셀 수는 있지만, 침략당한 쪽 희생자 수를 세는 것은 금지된 오랜 전통 때문이다.
전쟁은 불가피했다. 이라크와 전 인류의 안보는 미국의 무기고에 쌓인 대량 살상 무기의 위협을 받고 있었으므로.
반대로 이라크가 알래스카의 석유를 장악하려 한다는 영악하면서도 교활한 소문은 아무런 근거도 없이 퍼져갔다.

◆ 2003년 3월 20일, 미국과 연합군이 이라크를 침공하여 사담 후세인 정권을 무너뜨렸다. 이로 인해 이라크 전쟁이 발발하였다.

3월 21일
현재 모습과 똑같은 세상

제2차 세계대전은 인류 역사상 가장 참혹한 대학살을 자행한 전쟁이다. 그러나 통계에 잡힌 희생자 수는 그리 많지 않다.
식민지 출신의 군인들은 사망자 명단에 존재하지 않았다. 오스트레일리아 원주민과 힌두교도, 미얀마와 필리핀, 알제리, 세네갈, 베트남 출신의 흑인과 갈색인종 그리고 황인종들은 주인의 국기를 위해 목숨을 버려야 했다.
가격 기준: 살아있는 사람은 1등급, 2등급, 3등급, 4등급으로 나눌 수 있다.
죽은 사람 역시 마찬가지이다.

3월 22일
물의 날

우리는 물에서 왔다.
물에서 생명이 싹텄다. 강은 대지를 살찌우는 피이며, 우리를 떠받치는 세포와 우리를 위해 흘리는 눈물, 우리를 상기시키는 기억 모두 물로 이루어져 있다. 기억은 우리에게 오늘의 사막은 어제의 숲이었으며, 메마른 대지도 촉촉한 땅이 될 수 있다고 이야기해준다. 먼 옛날 물과 대지는 누구의 것이 아닌 모두의 것이었다.
누가 물을 차지했는가? 몽둥이를 든 원숭이였다. 무장하지 않은 원숭이들은 몽둥이질에 목숨을 잃고 말았다. 내 기억이 맞다면 영화 〈2001 스페이스 오디세이〉는 그렇게 시작한다. 몇 년 뒤 2009년, 우주선은 달에도 물이 있다는 사실을 발견한다.◆ 이 소식은 달 정복 계획을 서두르게 하는 계기가 되었다.
불쌍한 달!

◆ 1990년대 NASA(미국항공우주국)의 클레멘타인 궤도선은 달의 극 근처 분화구에서 얼어붙은 물의 증거를 발견했다. 2009년 인도 달 탐사선 찬드라얀 1호는 달 먼지 표면층에 얇은 물층이 있는 것을 확인했다. 2020년 NASA는 달 표면에 물 분자가 광범위하게 분포한다고 발표했다.

3월 23일
왜 우리는 원주민을 학살했는가

1982년 오늘, 에프라인 리오스 몬트 장군◆은 황당한 속임수를 써서 다른 장군을 쓰러트린 후 스스로 과테말라의 대통령이 되었다고 선포했다.
1년 육 개월 후, 캘리포니아에 본부를 둔 '말씀의 교회' 목사를 자처하던 이 대통령은 자신이 440여 개의 원주민 공동체를 몰살시킨 '성전'에서 승리를 거뒀다고 주장했다.
그는 이 위업이 정보를 조작한 성령의 도움이 없었으면 불가능했을 거라고 이야기했다.
그의 또 다른 협력자이자 정신적인 조언자 역할을 했던 프란시스코 비앙치는 〈뉴욕타임스〉 특파원에게 이렇게 말했다.
"게릴라들은 수많은 원주민 협력자를 가지고 있었습니다. 이런 원주민들은 반체제적이며 파괴적인 성격을 가질 수밖에 없지요. 그렇지 않겠습니까? 그렇다면 어떻게 이런 반란을 끝낼 수 있을까요? 원주민들을 죽여야 하지 않을까요? 훗날 이런 주장이 나올 겁니다. '아무 죄도 없는 사람들을 학살했다.' 그러나 그들이 결코 무고하다고 할 수는 없지요."

◆ 1982년 쿠데타로 정권을 잡은 리오스 몬트는 17개월 만에 지도자 자리에서 축출됐지만 이에 굴하지 않고 80대까지 국회의원을 역임하며 재기를 노린 최악의 우파 독재자였다. 집권 당시 수천 명의 마야 원주민 집단학살을 지시한 혐의로 기소되었지만 끝까지 무죄를 주장하였고, 결국 처벌받지 않았다. 91세였던 2018년 4월 1일, 재판이 진행되던 중에 숨을 거뒀다. 그의 딸도 정치인으로 활동하고 있다.

3월 24일

왜 실종자들의 존재를 감췄는가

1976년 오늘, 아르헨티나인 수천 명을 감쪽같이 사라지게 한◆ 군부독재 정권이 탄생했다.

20년 후, 호르헤 라파엘 비델라 장군◆◆은 기자인 기도 브라스라브스키에게 이렇게 말했다.

"아니요. 우리는 죽일 수 없었을 겁니다. 희생자 수를 생각해봐요. 가령 5천 명이라고 해볼까요. 아르헨티나 사회는 5천 명을 죽인 것에 대해 책임질 수 있을까요? 어제 부에노스아이레스에서 두 명, 오늘 코르도바에서 여섯 명, 내일 로사리오에서 네 명, 이런 식으로 5천 명까지…. 책임질 수 없을 겁니다. 도대체 흔적이 어디에 남아 있는지 밝힐 수 있을까요? 우리가 적시할 수 있는 것이 무엇일까요? 바다에서, 라 플라타 강에서, 리아추엘로에서 무슨 짓을 했다는 거죠? 당시 (실종자들의) 명단을 밝힐 수 있을 거라고 생각해요? 그랬다가는 또 다른 문제가 제기될 겁니다. 그들이 죽었다고 못 박는 순간 대답할 수 없는 질문이 뒤따를 테죠. '누가, 언제, 어디서, 어떻게 죽였는가.'"

◆ 군사독재 정권이 민주화로 물러난 1983년까지 좌익 반군은 물론 독재에 저항하는 야당 정치인과 학자, 학생, 노동조합원 등이 비밀리에 납치·감금·고문·살해되었다. 미국 정부 역시 남아메리카 공산주의 확산을 막는다는 명목으로 독재 정권의 폭정을 눈감아주었을 뿐 아니라 비밀리에 방조했다는 의혹을 받고 있다. 군부독재 기간에 실종되거나 피살된 이는 아르헨티나에서만 최소 1만 3천 명, 많게는 3만 명으로 추산되며, 희생자의 어린 자녀 수백 명이 군사정권에 의해 강제 입양되었다. 미국은 2002년에 '더러운 전쟁'과 관련해 기밀해제된 국무부 문서 4천 700건을 공개한 바 있다.

◆◆ 1976년 쿠데타로 군사정권의 첫 번째 대통령이 됐다. 잔혹한 인권탄압을 저질러 제2차 세계대전 이후 최악의 독재자 중 한 명으로 기록되었다.

3월 25일
수태고지

하루 정도 차이가 날 수도 있겠지만, 이맘때 천사 가브리엘이 하늘에서 내려왔고, 성모 마리아는 하느님의 아들이 태중에 자리 잡았다는 사실을 깨달았다.
성모가 사용했던 슬리퍼, 실내화, 잠옷, 의류, 머릿수건, 머리띠, 빗, 베일, 머리카락 등의 '성모 마리아의 유품'은 오늘날 전 세계 수많은 교회에서 경배의 대상이 되고 있다.
그중에는 아기 예수에게 젖을 먹인 흔적과 한 번밖에 결혼하지 않았음에도 불구하고 네 개나 되는 결혼반지도 있다.

3월 26일

마야의 여성 해방자

1936년 오늘 밤, 마야 원주민 펠리파 포오트◆는 킨칠 마을에서 돌멩이에 맞아 죽었다.
슬픔과 두려움에 맞서 그녀 곁에서 함께 싸운 세 명의 마야 여성 또한 돌팔매질에 쓰러졌다.
스스로 대지와 유카탄 사람들의 주인임을 천명하며 '신성한 혈통'◆◆이라고 주장하던 사람들이 마야의 여인들을 살해한 것이다.

◆ 펠리파 포오트(Felipa Poot)는 백인 농장주에 맞서 흑인 노예와 원주민 소작농의 해방을 주장하며 인권 운동을 벌였다.

◆◆ 신대륙에 정착한 백인들은 자신들만이 신성한 혈통을 이어받았다고 주장하며 원주민을 박해했다.

3월 27일
연극의 날

2010년, 머레이 힐 주식회사는 세상을 다스리는 척하던 정치인들에게 연극을 그만두라고 요구했다. 이 일이 있기 직전, 미국 대법원은 정치인들의 선거운동을 후원한 기업들이 법을 위반하지 않았다고 판결했다. 오래전부터, 입법권을 가진 의원들이 로비를 통해 뇌물을 받는 일이 합법이었다는 것이다.
이에 따라 머레이 힐 주식회사는 미국 메릴랜드 주 의회에 자사의 후보를 내보내겠다고 발표했다. '중개인'들을 배제할 시간이 된 것이다.
"이것이 우리 민주주의입니다. 우리는 민주주의를 샀고, 대가를 지불했습니다. 우리가 직접 운전대를 잡지 못할 이유가 무엇인가요? 우리에게 투표하세요. 돈으로 살 수 있는 최고의 민주주의를 갖게 될 겁니다."
사람들은 이것이 그저 농담이라고 생각했다. 정말 그랬을까?

3월 28일
아프리카산産

1932년 〈유인원 타잔〉 개봉 직후 극장 앞에는 긴 줄이 생겼다.
그때부터 타잔은 루마니아에서 태어난 조니 와이즈뮬러였고, 할리우드에서 시작된 그의 하울링에 가까운 함성은 아프리카의 만국 공통어가 되었다. 그러나 그는 단 한 번도 아프리카에 가본 적이 없었다.
타잔은 어휘력이 빈약해, '나, 타잔, 당신, 제인'이라는 말밖에 할 줄 몰랐지만, 누구보다 수영을 잘했으며, 올림픽에서 5개나 되는 금메달을 땄고, 누구도 질러본 적 없는 소리를 질렀다.
밀림의 왕자가 지른 소리는 음향 전문가 더글러스 시어러가 고릴라와 하이에나, 낙타, 바이올린, 소프라노, 테너 등의 소리를 기가 막히게 합성해낸 작품이었다.
조니 와이즈뮬러는 생을 마감하기 얼마 전까지도 타잔의 울부짖는 소리를 들려달라고 쫓아다니는 팬들 때문에 고통받았다.

3월 29일
한때 밀림이었던 곳

아마존 밀림에 기적이 일어났다. 1967년 아그리오 호수에서 석유가 솟아난 것이다.

그때부터 석유 회사인 텍사코는 손에는 포크를 들고 목에는 냅킨을 두른 채 식탁에 앉아 4반세기 동안 석유와 가스를 질리도록 먹고, 에콰도르의 밀림에 770억 리터의 독극물을 싸질렀다.

'오염'이란 단어를 모르고 살던 원주민들은 강에서 배를 드러낸 채 죽어 있는 물고기들을 보고 처음으로 이 단어를 알게 되었다. 늪지가 염호로 변하고, 강변의 나무들이 말라 죽기 시작했으며, 동물들이 도망쳤고, 대지는 더는 열매 맺지 않았으며, 사람들도 병에 걸린 채 태어나기 시작했다.

에콰도르의 수많은 대통령들이 추호의 의심도 없이 열렬히 협력했다. 오염을 부추긴 광고홍보업자, 오염을 포장한 신문기자, 오염을 변호한 변호사, 오염을 정당화한 전문가, 오염에 면죄부를 준 과학자들 또한 아낌없는 박수갈채를 보냈다.◆

◆ 아그리오 유전 개발은 '열대우림의 체르노빌'이라고 불리는 환경 재앙을 남겼다. 텍사코가 17억 배럴의 원유를 퍼올려 팔고 에콰도르를 떠난 후에도 유독성 폐수와 원유로 인한 토양과 수질 오염 문제는 여전히 진행 중이다. 첫 소송을 시작한 지 20여 년 만인 2011년 2월 에콰도르 법원은 유전 개발에 따른 환경오염 치유와 주민 피해 구제를 위해 86억 달러를 지급하라고 판결했다. 배상액은 2012년 항소심에서 190억 달러로 늘어났다가 대법원의 최종심에서는 95억 1천만 달러로 줄었다.

3월 30일
가사 노동자의 날◆

마루하는 나이를 알 수 없었다.

지나간 몇 년에 대해 아무 이야기도 하지 않았다. 앞날에 대해서도 아무것도 기대하지 않았다.

예쁘지도 못생기지도 않았다. 그저 그런 평범한 여자였다.

먼지떨이, 빗자루, 쓰레받기를 쥐고 발을 질질 끌며 걸었다.

눈을 뜨면, 머리를 어깨 사이에 파묻고 지냈다.

잠을 잘 때면, 머리를 무릎 사이에 파묻었다.

사람들이 말을 걸면 개미를 헤아리는 것처럼 땅만 바라봤다.

기억할 수 있는 아주 어린 시절부터 다른 사람의 집에서 일만 했다.

단 한 번도 리마 밖으로 나가보지 못했다.

그녀는 이 집 저 집 부지런히 돌아다녔지만, 어느 곳에서도 눈에 띄지 않았다. 그러다 처음으로 사람 대접을 받은 곳을 찾았다.

그리고 며칠 후, 그녀는 떠났다.

그녀는 무한한 사랑을 느꼈다.

◆ 3월 30일은 볼리비아에서 시작되어 라틴아메리카 전역으로 확산된 가사 노동자의 날이다. 국제노동기구(ILO)에서는 6월 16일을 국제 가사 노동자의 날로 기념하고 있다.

3월 31일

벼룩

1631년 오늘, 존 던◆은 영국 런던에서 생을 마감했다.
셰익스피어의 동시대인이었던 그는 아무것도 출판하지 않았다.
아니 아무것도 출판하지 않았을 것이다.
수 세기 후, 운 좋게도 그가 남긴 시 몇 구절을 볼 수 있게 되었다.
이런 구절이었다.

당신의 얼굴도 이름도 몰랐지만,
당신을 두 번, 아니 세 번이나 사랑했소.

그리고 이런 구절도 있었다.

나를 물어뜯더니, 이젠 당신을 물어뜯었다.
이 벼룩 안에서 우리 피는 하나가 되었다.
이 벼룩이 나였고, 당신이었다.
벼룩은 우리 결혼의 잠자리였으며 사원이었다.

◆ 존 던(John Donne, 1572-1631)은 성공회 사제이자 시인이다. 가톨릭 가정에서 태어나 영국 성공회로 전향할 때까지 종교적 박해를 경험했을 뿐만 아니라, 뛰어난 교양과 시인으로서의 재능에도 오랫동안 빈곤 속에 살았다. 1615년에 성공회 성직자가 되었고, 1621년에 세인트 폴 대성당의 수석 사제로 임명되었다. 이런 성장 배경이 그의 작품에도 반영되어 있다. 대담한 위트와 복잡한 언어를 구사하여, 사랑의 시, 종교시, 설문 등을 썼다. T. S. 엘리엇 등에 영향을 주었으며, 헤밍웨이의 소설 제목인 '누구를 위해 종은 울리나' 역시 존 던의 시에서 따온 것이다.

4월

4월 1일
초대 주교

1553년 브라질 초대 주교 페드루 사르지나가 이 땅에 발을 디뎠다. 3년 후, 그는 알라고아스 남쪽에서 카에테족 원주민들에게 잡아먹혔다.
몇몇 브라질 사람들은 이 '점심 이야기'가 조작되었다고, 카에테족의 땅을 뺏고 오랜 '성전'을 통해 원주민들을 완전히 괴멸시키려는 식민지 당국의 핑계였다고 주장했다.
반대로 이 이야기가 전해진 그대로 일어났다고 믿는 브라질 사람도 있었다. 자신의 운명을 이름에 짊어지고 다녔던 사르지나◆ 주교는 본의는 아니었지만, 브라질 요리의 창시자가 되었다.

◆ 에스파냐어와 포르투갈어로 사르지나(Sardina)는 '정어리'라는 의미이다.

4월 2일
여론 조작

1917년 우드로 윌슨 대통령은 미국이 제1차 세계대전에 참전한다고 밝혔다. 4개월 반 전만 해도 윌슨은 '평화를 주장한 후보자'로 재선에 성공했다.

그의 '평화주의자로서의 담론'을 받아들인 여론은 이번에는 그의 전쟁 선언에 똑같이 열렬한 지지를 보냈다.

이 기적을 만들어낸 사람은 에드워드 버네이스◆이다.

전쟁이 끝난 후 버네이스는 대중들의 전의에 불을 붙인 사진과 일화가 조작되었음을 공공연하게 인정했다.

여론 조작에 성공하면서 그는 출세 가도를 달렸다.

버네이스는 가장 강력한 권한을 가진 대통령들과 기업 총수들의 고문이 되었다.

실제와는 다를지라도 내가 실제라고 말하면 그것이 사실이라고 그는 이야기했다. 그는 사람들에게 비누처럼 전쟁까지 구매하게 만든, 대중조작이라는 근대적인 기술 개발 측면에서 그 누구보다도 탁월한 재주를 가진 사람이었다.

◆ 에드워드 버네이스(Edward Bernays, 1891-1995)는 유대계 미국인으로, 〈라이프〉가 선정한 20세기 가장 영향력 있는 미국인 100명 중 한 명이다. 선전을 긍정적으로 여기지 않던 시대에 세계 최초의 홍보 에이전시를 세운 사람으로, 그를 가장 열렬히 추종한 사람이 바로 나치의 괴벨스이다. 그는 인간의 심리, 그중에서도 집단 심리에 관심을 가지고 연구하였는데, 이를 마케팅에 접목시킨 것이 바로 선전(Propaganda)과 홍보(Public Relations)였다. 1923년 뉴욕 대학교에 최초로 '홍보' 교과 과정을 개설하여 PR을 과학이자 산업으로 정립하는 데 이바지하였다. 그러나 그는 아침 식탁에 베이컨을 올리는 것을 영양식으로 포장하였으며, 여성 흡연을 부추겼고, 과테말라 민주 정부 전복에도 큰 역할을 했다.

4월 3일
착한 아이들

1882년 오늘, 총알이 제시 제임스의 목을 관통했다. 가장 친한 친구가 '현상금'을 받을 목적으로 총을 쏜 것이다. 악명 높은 강도가 되기 전까지 제시 제임스는 노예제를 지지한 남부군의 일원으로 최전선에서 링컨에 맞서 싸웠다. 남부군이 전쟁에서 패배하자 직업을 바꿀 수밖에 없었고, 그렇게 '제시 제임스 강도단'이 만들어졌다.
쿠 클럭스 클랜KKK의 가면을 사용했던 강도단은 미국 역사상 최초로 열차를 습격하는 것을 시작으로 화려한 활동을 펼쳤다. 승객을 턴 다음에는 은행과 역마차를 털기도 했다. 전설에 따르면 제시는 야만적인 서부에서 부자들을 털어 가난한 사람을 도와준 로빈 후드 같은 사람이었다. 그러나 가난한 사람 중 그에게 동전 한 닢이라도 받은 사람은 없었다.
그가 할리우드를 정말 많이 도와주었다는 것만은 확실하다. 그에게 빚진 영화가 무려 40여 편이나 되고, 대부분 크게 성공을 거두었다. 타이론 파워에서 브래드 피트에 이르기까지 수많은 스타들이 연기 나는 리볼버를 들고 등장했다.◆

◆ 영화 〈제시 제임스〉(1939)에서는 타이론 파워가, 〈롱 라이더스〉(1980)에서는 제임스 키치가, 〈파이브 건스〉(2001)에서는 콜린 패럴이, 〈비겁한 로버트 포드의 제시 제임스 암살〉(2007)에서는 브래드 피트가 제시 제임스를 연기했다.

4월 4일
유령

1846년 오늘, 이지도르 뒤카스◆가 태어났다.
당시 몬테비데오는 전쟁 중이었기에 그는 대포 세례를 받았다.
그는 최대한 서둘러 파리로 떠났다. 그곳에서 로트레아몽 백작 행세를 했고, 그의 악몽은 초현실주의를 만드는 데 기여했다.
그에게 이 세상은 잠깐 머물다 가는 곳에 불과했다. 짧은 생애를 살았음에도 그는 언어에 불을 지폈고, 자신이 남긴 말 속에서 한 줄기 불꽃이 되어 연기로 사라졌다.

◆ 이지도르 뒤카스(Isidore Lucien Ducasse)는 프랑스의 시인이다. 본명보다 '로트레아몽 백작(Lautréamont)'이라는 필명으로 더 널리 알려졌다. 아버지가 우루과이 부영사로 재직하던 중 우루과이의 수도 몬테비데오에서 태어났으며 대표작으로 시집《말도로르의 노래》가 있다. 인간의 무의식적 세계를 밝혀낸 시인으로, 1930년대의 쉬르레알리즘 작가들에게 재평가되었으며, 그들에게 큰 영향을 끼쳤다.

4월 5일

빛의 날

요루바 왕국의 신성한 도시였던 아프리카의 이페에서 일어난 일이다. 아마 오늘쯤일 텐데, 정확하게 아는 사람은 없다.

몸이 몹시 불편해진 한 노인이 세 아들을 모아놓고 이렇게 이야기했다.

"이 방을 가득 채울 수 있는 사람이 내가 가장 사랑하는 물건을 차지할 것이다."

저녁이 될 무렵 노인이 밖에 앉아 기다리고 있었다. 첫째 아들이 짚이란 짚은 다 모아 가져왔다. 그러나 방은 절반밖에 차지 않았다. 둘째 아들은 모래라는 모래는 다 가지고 돌아왔다. 그러나 방의 절반은 여전히 비어 있었다.

셋째 아들은 촛불을 밝혀 들었다.

방은 빛으로 가득 찼다.

4월 6일

밤의 교차로

과테말라의 깊은 산속. 잊힌 마을에서 이름 모를 사람들이 고통을 없애주는 '걱정 인형'을 만들고 있다. 이 인형은 걱정거리를 없애는 신성한 치료제였다. 시름에 잠긴 사람들의 걱정을 없애고, 불면증을 낫게 한다.

걱정 인형은 아무 말도 하지 않는다. 인형은 들어주는 것으로 사람을 치유한다. 베개 아래에 웅크리고 앉아 인간의 잠을 몰아내는 슬픔과 괴로움, 의구심, 빚, 고통 등의 이야기에 귀를 기울인다. 그리고 이 모든 것을 멀리, 저 멀리, 밤이 더는 불구대천의 적이 아닌, 아무도 모르는 은밀한 곳으로 데려간다.

4월 7일

치료의 대가

3700년 전 바빌로니아의 왕 함무라비는 신이 명령한 치료비를 법◆으로 제정했다.

> "의사가 청동 세모날로 자유민의 중상이나 눈에 난 종양을 치료했을 때는 은 10세겔을 받을 수 있다.
> 환자가 가난한 사람이라면 의사는 은 5세겔을 받을 수 있다.
> 환자가 자유민의 노예라면, 노예의 주인은 의사에게 은 2세겔을 지불해야 한다.
> 의사의 치료로 자유민이 목숨을 잃거나 실명했을 때는 의사의 팔을 자를 것이다.
> 의사의 치료로 가난한 사람의 노예가 죽었을 경우, 의사는 자기 노예를 내놓아야 한다. 의사의 치료로 노예가 실명했을 경우, 노예 가격의 반을 지불해야 한다."

◆ 고대 메소포타미아의 바빌로니아 제1왕조의 국왕 함무라비는 기원전 1754년에서 1760년 사이에 '함무라비 법전'을 만들었다. 282개의 조항으로 이루어져 석판에 새겨진 함무라비 법전은 다양한 범죄와 민사 법률을 다루며, 형벌과 소송 절차를 정의하였다. 동등한 보복을 의미하는 "눈으로 눈, 이로 이"로 잘 알려졌다.

4월 8일
여러 번 반복해서 태어난 사람

1973년 오늘, 파블로 피카소로 잘 알려진 '파블로 디에고 호세 프란시스코 데 파울라 후안 네포무세노 마리아 데 로스 레메디오스 시프리아노 데 라 산티시마 트리니다드 루이스 이 피카소'가 세상을 떠났다.
그는 1881년 태어났다. 계속해서 새롭게 태어났던 것을 보면 이를 즐겼던 것 같다.

4월 9일

건강한 판단

2011년 아이슬란드인들은 두 번째로 국제통화기금IMF의 명령을 따르지 않겠다고 밝혔다. 국제통화기금과 유럽연합은 아이슬란드인 32만 명이 은행 파산에 따른 책임을 질 것이며, 한 사람당 1만 2천 유로의 대외 부채를 갚아야 한다고 결정했다.

이 잘못되어도 한참 잘못된 부채의 사회화는 두 번의 국민투표 끝에 부결되었다.

"이 채무는 우리의 채무가 아니다. 왜 우리가 그 채무를 갚아야 한단 말인가?"

금융 위기로 미쳐버린 세상에서, 잊혔던 작은 북해의 섬나라가 우리 모두에게 상식이라는 건강한 교훈을 안겨주었다.◆

◆ 아이슬란드는 IMF와의 협력을 종료한 후 자체적인 경제 정책과 개혁을 통해 경제 회복을 이룩했다. 금융 시스템 개혁과 규제 강화, 자본 통제 해제, 화폐 가치 회복 등의 노력으로 경제 안정성을 회복하고, 관광 업계의 성장과 경제 다각화를 추진하여 긍정적인 성과를 거뒀다. 이는 경제 회복의 성공 사례로 평가되고 있다.

4월 10일
질병의 조작

건강이란 보는 관점에 따라 달라지는 모양이다.

거대 제약회사의 관점에서 보면, 건강이 나쁘다는 것은 굉장한 이익이다.

예를 들어, 병으로 판정받기 전까지 '소심함'은 호감을 사는 매력적인 성격으로 받아들여졌다. 그러나 1980년대 미국 정신의학회는 소심함을 정신병의 일종으로 규정하고, 과학의 사제들이 주기적으로 업데이트하는 〈정신질환 진단 및 통계 편람〉에 집어넣었다. 여타 질병과 마찬가지로 소심함도 약물치료가 필요하다는 것이다. 뉴스가 발표된 이후, 거대 제약회사들은 '사회공포증, 사람에 대한 알레르기 반응, 심각한 의학적인 질병'을 앓고 있는 환자들에게 치료에 대한 희망을 팔아 엄청난 돈을 벌었다.

4월 11일
언론 매체의 무서움

2002년 오늘, 쿠데타◆는 기업가를 베네수엘라의 대통령 자리에 앉혔다.
영광은 오래가지 않았다. 이틀 뒤, 베네수엘라 시민들이 거리로 쏟아져 나와 스스로 뽑은 대통령을 복귀시켰다.
베네수엘라 전국에 네트워크를 둔 대형 방송사와 라디오는 쿠데타를 찬양했으며, 민중 봉기가 우고 차베스에게 법적 지위를 돌려준 사실을 애써 무시하고자 했다.
이것 자체가 불쾌한 뉴스였기 때문에 언론은 이를 전하지 않기로 한 것이다.

◆ 2000년 59.8퍼센트 득표로 재선에 성공한 차베스는 적극적으로 개혁을 추진하였다. 대다수의 언론사와 자본가들이 이에 반발, 군부 내 우파 세력과 결탁하여 쿠데타를 일으켰다. 4월 11일 오전, 베네수엘라 육군이 수도 카라카스를 장악하면서 쿠데타가 시작되었다. 차베스 대통령은 구금되었고, 쿠데타 세력은 페드로 카르모나 전 베네수엘라 상공회의소 회장을 대통령으로 임명했다. 그러나 쿠데타는 나흘 만인 4월 14일, 대규모 시위와 국제적 비난으로 실패로 돌아갔다. 이에 반 차베스 세력이었던 한 방송사는 온종일 뉴스 대신 오락 프로그램만 내보내기도 했다. 차베스 대통령은 쿠데타가 미국의 개입에 의해 자행되었다고 주장하며 강경한 입장을 취했다.

4월 12일
범인 조작

기원후 33년 오늘 혹은 이즈음의 어느 날, 나자렛 예수가 십자가에서 죽었다.

재판관들은 '우상숭배를 부추기고, 신성을 모독하고, 가증할 만한 미신을 선동했다'는 죄목으로 유죄 판결을 내렸다.

몇 세기 후, 아메리카 원주민들과 유럽의 이단자들에게 똑같은 죄목으로 유죄 판결이 내려졌고, 그들은 나자렛 예수의 이름으로 채찍질, 교수형, 화형에 처해졌다.

4월 13일
우리는 당신들을 제대로 보지 못했다

2009년 오늘, 유카탄의 마니 수도원 앞마당에서 프란치스코회 수사 42명이 원주민 문화에 대한 배상 의식을 거행하였다.
"마야인들에게 용서를 빕니다. 우리는 당신의 세계관과 종교를 이해하지 못했으며, 당신의 신성을 거부했습니다. 당신의 문화를 존중하지 않았으며, 수 세기 동안 당신이 이해할 수 없었던 종교를 강요했습니다. 당신의 종교적 관습을 악마시했을 뿐만 아니라, 그것을 마귀의 작품으로 단정 짓고, 당신이 숭배하던 것을 사탄의 현신이라 이야기하고 기록했습니다."
4세기 반 전 같은 장소에서, 프란치스코회 수사 디에고 데 란다는 8세기에 걸친 집단적 기억을 간직한 마야의 서적을 불태웠다.

4월 14일
위대한 걸까, 아니면 크기만 큰 걸까?

1588년, 세계에서 가장 큰 에스파냐 함대인 '무적함대'가 불과 몇 시간 만에 무너졌다.
1628년 마찬가지로 무적의 군함이라 불린 스웨덴의 가장 강력한 전함 '바사'호가 스톡홀름 항을 벗어나지도 못하고, 첫 항해에서 가라앉았다.
1912년 오늘 밤, 가장 화려하고 가장 안전하다고 믿었던, 겸손한 의미에서 '타이타닉'이라 이름 붙인 배가 빙산에 부딪혀 침몰하였다. 이 떠다니는 궁전엔 구명정이 많지 않았고, 방향타도 너무 작아 쓸모가 없었다. 타이타닉호의 망루에선 망원경도 사용하지 않았으며, 타이타닉호가 보낸 조난 신호 역시 아무도 듣지 못했다.

4월 15일

검은 그림

1828년 프란시스코 데 고야가 망명지에서 세상을 떠났다.
종교 재판에 부쳐진 그는 에스파냐에서 축출되어 프랑스로 갔다.◆
번민에 빠진 고야는 알아듣기 어려운 말을 중얼거리며 마드리드 외곽 만사나레스 강변에 있던 사랑하던 집을 떠올렸다. 그 집의 벽에는 그가 남긴 최고의 작품이자, 그의 특징을 가장 잘 보여주는 작품이 남아 있었다.
그가 죽은 후, 그 집은 그림과 함께 팔리기를 반복했고, 마침내 벽에서 떼어낸 작품들은 캔버스로 옮겨졌다. 그리고 파리 만국박람회에 출품되었지만 별 주목을 받지 못했다. 다음 세기에 대한 강력한 예언을 담은 그의 그림에 관심을 보인 사람도, 그림을 구입한 사람도 없었다. 그의 그림에선 고통이 색을 죽였으며, 공포가 육체를 통해 과감하게 구현되었다.
프라도 미술관 역시 그 그림들을 구매하고 싶지 않았지만, 1882년 초 기부를 받아 들여놓았다.
'검은 그림'으로 불리던 고야의 그림들은 오늘날 박물관에서 사람들이 가장 많이 찾는 전시실을 차지하고 있다.
고야는 언제나 "나를 위해 그렸다"라고 이야기했다.
그는 몰랐다. 자신이 우리를 위해 그 그림을 그렸다는 사실을.

◆ 존경받는 궁정화가였으나 종교재판에 넘겨지고 끝내 에스파냐를 떠나야 했던 고야의 이야기는 소설《고야의 유령》과 하비에르 바르뎀이 주연한 동명의 영화로도 만들어졌다.

4월 16일
깊고 깊은 노래

1881년 안토니오 마차도 이 알바레스는 안달루시아 집시들의 노래 900곡으로 이루어진 플라멩코 민요 선집을 마무리했다.

옛날에는
바다의 모든 파도가 싱거웠지만
나의 갈색 여인이 피를 토하자
짭짤해졌다네.

갈색 여인들은
너무 독특한 눈길을 보내기에
단 한 시간 만에
사신死神이 일 년 동안 죽인 사람보다 더 많은 사람을 죽일 수 있지.

당신이 태어난 날
하늘 한 조각이 떨어졌어.
당신이 죽지 않는 한
하늘에 난 구멍은 메워지지 않을 거야.

책이 출판되었지만, 사람들은 외면했다. 깊은 노래Cante Jondo◆는 집시를 다뤘다는 이유로 외면당했다. 그러나 집시를 다뤘기에, 민요는 손뼉 소리와 발소리에 음악을 담고 있었다.

◆ 에스파냐 안달루시아 지방에서 발전한 플라멩코 음악. 집시 문화와 깊게 연관되어 있다.

4월 17일
카르멘을 노래하고 끝없이 달리다

1906년 오늘 밤, 테너 가수인 엔리코 카루소가 샌프란시스코 티볼리 관에서 오페라 〈카르멘〉을 노래했다.
환호성이 팰리스 호텔 정문까지 그를 따라왔다.
그러나 벨칸토 창법의 대가는 통 잠을 이루지 못했고, 새벽녘엔 격렬한 진동으로 침대에서 굴러떨어졌다.
캘리포니아 역사상 최악의 이 지진으로 3천여 명이 사망했으며 도시에 있던 집의 반 이상이 무너졌다.
카루소도 뛰어나와 단숨에 로마까지 달려갔다.

4월 18일
그를 감시하라!

1955년 오늘, 알베르트 아인슈타인이 죽었다.
죽는 날까지 22년 동안 연방수사국FBI은 그의 전화를 도청하고 편지를 몰래 검열했으며, 쓰레기통을 뒤졌다.
아인슈타인은 스파이 혐의를 받았다. 경찰이 수집한 엄청난 규모의 파일은 아인슈타인이 모스크바가 보낸 첩자라고 주장한다. 기록에 의하면 그는 사람을 죽일 수 있는 광선과 인간의 마음을 읽을 수 있는 로봇을 발명했다고도 한다. 아인슈타인은 1937년에서 1954년 사이에 34개의 공산주의 동맹의 당원, 협력자, 혹은 회원이었으며, 3개의 공산주의 조직을 앞장서서 이끌었다는 것이다. 이런 전력이 있는 사람이 충실한 미국 시민이 될 수 있을 것 같지 않다고 그들은 밝힌다.
그는 죽어서도 혐의를 벗을 수 없었다. 그는 여전히 스파이였다. FBI가 아니라 그의 동료인 과학자들이 그의 뇌를 240여 조각으로 분해해 천재성의 정체를 밝히려 분석했다. 그러나 아무것도 찾지 못했다.
아인슈타인은 이미 이렇게 밝힌 바 있다.
"나에게 특별한 재능은 없다. 그저 열정적인 호기심이 있을 뿐."

4월 19일
구름의 아들

1987년 모로코 왕국은 자기 땅도 아닌 곳에 사하라 사막을 북에서 남으로 가로지르는 장벽◆을 건설했다.
중국의 만리장성을 제외하면 이 장벽은 세상에서 가장 긴 장벽이다. 이 긴 장벽을 따라 수천 명에 달하는 모로코 군인들이 빼앗긴 조국으로 향하는 사하라위족의 길을 막아섰다.
유엔은 여러 번 사하라위족의 민족 자결권을 확인하고, 서부 사하라 주민 스스로 자기 운명을 결정하고자 하는 국민투표에 지지의 뜻을 보냈지만 아무 소용 없었다.
모로코 왕국은 과거에도 이를 거부했고 지금도 거부하고 있다. 이 같은 거부는 사실상 자백과 같다. 투표권을 거부함으로써 한 나라를 빼앗았음을 자백한 셈이다.
40년 전부터 사하라위 사람들은 영원한 고뇌와 영원한 향수라는 고통 속에서 끝없이 기다리고 있다.
그들은 언제나 끝도 없이 비를 쫓았기에 구름의 아들이라 불린다.
그들은 또한 정의를 구하고 있지만, 이는 사막에서 물보다 얻기 힘든 것이다.

◆ 장벽 건설은 서부 사하라 분쟁을 더욱 악화시켰다. 서부 사하라의 독립을 요구하는 사하라 아랍 민주 공화국(SADR)는 장벽을 불법으로 규정하고, 모로코를 침략자로 비난했다. 또한 장벽은 사하라 인구의 이동을 제한하여, 식량과 의료품에 대한 접근을 어렵게 만들었다. 모로코는 여전히 사하라 사막 장벽을 유지하고 있다.

4월 20일
문서 조작

그것은 카리브해 역사상 최대 규모의 군사 원정◆이었지만, 최고의 실패작이었다.

쿠바를 빼앗기고 쿠바에서 추방당했던 옛 소유주들은 마이애미에 모여 쿠바를 되찾기 위해 혁명군에 맞서 죽을 때까지 싸우겠다고 선언했다.

미국 정부는 그들을 믿었지만, 중앙정보국은 이미 수차례에 걸쳐 정보국이라 불릴 자격이 없음을 증명한 바 있다.

1961년 4월 20일 피그 만에 상륙한 지 사흘 만에, 배와 비행기의 지원을 받았음에도, 철저하게 준비했던 영웅들은 싸워보지도 못하고 모두 항복했다.

◆ 1961년 4월 15일 피델 카스트로 정권을 붕괴시키기 위해 미국의 지원을 받은 게릴라가 벌인 상륙작전. 마이애미에 모인 쿠바 망명자들을 훈련시켜 쿠바에 보내, 이들을 통한 게릴라전과 항공 지원으로 카스트로 정권을 전복시킨다는 계획으로, 일명 '피그 만 침공'으로 불린다. 그러나 본래 계획과 달리 지나치게 많은 이권이 개입되었고, 결국 소규모 게릴라전이 아닌 대규모 상륙작전으로 전개되었다. 그러나 지형에 대한 몰이해, 항공 지원의 부재, 현지 정보 부족, 민심 등 여러 가지 요인으로 인해 미 군사 역사상 가장 참혹하게 실패한 작전이 되고 말았다. 결국, 100여 명이 전사하고 나머지는 포로로 잡혔다. 카스트로 정부는 재판을 통해 주동자들을 처형했고, 미국은 5천 300만 달러 상당의 의료품을 배상금으로 지불한 후에야 포로로 잡힌 1천 113명을 돌려받았다.

4월 21일

분노한 소년

2011년 오늘 저녁, 성주간◆ 행렬을 하던 중 에스파냐 라 리오하 지방에서 일어난 일이다.

수많은 군중이 조용히 예수 그리스도가 가는 길을 뒤따르고 있었고, 예수에게 채찍질하던 로마 병사들 역시 마찬가지였다.

갑자기 커다란 소리가 침묵을 깼다.

목말을 타고 있던 마르코스 로바스코는 채찍을 맞는 사람에게 소리쳤다.

"(맞지만 말고) 막아! 막으란 말이야!"

마르코스의 나이는 생후 2년 4개월 21일이었다.

◆ 기독교에서 가장 중요한 시기 중 하나로, 예수 그리스도의 수난과 죽음, 그리고 부활을 기리는 주간이다.

4월 22일
지구의 날

아인슈타인이 언젠가 이렇게 이야기했다.
"벌이 사라지면 지구는 몇 년이나 더 버틸 수 있을까? 4년, 5년? 벌이 없으면 수분受粉이 불가능하고, 수분을 못 하면 나무도, 동물도, 사람도 살 수 없다."
그는 친구들과 있으면서 이런 이야기를 했다.
친구들은 웃어넘겼지만,
그는 웃지 않았다.
오늘날, 전 세계 벌의 숫자가 점점 줄어들고 있다.
지구의 날인 오늘, 신의 의지나 악마의 저주 때문이 아니라, 자연림을 파괴하고 식물의 다양성을 방해하는 수출용 작물을 재배하는 '산업용 숲'을 키운 탓에 벌이 사라진다는 사실을 경고할 필요가 있다.
해충을 죽이지만 자연의 생명체도 함께 죽이는 독성 물질 때문이기도 하다.
자본과 토양을 기름지게 할지는 모르나 화학 비료도 그 원인 중 하나이고,
소비 사회가 끊임없이 광고하는 다양한 전자기기에서 방출되는 전자파 역시 그 책임을 피할 수 없다.

4월 23일

명성은 허구이다

세계 책의 날인 오늘, 문학의 역사란 끊임없는 역설이라는 사실을 상기하는 것도 나쁘진 않을 것 같다.

성서에서 가장 유명한 일화는 무엇일까? 아담과 이브가 사과를 먹은 것 아닐까? 그러나 그 이야긴 성경에 없다.

플라톤은 다음과 같은 유명한 구절을 쓴 적이 없다.

"죽은 자만이 전쟁이 어떻게 끝나는지 볼 수 있었다."

라만차의 돈키호테 역시 이런 말을 한 적이 없다.

"산초야, 그들이 짖는 것은 우리가 말을 타고 있다는 증거다."

볼테르 역시 가장 널리 알려진 이 구절을 말한 적도 쓴 적도 없다.

"당신이 말한 것에 나는 동의하지 않소. 그러나 당신이 그 말을 할 권리를 나는 죽을 때까지 지켜줄 것이오."

게오르크 프리드리히 헤겔 역시 이런 글을 쓴 적이 없다.

"이론은 회색이고, 살아 있는 나무는 녹색이다."

셜록 홈스의 명대사 역시 마찬가지이다.

"친애하는 왓슨, 이건 아주 기초적인 거라네!"

레닌의 책이나 전단 어디에도 이런 글은 보이지 않는다.

"목적이 수단을 정당화한다."

베르톨트 브레히트는 그의 대표작이라고 알려진 다음과 같은 시를 쓴 적이 없다.

"맨 처음 공산주의자들을 데려갔다. / 그러나 나는 개의치 않았다. / 나는 공산주의자가 아니었으니까."

호르헤 루이스 보르헤스의 작품 중 가장 널리 알려진 시는 보르헤스가 쓴 것이 아니다.

"인생을 다시 살 수 있다면, / 더 많은 실수를 해볼 거야."

4월 24일
출판의 위험성

2004년, 과테말라 정부는 권력은 처벌받지 않는다는 전통을 일거에 깼으며, 미르나 막◆이 자국 대통령의 명령으로 암살당했다는 사실도 공식적으로 인정했다.

미르나는 금지된 연구를 계속했다. 정부의 위협에도 아랑곳없이 군부의 학살에서 살아남은, 고향 땅에서 추방당한 원주민들이 배회하던 밀림과 산악 지역으로 뛰어들었다. 그리고 그들의 증언을 수집했다.

1989년 사회과학 회의에서 한 미국의 인류학자가 지속적인 성과를 강요하는 대학의 압력에 대해 불평을 늘어놓았다.

"우리 나라에선 책을 내지 않으면 죽은 목숨이나 다름없어"

그러자 미르나는 이렇게 응수했다.

"우리 나라에선 책을 내면 죽은 목숨인데."

그런데도 그녀는 책을 냈고, 결국 칼에 맞아 죽었다.

◆ 마야족 아버지와 중국계 어머니 사이에 태어난 미르나 막(Myrna Mack)은 과테말라의 인류학자로, 과테말라 정부의 마야 원주민에 대한 정책을 비판하던 과정에서 과테말라 정부군에 의해 살해당했다.

4월 25일

제발 나를 구하려 들지 마!

1951년 이맘때 모하마드 모사데크는 압도적인 다수의 지지를 받아 이란의 총리로 선출되었다. 모사데크는 대영제국에 바친 석유를 이란 국민에게 돌려주겠다고 약속했고, 이 약속을 실천에 옮겼다.

그러나 석유의 국유화는 공산주의가 침투하는 데 적절한 환경을 만들어주어 혼란을 야기할 수 있었다. 이에 아이젠하워 대통령은 공격 명령을 내렸고, 미국은 이란을 구했다. 1953년 쿠데타로 모사데크는 감옥에 갔으며, 그의 수많은 추종자는 사형당했다. 그리고 모사데크가 국유화한 석유의 40퍼센트를 다시 미국의 석유회사에 넘겨줬다.

1년 뒤 이란에서 멀리 떨어진 곳에서 아이젠하워 대통령은 또다시 공격 명령을 내렸고, 미국은 과테말라를 구했다. '유나이티드 프루트 컴퍼니'가 소유만 하고 경작은 하지 않던 토지를 수용함으로써 공산주의 침투에 안성맞춤인 혼란을 야기했다는 이유로, 민주적으로 선출된 하코보 아르벤스◆ 정부를 전복한 것이다.

과테말라는 지금도 미국의 호의에 대한 대가를 치르고 있다.

◆ 후안 하코보 아르벤스 구스만(Juan Jacobo Árbenz Guzmán)은 1950년 민주적인 선거에서 65.4퍼센트라는 높은 지지를 받아 당선된 과테말라의 대통령이다. 그는 가난한 국민을 구하자는 일념으로, 미국에 반하는 정책을 폈다. 예컨대 적극적인 토지 개혁을 실시했는데, 악명 높은 유나이티드 프루트 컴퍼니가 토지 수용을 거부하자 강제로 수용한 것이 문제가 되었다. 결국 아르벤스 대통령은 미국 CIA 비밀 공작의 지원을 받은 반군의 쿠데타에 의해 실각하고 멕시코로 망명하였다.

4월 26일

아무 일도 일어나지 않았다

1986년 오늘, 우크라이나의 체르노빌에서 일어난 일이다.

지금까지 전 세계가 겪은 가장 심각한 핵재앙이었다. 그러나 이 비극을 알린 유일한 동물들은 멀리 도망친 새들과 땅속으로 숨어든 지렁이뿐이었다.

소비에트 정부는 입을 다물라고 명령했다.

유럽의 많은 지역에 방사능 비가 내렸는데도, 소비에트 정부는 계속 부정하며 입을 다물었다.

4반세기가 지난 후 후쿠시마에서 원자로 여러 개가 폭발했고, 일본 정부 역시 입을 다물었으며 사람들을 놀라게 할 만한 이야기에 대해선 부정으로 일관했다.

영국의 베테랑 언론인 클라우드 콕번◆이 충고한 데에는 분명 타당한 이유가 있었다.

"공식적으로 밝혀질 때까진 아무것도 믿지 마라."

◆ 클라우드 콕번(Claude Cockburn)은 20세기 영국의 저널리스트이다. 에스파냐 내전과 제2차 세계대전 기간 동안 유럽을 중심으로 활동했다.

4월 27일
삶의 전환점

1837년 오늘, 보수당이 니카라과를 집권하던 시절엔 여성들의 생명이 위태로울 때 제한적이나마 낙태를 허용했다.
그러나 170년 지난 오늘, 똑같은 나라에서 산디니스타◆ 혁명가라고 주장하는 입법권자들이 '어떤 경우를 막론하고' 낙태를 금지하였다. 그러고는 불쌍한 여인들을 감옥이나 묘지로 보냈다.

◆ 최초로 미국에 저항했던 니카라과의 혁명가 '아우구스토 산디노'를 추종하는 사람들이란 뜻을 가진, 소모사 독재 정권에 맞서 투쟁한 사회주의 성향 혁명가들을 의미한다. 혁명 이후 한때 정권을 잃기도 했지만 2006년 이후 재집권하였다. 그러나 재집권 이후 산디니스타의 대표격인 다니엘 오르테가가 보인 행보는 진보적이라기 보다는 오히려 친 기업적인 보수화된 정경유착의 전형이었으며, 부인을 러닝메이트로 지정하는 등 엉뚱한 행보를 계속하고 있다.

4월 28일
불확실한 세계

세계 안전의 날인 오늘, 요즘의 노동 현장에서 '노동보다 더 불확실한 것은 없다'는 사실에 주목해야 한다. 갈수록 더 많은 노동자가 매일 아침 눈을 뜨자마자 다음과 같은 질문을 던진다.

"얼마나 살아남을까? 누가 나를 사줄까?"

일자리를 잃는 사람도 많지만, 많은 사람이 일하다가 목숨을 잃는다. 15초에 한 명씩, '산업재해'라고 불리는 사고로 노동자들이 죽어가는 것이다.

공공의 불확실성은 선거에서 승리하기 위해 집단 히스테리를 최대로 끌어올려야 하는 정치가들이 가장 좋아하는 주제이다.

그들은 위험, 위험을 부르짖는다! 모퉁이마다 도둑, 성폭력범, 살인자가 숨어 기다리고 있다고! 그러나 이런 정치인들도 절대로 노동 현장이 위험하다고, 길을 건너는 것이 위험하다고 소리 높여 외치지 않는다. '교통사고'라는 것에 의해 25초에 한 명씩 행인이 죽어가는데도.

먹는 것도 위험할 수 있다. 배고픔에서 벗어날지라도 화학 물질로 오염된 식품에 중독되어 죽을 수 있기 때문이다.

숨을 쉬는 것도 위험하다. 도시에선 침묵이 그렇듯 깨끗한 공기 또한 사치재일 수 있다.

마지막으로, 태어나는 것 자체가 위험할 수 있다. 3초에 한 명씩 5년도 채 살지 못한 아이들이 죽어가고 있다.

4월 29일
할머니 코끼리는 절대로 잊지 않는다

누가 아프리카 밀림의 지름길을 잘 기억해 머리에 넣어두었을까?
누가 상아 사냥꾼이나 위험한 맹수가 다가오는 것과 같은 위험한 상황을 피해갈 줄 알까?
누가 자기 발자국과 다른 동물의 발자국을 구별할 수 있을까?
누가 모든 수컷과 암컷의 기억을 간직하고 있을까?
우리 인간은 알아들을 수 없는, 당연히 해독도 할 수 없는 신호를 보내는 존재는 누구일까?
20킬로미터 이상 떨어진 곳에 경고를 하거나 도움을 주기 위해, 혹은 위협을 하거나 인사를 하기 위해 보내는 이 신호를 말이다.
그건 다름 아닌 할머니 코끼리다. 가장 나이가 많고, 가장 현명한 코끼리. 할머니 코끼리는 코끼리 무리의 맨 앞에서 걷는다.◆

◆ 2001년 〈사이언스〉에 발표된 연구에 따르면 나이 많은 암컷 코끼리는 한 번 만난 코끼리들의 울음소리를 모두 기억하고 있다가 나중에 다시 마주칠 때 위험한 상대인지 아닌지를 구별해낸다. 또한 나이 많은 암컷 코끼리가 이끄는 무리는 젊은 암컷이 이끄는 무리에 비해 상대적으로 많은 새끼를 데리고 있었다. 할머니 코끼리가 밀렵꾼에 희생당하면 코끼리 무리 전체의 생존이 위험해진다.

4월 30일
기억을 요구하는 집회

1977년 오늘 오후, 처음으로 실종자 14명의 어머니들이 한자리에 모였다.
어머니들은 이날부터 함께 아들들을 찾고, 열리지 않는 문을 힘차게 두드렸다.
"모두는 모두를 위해!" 소리 높여 구호를 외쳤다.
또 이런 이야기도 했다.
"우리 모두가 우리의 아들들이다."
수천 명의 아들이 아르헨티나 군부독재 정권에 잡아먹혔다. 500명 이상의 아이가 전리품으로 분배되었는데, 신문과 라디오, 텔레비전 채널에선 아무 말도 하지 않았다.
첫 번째 모임이 있은 지 몇 달 뒤, 그중 세 명의 어머니, 아수세나 비야플로르, 에스테르 바예스트리노, 마리아 에우헤니아 폰세 역시 자기 아들들이 그랬듯 사라져 아들들과 마찬가지로 고문당하고 살해당했다.
그러나 목요일마다 열리는 집회를 막을 수는 없었다. 흰 손수건은 '5월의 광장'과 전 세계를 끝없이 돌고 또 돌았다.◆

◆ 1976년 쿠데타로 집권한 호르헤 비델라 정권은 정치인과 학자, 학생 등을 비밀리에 납치했고, 3만여 명이 실종된 것으로 알려졌다. 아들들의 생사를 확인하기 위해 병원과 경찰서, 시신안치소를 오가던 어머니들이 공동 행동에 나섰다. 1977년 4월 30일 어머니 14명은 아르헨티나 대통령궁 앞 광장에서 진상규명과 책임자 처벌을 요구하며 시계탑 주위를 반시계 방향으로 도는 시위를 시작했다. 실종된 자녀들을 상징하는 기저귀 천을 머리에 둘렀고, 흰색 수건은 '5월 광장의 어머니들'의 상징이 되었다. 정부는 3명 이상 모이는 것을 금지했으나 어머니들은 목요일마다 시위를 이어갔다. 미국은 중남아메리카 공산주의 확산 방지를 이유로 비델라 정권의 인권 탄압을 묵인했다는 비판을 받아왔다.

오늘의 역사

역사의 오늘

5월

함께 나는 기술.
먼저 날아오른 첫 번째 들오리가 두 번째 들오리를 위해 길을 열어준다. 두 번째는 다시 세 번째를 위해 길을 열어준다. 세 번째 들오리의 에너지가 네 번째 들오리를 하늘로 들어 올리고, 네 번째 들오리는 다섯 번째 들오리를 도와준다. 그리고 다섯 번째 들오리의 추진력이 여섯 번째 들오리를 밀어 올리고, 여섯 번째 들오리는 일곱 번째 들오리에게 바람을 제공한다.
가장 앞서가던 들오리가 지치면 맨 끝으로 가며 자신의 자리를 다른 들오리에게 물려준다. 자리를 물려받은 들오리가 하늘에 그린 V자 대형의 꼭지점으로 올라간다. 모두 앞뒤로 순서를 바꿔가며 날아간다. 자신이 앞에서 날아야 하는 '슈퍼 오리'라고 생각하는 오리도, 뒤처진 '못난이 오리'라고 생각하는 오리도 없다.

5월 2일

제로니모 작전

제로니모는 19세기 아파치 인디언들의 저항을 앞장서서 이끌었다.◆ 용기와 기발한 작전으로 침략자들을 미칠 지경으로 만든, 침략당한 자들의 우두머리 제로니모는 오랫동안 악명을 떨쳤다. 20세기 서부 영화에서 그는 늘 악당 중의 악당이었다.

이런 전통이 계속되어, 미국 정부는 2011년 오늘, 엄청난 총알 세례를 받고 사라진 오사마 빈 라덴 참수 작전을 '제로니모 작전'이라고 이름 붙였다.

그러나 미국의 군사연구소가 만들어낸 광란의 칼리프 오사마 빈 라덴과 제로니모가 무슨 관계가 있단 말인가? 미국 대통령이 새로운 전쟁을 정당화할 때마다 써먹은, 어린아이들을 날로 씹어먹겠다고 이야기한 겁에 질린 테러 전문가와 제로니모의 어디가 닮았다는 것인가?

이런 식의 명명 자체를, 다시 말해 외국에서 온 정복자들에 맞서 자신들의 존엄성과 토지를 지키고자 한 인디언 전사들을 테러리스트라고 부르는 것 자체를 순수하다고 할 수는 없을 것이다.

◆ 제로니모(Geronimo)는 19세기 아파치 인디언 지도자로, 미국 정부와의 무력 충돌에서 두각을 나타냈다. 처음에는 평화적인 협상을 시도했으나 미국 정부가 약속을 지키지 않자 무력 저항을 시작했다. 미국 정부는 여러 차례의 군사 작전과 추격을 통해 제로니모와 부족을 포획하려 했지만 실패했다. 1886년에 항복한 제로니모는 미국으로 이송되어 감옥 생활을 했고 아파치 문화와 전통의 보존을 위해 노력했다.

5월 3일
모욕

1979년 소련군은 아프가니스탄을 침공했다.◆
공식적인 설명에 따르면, 침공은 아프가니스탄을 근대화하려는, 종교와 무관한 정부를 지키고자 하는 것이었다.
나는 1981년 스톡홀름에서 이 문제를 다룬 국제재판소의 일원이었다. 그 심리의 절정의 순간을 결코 잊지 못할 것이다.
당시에는 '자유 투사'를 의미하는 프리덤 파이터freedom fighters라고 불렸으며 지금은 테러리스트라 불리는, 이슬람 근본주의를 대표하는 고위 성직자가 증언했다.
노인은 우렁찬 목소리로 이야기했다.
"공산주의자들은 우리 딸들을 모욕했다. 우리 딸들에게 읽고 쓰는 법을 가르치다니."

◆ 소련의 아프가니스탄 침공은 1978년 4월 아프가니스탄에서 일어난 공산 혁명 이후, 친소 정권을 유지하기 위해 취한 조치였다. 소련의 침공은 아프가니스탄 내전으로 이어졌다. 반소 성향의 무자헤딘 반군은 소련군과 친소 정권에 맞서 격렬하게 저항했다. 소련은 10만 명 이상의 병력을 파병했지만 고전했고, 1989년 2월 아프가니스탄에서 철군했다.

5월 4일
밤이 계속되는 한

1937년 노엘 로사◆가 26세의 나이로 세상을 떠났다.
평생 해변이라곤 사진으로만 본 리우데자네이루 밤의 음악가는 리우 모퉁이에 있는 여러 술집을 전전하며 삼바 곡을 쓰고 노래했다. 아직도 사람들은 그가 쓴 노래를 부르고 있다.
그의 친구가 아침 10시에 술집에 있던 그를 발견했다. 그에겐 밤이나 다름없는 시간이었다.
노엘은 막 작곡한 노래를 흥얼거리고 있었다.
테이블엔 병이 두 개 있었다. 하나는 맥주병이고, 다른 하나는 사탕수수로 빚은 술이었다.
친구는 그가 결핵으로 죽어가고 있다는 사실을 알고 있었다. 노엘은 친구의 얼굴에 드러난 걱정 어린 표정을 보고 맥주의 영양학적 특성에 대해 반드시 알려줘야겠다고 생각했다. 그래서 병을 가리키며 이렇게 이야기했다.
"이건 한 끼의 좋은 식사만큼이나 충분한 영양분을 가지고 있어."
그의 말을 받아들이고 싶지 않았던 친구는 사탕수수 술병을 가리켰다.
"그럼 이것은?"
그러자 노엘이 다시 설명했다.
"곁들일 것이 없다면 싱겁잖아."

◆ 노엘 로사(Noel Rosa, 1910-1937)는 브라질의 싱어송라이터이자 기타, 만돌린 연주자로, 20세기 브라질 대중음악에 큰 영향을 미쳤다. 아프리카-브라질 음악의 뿌리에 도시적이면서도 재치 있는 언어를 결합, 사회를 풍자했다. 대표곡으로 〈Com Que Roupa?〉가 있다.

5월 5일
노래로 욕하다

1932년 노엘 로사는 삼바곡 〈누가 더 줄까?¿Quién da más?〉를 썼다. 경매에 부쳐진 나라 브라질에 대한 짤막한 이야기였다.

경매사는 얼마나 벌까?
브라질 사람이면서
브라질 전체를
세 토막 내어 팔아먹은 경매사는

2년 후, 엔리케 산토스 디세폴로◆는 탱고곡 〈물물교환Cambalache〉을 써서 아르헨티나가 맞은 오욕의 시절을 다루었다.

결국, 오늘 알게 된 사실은
정직한 인간도, 배신자도,
무지렁이도, 현명한 사람도, 말만 마구 쏟아내는 사람도,
관대한 사람도, 사기꾼도,
다 똑같다는 거야.
그냥 놔둬! 무슨 일이 벌어지든 그냥 놔두라고!

◆ 엔리케 산토스 디세폴로(Enrique Santos Discépolo, 1901-1951)는 작곡가이자 시인이다. 부에노스아이레스 시에서 태어나 사범학교를 중퇴하고 극작가가 되었다. 1919년에 배우로 데뷔했고 1926년경 작곡을 시작했는데, 독특한 느낌의 탱고를 발표하여 탱고계의 귀재라 불렸다. 그의 시는 당시 사회를 풍자, 비판한 내용이 많다.

5월 6일
발현

월스트리트가 무너지면서 기자였던 조너선 틸러브Jonathan Tilove는 일자리를 잃었다.
2009년 워싱턴에 있는 사무실을 정리하던 조너선은 책상에 말라붙은 커피 자국에서 성모 마리아의 모습을 발견했다. 이 일이 그의 운명을 바꿔놓았다.
위기의 정점으로 치닫던 시절, 경제학자를 믿는 사람도, 정치인이나 신문기자를 믿는 사람도 없던 시절이었다. 그런데도 치즈샌드위치며 아스파라거스, 치과에서 촬영한 X레이 등에서 성모 마리아를 발견했다는 사람이 여럿이었다.

5월 7일
심술

1954년 베트남 반군은 무적이었던 프랑스군의 디엔비엔푸Điện Biên Phủ 병영에 엄청난 타격을 주었다. 한 세기에 걸친 식민 지배 끝에 찬란했던 영광을 뒤로하고 프랑스는 베트남을 떠나야 했다.

다음은 미국이었다. 믿기 어려운 일이긴 했다. 전 세계, 아니 전 우주 최강대국인 미국이 이 조그만 나라에서 전쟁에 지는 굴욕을 맛보다니. 변변한 무기조차 없을 정도로 찢어지게 가난한 사람들만 사는 나라에서 말이다.

이 두 위업을 이끈 이는 느릿느릿한 걸음에 말수가 적은 농부였다. 그의 이름은 호찌민이고, 사람들은 그를 '호 아저씨'라고 불렀다. 호 아저씨는 다른 혁명 지도자들과 달랐다.

한번은 마을을 둘러보고 온 활동가가 그에게 마을 사람들을 조직할 방법이 없다고 보고했다.

"후진적인 불교 신자입니다. 온종일 명상만 하며 보내거든요."

그러자 호 아저씨는 이렇게 명령했다.

"자네도 돌아가 명상해보게."

5월 8일
태즈메이니아의 악마

커다란 입에 뼈도 으스러뜨릴 것 같은 이빨을 가진, 악마의 형상을 한 이 괴물◆은 전 세계적으로 유명하다.

그러나 태즈메이니아◆◆의 진짜 악마는 지옥에서 오지 않았다. 오스트레일리아 인근의 섬에서 살던 원주민들을 '문명화'라는 고귀한 목적을 앞세워 몰살시킨 것은 대영제국이었다.

영국이 벌인 정복 전쟁의 마지막 희생자는 트루가니니였다. 왕국을 빼앗긴 트루가니니 여왕은 1876년 오늘 세상을 떴다. 그녀와 함께 부족이 가졌던 언어와 기억도 영원히 사라졌다.

◆ 태즈메이니아의 악마(Tasmanian devil)는 작은 개 크기의 유대류이다. 털이 검은 데다 시끄러운 소리와 포악하고 톡 쏘는 냄새 때문에 '악마'라는 이름이 붙었다. 2008년에는 멸종위기종으로 등재되었다.

◆◆ 오스트레일리아 최남단의 큰 섬의 이름이자, 주변의 몇몇 섬을 포함한 주의 이름. 태즈메이니아 섬의 면적은 6만 2천 409제곱킬로미터로 제주도의 34배이며, 부속 도서까지 합하면 6만 8천 401제곱킬로미터로, 남한 영토의 62퍼센트에 해당하는 크기이다. 1820년대 중반부터 시작된 영국인과 태즈메이니아 원주민들 사이의 무력 충돌로 수백 명의 원주민이 사망했으며, 이 기간을 검은 전쟁(Black War)이라 부른다.

5월 9일

투탕카멘의 무덤을 찾기 위해 태어난 자

하워드 카터는 1874년 오늘 아침에 태어났다. 그리고 반세기가 지나 자신이 이 세상에 온 이유를 알게 되었다.

신의 계시는 그가 투탕카멘의 무덤을 발견했을 때 밝혀졌다.

이집트 출신 학자들의 실망과 기분 나쁜 예언에 맞서 몇 년을 싸운 끝에 카터는 무덤을 발견할 수 있었다. 그의 집요한 성격 덕이기도 했다.

위대한 발견의 날, 그는 어마어마한 사건들에 둘러싸여 몇 시간씩 침묵을 지켜야 했던, 다시 말해 무상한 인생을 살았던 파라오의 발치에 앉았다.

그리고 수차례 그곳으로 돌아왔다.

그는 문득, 예전에 보지 못했던 것을 발견했다. 바닥에 씨앗이 몇 개 떨어져 있었던 것이다.

씨앗은 자기들을 심어줄 사람을 3천 200년 동안이나 기다리고 있었다.

5월 10일
용서할 수 없는 죄

시인이었던 로케 달톤◆은 성실했을 뿐만 아니라 책임감이 매우 강했다. 절대로 입을 다물고 고분고분 복종하는 법이 없었다. 유머와 사랑에 도전적인 감각까지 갖춘 인물이었다.

1975년 오늘 밤, 엘살바도르의 게릴라 동료들이 자고 있던 그를 쏘아 죽였다.

배신 행위를 응징하기 위해 그를 죽였다던 혁명 전사들 역시, 불의한 사회를 항구화하려고 살인을 저지른 자들과 마찬가지로 범죄자일 뿐이다.

◆ 로케 달톤(Roque Dalton, 1935-1975)은 엘살바도르의 시인이자 수필가이며, 언론인, 공산주의 혁명운동가였다. 그는 삶과 죽음, 사랑, 정치 등을 주제로 냉소적이면서도 감수성 짙은 시를 썼다. 1970년대 이후 무장 혁명 단체에 가입했으나, 노선의 차이로 조직의 분열을 야기했다는 죄를 뒤집어쓰고 처형당했다.

외젠 프랑수아 비도크Eugène François Vidocq는 1857년 오늘, 파리에서 죽었다. 14세의 나이로 자기 아버지의 빵집을 턴 것을 시작으로, 비도크는 도둑, 곡예사, 검객, 탈영병, 밀수꾼, 소녀들에 미친 선생, 사창가의 우상, 기업가, 정보원, 스파이, 범죄학자, 탄도 전문가, 경찰청장, 범죄 수사관, 최초의 사설탐정 기관 설립자로 살았다.
그는 20번 결투했으며, 5번 탈옥했고, 수녀나 상이군인이 되기도 했다. 변장의 귀재였으며, 경찰로 위장한 범죄자이자 범죄자로 위장한 경찰이었다. 적의 친구가 되기도 했고 친구들의 적이 되기도 했다.
유럽 문학 작품에 등장하는 셜록 홈스를 비롯한 수많은 탐정들은 비도크가 범죄를 저지르면서, 혹은 이를 응용해 범죄를 해결하면서 사용한 다양한 기술에 상당 부분 빚지고 있다.

5월 12일
살아 있는 지진계

2008년 오늘, 엄청난 지진◆이 중국을 흔들어놓았다.

중국에선 이미 19세기 전에 지진계가 발명되었지만, 그 어떤 지진계도 곧 닥칠 지진을 예고하지는 못했다.

지진을 예고한 것은 동물들이었다. 과학자들은 동물들에 전혀 관심을 두지 않았다. 재난이 있기 며칠 전, 엄청나게 많은 두꺼비가 전속력으로 쓰촨성의 더양 시를 비롯한 여러 도시의 거리를 가로질렀다. 우한의 동물원에서는 코끼리와 얼룩말이 우리 창살에 몸을 부딪쳤고, 호랑이는 울부짖었으며, 공작은 비명을 질렀다.

◆ 쓰촨성 대지진 또는 원촨 대지진이라 불리며, 리히터 규모 8.0의 대지진이었다. 이 지진으로 약 8만 7천여 명이 사망하거나 실종되었고, 4천만 명이 넘는 사람들이 집을 잃었다.

5월 13일

네가 노래하고 볼 수 있게

전 세계 곳곳을 보려면, 눈을 바꿔라.

새들이 너의 노래에 귀 기울이게 하려면 목소리를 바꿔라.

이 말을 남긴, 오리노코 강◆의 발원지에서 태어난 고대의 현인들은 이 사실을 잘 알고 있었다.

◆ 오리노코 강은 파리마 산맥의 남쪽에서 발원해 콜롬비아와 베네수엘라의 국경을 따라 북쪽으로 흐르다가 아푸레 강과 합류하고, 그 후 동쪽으로 흘러 대서양으로 들어간다. 강 유역에 다양한 원주민 부족이 거주하며, 일부는 전통적인 생활 방식을 유지하고 있다.

5월 14일
남의 빚

1948년 오늘, 이스라엘이 건국되었다.
몇 달 뒤, 80만 명 이상의 팔레스타인인이 추방되었고, 500개 이상의 마을이 파괴되었다.
올리브나무, 무화과나무, 살구나무 등의 유실수들이 자라던 마을들은 고속도로, 중심가, 놀이공원 아래 파묻혔다. 이름도 남기지 못하고 죽었다. 새 정부의 '지명위원회Government Naming Committee'는 지도에 새로운 이름으로 세례를 주었다.
이제 남은 팔레스타인 사람은 얼마 되지 않는다. 걸신들린 듯 무자비하게 지도를 집어삼키며 성서가 부여한 지명을 불러오기에 이르렀고, 자신들이 겪은 2천 년에 걸친 박해를 들어 이를 정당화했다.
유대인들이 행하는 사냥은 유럽의 일상적인 풍속이었다. 그러나 팔레스타인은 남의 빚을 대신 갚고 있다.

5월 15일
내일이 오늘의 다른 이름이 아니길

2011년 오늘, 세금과 일자리를 빼앗긴 에스파냐 젊은이 수천 명이 수많은 도시의 광장과 거리를 점거했다.◆

분노가 순식간에 퍼져나갔다. 건강한 정신은 질병보다 더 빠른 속도로 번졌고, 분노한 이들의 함성은 지도에 그려진 국경을 가로질렀다. 그들은 세상에 목소리를 냈다.

"그들은 우리에게 '빌어먹을 거리로 나가라!'라고 했고,
그래서 우리는 여기 이 자리에 섰습니다.
텔레비전을 끄고 거리를 밝히십시오.
위기라고 합니다. 그러나 이것은 사기입니다.
돈은 부족하지 않습니다. 도둑이 넘칠 뿐이죠.
시장이 지배한다고 하지만 우리는 시장을 선택하지 않았습니다.
시장이 우리를 위해 결정을 내렸다고 하지만 우리는 그 자리에 없었습니다.
이것이 바로 경제적 노예 상태입니다.
나는 나의 권리를 찾고 있습니다. 시장이 뭔지 본 사람 있습니까?
그들이 우리를 꿈꾸지 못하게 한다면,
우리는 그들이 잠들지 못하게 할 겁니다."

◆ 2011년 5월 15일에 마드리드의 푸에르타 델 솔 광장에 모인 청년 시위대는 긴축 정책과 빈부 격차에 항의하며 고실업률 해소, 부패 척결 등을 요구하는 시위를 벌였다. 당시 에스파냐 실업률은 21퍼센트에 달했으며, 25세 이하 청년 실업률은 45퍼센트에 육박해 젊은이들의 분노가 극에 달했다. 이 시위는 에스파냐의 정치와 사회를 근본적으로 뒤흔들었다.

5월 16일
정신병원으로 출발!

농어류와 여러 물고기,
돌고래,
백조, 플라멩코, 알바트로스,
펭귄,
들소,
타조,
코알라,
오랑우탄 및 기타 영장류,
나비와 기타 곤충들
그리고 동물 왕국의 상당히 많은 우리 친척들이 동성애를 하고 있다. 잠시든 영원히든, 암컷이 암컷과, 수컷이 수컷과.
그들이 사람이 아닌 것이 천만다행이었다. 정신병원에 수용되는 것을 면했으니까.
동성애는 1990년까지 WHO 정신질환 목록에 포함되어 있었다.◆

◆ 미국 정신의학회는 1973년 〈정신질환 진단 및 통계 편람〉에서 동성애를 제외하였고, 세계보건기구(WHO)는 1990년에야 동성애를 정신질환 목록에서 삭제하였다.

5월 17일
인간의 거처

시간의 흐름을 따라 21세기 역시 수년째 타박타박 걷고 있다. 그런데 아직 집이 없는 사람이 수십억 명에 달한다. 이 문제를 해결하기 위해, 전문가들은 탑처럼 쌓아 올린 좁은 단에서 37년이나 살았던 기독교인 성 시므온◆의 모범적인 삶을 연구하였다.

아침이 되면 성 시므온은 단에서 내려와 기도를 드렸고, 저녁이 되면 단의 가장 높은 곳으로 올라갔다. 잠자는 동안 굴러떨어지지 않으려고 그는 기둥에 몸을 묶었다.

◆ 5세기 때 사람인 금욕주의자 시므온은 원래 시리아의 목동이었다. 신앙이 돈독했던 그는 13세에 수도원에 들어가 수도사 생활을 시작했는데, 처음 들어간 수도원의 규율이 해이하다는 생각에 다른 엄격한 수도원으로 옮겼다. 금식으로 잘 알려진 그는 1주일에 한 끼만 먹었다. 금식을 철저하게 지키기 위해 야자수 잎으로 만든 허리띠를 단단히 묶었는데, 너무 세게 묶은 탓에 허리띠가 살에 붙어서 살이 곪을 정도였다.

5월 18일
기억 여행

1781년 투팍 아마루◆는 쿠스코의 아르마스 광장 한복판에서 도끼에 맞아 토막이 났다.

2세기 후, 맨발의 소년이 바로 그곳에서 구두를 닦고 있었는데, 관광객 한 사람이 그에게 투팍 아마루를 아느냐고 물었다. 어린 구두닦이 소년은 고개도 들지 않고 그를 안다고 대답했다. 일을 계속하면서 아무도 모르게 혼자 중얼거렸다.

"바람인데."

◆ 투팍 아마루(Tupac Amaru)는 페루의 혁명가이다. 원래는 신-잉카국 마지막 황제의 이름이었는데, 1780년 식민통치자들의 극심한 억압과 수탈에 대항해 원주민 공동체의 부활을 꾀한 '호세 가브리엘 콘도르캉키'라는 원주민이 신-잉카국 마지막 황제의 이름을 따 투팍 아마루 2세라는 이름으로 활동하였다. 그는 부왕인 안토니오 데 아리아가를 처형하고 잉카 제국의 부흥과 아메리카 원주민, 메스티소, 흑인 차별 철폐 등을 선언했지만, 불과 1년 만에 전열을 정비한 에스파냐군에 진압되었다. 식민 당국은 당시 원주민들에게 공포심을 불러일으키기 위해 가장 잔인한 방법으로 그를 처형했다. 원주민들의 인권을 지키기 위해 분연히 일어났던 그의 정신은 20세기 일본 대사관을 점거하고 인질 사건을 펼친 '투팍 아마루 혁명 운동'으로 되살아나기도 했다.

5월 19일

예언자 마크

마크 트웨인은 이렇게 말했다.
"1835년 나는 핼리 혜성과 함께 이 세상에 왔다. 혜성은 1910년에 다시 올 것이다. 그리고 나는 혜성과 함께 가기 위해 기다리고 있다. 전지전능한 신이 '여기 말로 설명할 수 없는, 상식을 벗어난 일이 있다. 그들은 함께 왔으니 함께 갈 것이다'라고 이야기했다는 데에는 의심의 여지가 없다."
혜성은 1910년 이때쯤 다시 나타났다. 조바심이 났던 마크 트웨인은 한 달 전에 이미 세상을 떠나고 없었다.

5월 20일

보기 드물게 사려 깊은 행위

1998년 프랑스는 주당 노동시간을 35시간으로 단축하는 법을 제정했다.

노동을 줄이고, 행복한 삶을 늘린다. 토머스 모어는 《유토피아》에서 이를 꿈꿨지만, 국가 차원에서 이 같은 상식적인 행동을 하기까지 무려 5세기나 걸렸다.

노동 시간을 줄이고 자유로운 시공간을 확장하는 데 아무런 도움도 되지 않는다면, 도대체 기계가 무슨 필요가 있나? 어째서 기술의 진보가 우리 인간에게 실업과 고통을 안겨줘야 한단 말인가? 이런 부조리에 최소한 한 번은 과감히 도전한 나라가 있었던 것이다.

그러나 이처럼 사려 깊은 행동은 오래가지 못했다. 35시간 노동법은 불과 10년 만에 폐지되었다.◆

◆ 이 법이 공식적으로 폐지된 것은 아니다. 프랑스의 주당 근로시간은 여전히 법적으로 35시간으로 유지되고 있다. 그러나 노동 개혁을 통해 35시간제에 구애받지 않고 자체적으로 노동시간을 정할 수 있게 되었다. 이에 앞장선 마크롱 대통령은 경제부 장관 시절 "좌파는 프랑스가 더 적게 일하면 더 잘살 수 있을 것이라 생각했지만, 그것은 잘못된 생각이었다"고 지적하기도 했다.

5월 21일
문화 다양성의 날

1906년, 콩고의 밀림에서 사로잡힌 피그미족이 뉴욕의 브롱크스 동물원에 도착했다.
그의 이름은 오타 벵가였는데, 오랑우탄 한 마리 그리고 침팬지 네 마리와 함께 우리에 갇힌 채 대중에 공개되었다. 전문가들은 이 휴머노이드가 잃어버린 고리일 수 있다고 사람들에게 설명하며, 그 의혹을 증명하기 위해 털이 난 형제들과 노는 모습을 보여주었다.
시간이 좀 흐른 뒤, 이 피그미족은 기독교 자선 단체에 의해 구조되었다.
그들은 할 수 있는 일을 다 해봤지만, 소용이 없었다. 오타 벵가는 구원을 거부했다. 말도 하지 않았고, 식탁에선 접시를 깼으며, 몸에 손을 대려는 사람에겐 폭력을 행사했다. 어떤 일도 할 수 없었다. 교회의 합창단에서는 입을 다물었고, 사진을 찍으려 드는 사람은 물어버렸다.
10여 년에 걸쳐 길들였지만, 1916년 겨울 끝자락에 오타 벵가는 불 앞에서 입고 있던 옷을 벗어 태워버린 다음 훔친 권총으로 자기 가슴을 겨눴다.

5월 22일
야만인들의 사회에 간 땡땡

1907년 오늘, '땡땡'의 아버지인 벨기에의 만화가 에르제가 태어났다.

만화 속 영웅 땡땡은 백인 문명이 지닌 미덕의 화신이었다.

가장 성공한 모험 중 하나는 땡땡이 벨기에의 식민지였던 콩고를 찾은 것이었는데, 그곳에서 흑인들의 우스꽝스러운 행동을 비웃으며 사냥을 즐겼다.

15마리의 영양을 사살했으며, 원숭이 가죽을 벗겨 그 가죽으로 변장했을 뿐만 아니라, 코뿔소를 다이너마이트 통에 부딪히게 하고, 쩍 벌린 악어 입에 총을 쏘기도 했다.

땡땡은 코끼리가 흑인들보다 프랑스어를 더 잘 구사한다고 이야기하기도 했다. 그리고 기념으로 코끼리 한 마리를 죽여 상아를 뽑았다.

그리고 여행이 매우 재미있었다는 이야기를 남겼다.

5월 23일

권력 생산

1937년 오늘, 전 세계의 주인이자 스탠더드 오일 회사를 만든 석유의 왕 '존 D. 록펠러'가 세상을 떠났다.

그는 거의 한 세기에 가깝게 살았다.

그러나 그의 부김에서 양심의 가책이라곤 조금도 찾을 수 없었다.

5월 24일

이단자들과 성자

1543년 오늘, 니콜라우스 코페르니쿠스가 세상을 떴다.
지구가 태양의 주변을 돌고 있다는 사실을 보여준 그의 책 초판이 막 배포되던 해에 세상을 떴다.
교회는 이 책이 거짓일 뿐만 아니라, '성서에 반한다'는 이유로 '금서'로 지정했고, 이를 유포시켰다는 죄로 사제였던 조르다노 브루노를 화형에 처했다. 그리고 갈릴레오 갈릴레이에겐 그 책을 읽고 믿게 된 사실을 부인하라고 강요했다.
3세기 반이 흐른 뒤, 바티칸은 조르다노 브루노를 산 채로 화형에 처한 것을 반성했으며 바티칸 정원에 갈릴레오 갈릴레이의 동상을 세우겠다고 밝혔다.
지상에서 하느님의 화신이 정의를 실현하려면 시간이 좀 걸린다는 사실을 알 수 있다.
그러나 이 이단자들을 용서함과 동시에 바티칸은 종교재판소의 로베르토 벨라르미노 추기경을 성인에 봉했다. 브루노와 갈릴레오를 기소하고 재판했던 성 로베르토는 이제 하늘나라에 있을 것이다.

5월 25일

이단

325년 니카이아에서 콘스탄티누스 황제가 소집한 제1차 에큐메니칼 공의회가 열렸다.

공의회가 열린 3개월 동안 300명의 주교가 이단에 맞서 싸우기 위해 필요한 교리를 몇 가지 승인했다. 그리스어에서 '선택'을 의미하던 'αἵρεσις'에서 유래한 '이단haeresis'이라는 단어가 '틀림'을 의미하는 것으로 결정되었다.

다시 말해, 신앙의 주인 하느님을 자유롭게 선택하거나 하느님에게 복종하지 않는 사람은 잘못을 저지르고 있다는 의미였다.

5월 26일
셜록 홈스는 두 번 죽었다

셜록 홈스의 첫 번째 죽음은 1891년이었다. 그의 아버지가 그를 살해했다. 작가인 아서 코난 도일은 자신이 창조한, 지나치게 잘난 체하는 주인공이 자기보다 유명해지는 것을 참지 못했다. 그래서 알프스 산꼭대기에서 절벽 아래로 그를 던져버렸다.

얼마 후 잡지 〈스트랜드Strand〉에 그 소식이 실렸다. 그러자 전 세계가 상복을 입었으며 잡지는 독자를 잃었고 작가는 친구를 잃었다.

탐정 중에서 가장 유명했던 탐정의 부활에는 그리 오랜 시간이 걸리지 않았다.

코난 도일은 그를 다시 살려낼 수밖에 없었다.

셜록의 두 번째 죽음에 대해선 알려진 바가 없다. 베이커 가에 있는 그의 집에서는 아무도 전화를 받지 않는다. 〈타임〉에 그의 부고가 실리지 않은 것이 좀 신경 쓰이긴 하지만, 분명한 것은 우리와 마찬가지로 그 역시 죽을 때가 되었다는 사실이다.

5월 27일

사랑하는 떠돌이

1963년 오늘, 페르난도◆가 죽었다.
그는 자유로운 개였다. 모든 사람의 개이지만, 누구의 소유도 아니었다.
광장에서 고양이를 쫓아다니는 것이 지겨워지면 친구인 가수들과 기타 치는 사람들과 함께 거리에 나섰다. 그리고 축제에서 축제로, 음악 소리만 들리면 따라다니며 즐겼다.
콘서트에 없어서는 안 될 좋은 귀를 가진 비평가였던 페르난도는 곡이 마음에 들면 꼬리를 흔들었지만, 마음에 들지 않으면 으르렁거렸다.
떠돌이 개를 담당하던 관리가 그를 잡으면 소란이 일어나 풀어줄 수밖에 없었다.
자동차에 치이면 최고의 의사가 그를 돌봤으며, 자기 병원에 입원시켰다.
길 한복판에서 육체적인 죄를 저질렀을 때는 발길질이 쏟아지기도 했다. 그러나 그럴 때조차 프로그레소 클럽의 아이들이 떼로 몰려나와 잘 돌봐줬다.
그가 살던 아르헨티나의 차코 주의 레시스텐시아에는 페르난도의 동상이 세 개 서 있다.

◆ 1950년대와 1960년대에 아르헨티나의 차코 주, 레시스텐시아에 살던 떠돌이 개. 실제로는 5월 28일 시청 앞 광장에서 자동차에 치여 죽었다.

5월 28일
오시비엥침

2006년 오늘, 가톨릭 교회의 수장인 교황 베네딕토는 폴란드어로 '오시비엥침'이라 불리는 도시의 정원을 거닐었다.

산책 도중 어느 곳에 이르자 풍경이 바뀌었다.

오시비엥침을 도이칠란트어로는 아우슈비츠라 부른다.

아우슈비츠에서 교황은 이렇게 이야기했다. 세계에서 가장 유명한 죽음의 공장에서 질문을 던진 것이다.

"신이여. 어디 계셨습니까?"

신은 단 한 번도 주소를 바꾼 적이 없다는 사실을 아무도 그에게 알려주지 않았다.

그러자 다시 물었다.

"신이여, 왜 아무 말씀도 없었나요?"

입을 다물었던 것은 교회였다는 사실을, 하느님의 이름으로 이야기해온 가톨릭 교회였다는 사실을 아무도 그에게 밝히지 않았다.

5월 29일
뱀파이어

1725년 여름, 피터 블라고예비치는 키실예보 마을에 묻혀 있던 관에서 벌떡 일어나 이웃 사람 9명을 물어 그들의 피를 마셨다. 책임을 반드시 물어야 한다는 오스트리아 정부의 명령으로, 치안 당국은 그의 가슴에 못을 박아 처형했다.

피터는 공식적으로 알려진 첫 뱀파이어였지만, 가장 알려지지 않은 뱀파이어였다.

가장 유명한 사람은 드라큘라 백작으로, 1897년 브램 스토커◆의 펜 끝에서 태어났다.

한 세기가 조금 더 지나 드라큘라도 은퇴했다. 할리우드가 만들어낸 촌스러운 남녀 뱀파이어들과의 경쟁에 대해서는 조금도 걱정하지 않았다. 하지만 절대로 이길 수 없을 것 같은, 새롭게 등장한 뱀파이어들이 그를 고뇌에 빠트렸다.

이번엔 그도 물러날 수밖에 없었다. 은행을 만들었고 지금도 계속해서 만들고 있는, 세상의 피를 대놓고 다 빨아먹으려 하는 저 어마어마한 대식가들 앞에서 열등감을 느끼지 않을 수 없었던 것이다.

◆ 브램 스토커(Bram Stoker)는 빅토리아 시대 아일랜드의 소설가로, 주로 공포 소설을 썼다. 대표작 《드라큘라》(1897)로 유명하다. 사후에 드라큘라가 헐리우드에서 영화화되면서 세계적으로 유명해졌고, 1987년부터 호러작가협회가 브램 스토커상을 제정하여 수여하고 있다.

5월 30일
화형장에서 성단으로

1431년 오늘, 19세 소녀가 루앙의 오래된 시장에서 산 채로 화형에 처해졌다.
그녀는 커다란 벙거지를 쓰고 화형대에 올랐다. 모자에는 이렇게 쓰여 있었다.

이단자
상습범
배교자
우상숭배자

사람들은 그녀를 화형에 처한 다음 강물에 멀리 떠내려가라고 다리 위에서 센 강에 던졌다.
그녀는 가톨릭 교회와 프랑스 왕국의 재판을 받았다.
그녀의 이름은 잔 다르크였다.
익숙한 이름인가?

5월 31일

불에 타지 않는 여인

1820년 즈음하여 기적을 만들었던 지라르델리 부인은 유럽인들에게 놀라움을 안겼다.
그녀는 활활 타오르는 불을 손으로 만졌으며, 모닥불 위에서 맨발로 춤췄다. 손으로 모닥불을 휘젓고, 붉게 달아오른 철판에 앉았다. 그뿐이 아니었다. 화염에 뛰어들기도 했고, 끓는 올리브 유로 양치질을 하고, 이글거리는 불을 입에 넣고 잘근잘근 씹은 다음 영국 파운드화로 만들어 뱉었다. 이 뜨거운 열기로 가득 찬 쇼를 마친 다음, 상처 한 점 없는 눈처럼 하얀 피부를 보여줘 박수갈채를 받았다.
"이건 속임수야!" 비평가들은 이렇게 말했지만, 그녀는 아무 대꾸도 하지 않았다.

6월

6월 1일

성자들

2006년 박애, 자유, 그리고 다양성을 내건 정당이 네덜란드에서 합법적인 등록을 시도했다.
이 새로운 정치 단체는 '소년 소녀와의 자유로운 관계에서 자신의 성적 정체성과 에로틱한 삶을 구현하고자 하는 사람들'을 대표한다고 밝혔다.
당 강령으로 아동 포르노와 모든 형태의 미성년자와의 성관계를 합법화할 것을 요구했다.
8년 전 박애, 자유, 그리고 다양성을 내세운 이 활동가들은 인터넷에서 전 세계 소아성애의 날을 만들었다.
이 정당은 정당 등록에 필요한 서명을 받지 못했다. 그 어떤 선거에도 참여할 수 없었고, 결국 2010년 사라졌다.

6월 2일

원주민도 사람이다

1537년 교황 바오로 3세는 칙서 〈지극히 높으신 하느님Sublimis Deus〉을 발표했다.

이 칙서는 '원주민들은 가톨릭 신앙에 대해 무지하기에 동물과 마찬가지로 반드시 백인 식민자들에게 복종해야 한다고 믿었던 탐욕의 화신과도 같았던 인간들'과 충돌을 일으켰다.

신대륙의 원주민들을 보호하기 위해, 칙서는 '원주민들도 진정한 의미에서 인간이며 그런 의미에서 자유와 재산에 대한 통제권을 자유롭고 확실하게 소유하고 사용, 향유할 수 있을 뿐만 아니라, 그들을 노예로 삼아서는 안 된다'는 점을 분명히 했다.

그러나 아메리카에선 아무도 이 칙서에 대해 아는 사람이 없었다.

6월 3일

아타우알파의 복수

탐보그란데 주민은 황금 광맥◆ 위에서 잠을 자고 있었다.

그들의 집 아래엔 황금이 있었지만 아무도 그 사실을 몰랐다.

퇴거 명령과 함께 그 소식이 전해졌다. 페루 정부는 마을 전체를 맨해튼 광산회사에 팔았다.

사람들은 그들이 곧 백만장자가 될 거라고 했다. 그러나 마을 주민 누구도 퇴거 명령에 따르지 않았다. 2002년 오늘, 주민투표 결과가 나왔다. 탐보그란데 주민들은 사막을 어렵사리 개간해 일군 토지에서 계속해서 아보카도, 망고, 라임을 비롯한 과일들을 가꾸며 살기로 결정했다.

그들은 금이 묻혀 있다는 것 자체가 저주받을 현실이라는 사실을, 다이너마이트에 날아간 언덕과 광산회사들의 폐기물로 오염되어 축복받았던 물은 사라지고 시안화물로 더렵혀진 강만 남을 것임을 너무나 잘 알고 있었다.

그뿐만 아니라 황금은 사람들을 미치게 할 거란 사실도 잘 알았다. 황금에 대한 목마름은 점점 더 커질 터였다.

1533년, 에스파냐 정복자 프란시스코 피사로는 자신이 요구한 황금을 다 바쳤음에도 잉카의 황제 아타우알파를 교수형에 처하라고 명령하지 않았던가.

◆ 페루의 피우라 지역에 있는 탐보그란데의 광맥은 TG-1으로 불리며, 85만 3천 온스의 금과 100만 온스의 은뿐만 아니라 아연과 구리를 포함한다. 그러나 주민들은 퇴거에 불응했고, 이 과정에서 2001년 광산 개발 반대에 앞장서던 고도프레도 가르시아(Godofredo García)가 암살되기도 했다.

6월 4일

미래에 대한 기억

우리는 학교에서 칠레가 1536년에 발견되었다고 배운다.
이 이야기는 칠레를 1만 3천 년 전에 발견한 마푸체족에게는 깊은 인상을 주지 못한다.
1563년 그들은 에스파냐 정복자들의 가장 중요한 요새를 포위 공격했다.
요새는 수천에 달하는 원주민들의 분노에 밀려 함락 일보 직전이었다. 그 순간 사령관이었던 로렌소 베르날은 장벽 위에 올라가 이렇게 외쳤다.
"길게 보면 우리가 승리할 것이다. 에스파냐 여인들은 몇 안 되지만 저기 너희의 여자들이 있다! 우리는 너희 여자들과 너희의 주인이 될 아이를 가질 것이다."
통역사가 그 말을 통역했다. 원주민 추장 콜로콜로는 그 말을 그저 흘려들었다.
그는 이 슬픈 예언을 이해하지 못했다.

6월 5일

자연은 침묵하지 않았다

현실은 죽어 있는 자연을 그린다.

자연은 피해자가 아니라 사형을 집행하는 망나니이기에, 우리는 자연을 재앙이라고 부른다. 그러는 동안 기후는 미쳐버렸고 우리 인간 역시 마찬가지이다.

오늘은 세계 환경의 날이다. 2008년 전 세계 역사에서 처음으로 자연을 권리의 주체로 인정한 에콰도르의 새로운 헌법◆이 제정된 멋진 날이기도 하다.

자연이 인간처럼 권리를 갖는다는 말이 조금은 이상하게 들린다. 그런데 이와 반대로 미국의 대기업들이 인권을 갖는다는 말은 너무 당연한 것처럼 들린다. 사실 1886년 대법원의 결정에 따라 인간으로서의 권리를 가지고 있기도 하다.

만약 자연이 은행이었다면 일찌감치 구원을 받았을 것이다.

◆ 2008년 에콰도르는 헌법을 개정하여 자연의 본질적인 권리를 인정하였다. 에콰도르 헌법이 보장하는 자연의 권리는 크게 두 가지이다. 첫째, '존재 자체와 생명의 순환과 구조, 기능 및 진화 과정을 유지하고 재생을 존중받을 권리'와 둘째, '훼손됐을 경우 원상회복될 권리'이다. 또한, '모든 개인과 공동체 등은 당국에 자연의 권리를 집행하도록 요구할 수 있다'는 규정도 포함되어 있다. 전 세계에서 처음으로 자연을 권리의 주체로 인정한 사례로, 환경 보호에 있어 중요한 역사적 사건이다.

6월 6일

기억 속의 산

지역 원주민을 기리는 뜻으로 이름 붙여진 애팔래치아 산맥◆에서
지난 2세기 동안 470여 개의 산봉우리가 참수당했다.
원주민은 비옥한 땅에 살고 있다는 죄목으로 쫓겨났다.
산들은 석탄을 지니고 있다는 죄목으로 배 속을 비워야 했다.

◆ 캐나다 뉴펀들랜드를 시작으로 미국 동부의 앨라배마 및 조지아에 걸쳐 있는 거대한 고기습곡산맥. 이름의 기원이 된 '아팔라체'는 유럽인들이 상상하던, 가상의 아메리카 원주민들이 사는 나라이다.

6월 7일
시인의 왕

네사우알코요틀◆은 콜럼버스가 아메리카 대륙을 밟기 20년 전 세상을 떴다.
그는 멕시코의 광활한 계곡에 자리한 텍스코코의 왕이었다.
여기 그의 목소리를 남긴다.

황금도 언젠가는 부서지고
옥도 언젠가는 깨어지고
케찰◆◆의 깃털도 꺾이기 마련이지.
영원히 살 수 있는 사람 같은 건 없지.
제아무리 왕이라도 언젠가는 죽는다네.
우리 모두 언젠가 신비의 땅으로 가야 한다네.
그렇다면 우리가 이 땅에 온 것은 정녕 아무 의미도 없는 것일까?
그러나 우리는 최소한 우리의 노래를 남길 수 있다네.

◆ 네사우알코요틀(Nezahualcóyotl)은 아스테카 문명 시대에 살았던 지도자이자 시인이다. 오늘날 멕시코 중부 지방에 위치한 텍스코코(Texcoco)라는 도시의 군주였다. 문학, 철학, 과학, 예술 등 다양한 분야에서 활동하며 아스테카 문화의 번영을 이끌었다. 자연과 환경을 노래한 네사우알코요틀의 시는 현대 멕시코 문학의 중요한 부분을 형성했다.

◆◆ 케찰(Quetzal)은 중앙아메리카의 상징과도 같은 새로, 밝은 녹색의 무지갯빛 깃털을 가졌다. 아스테카 사람들은 이 새가 아스테카 신화에 등장하는 신 '케찰코아틀'의 현신이라고 믿었다.

6월 8일

신성모독

1504년 오늘, 미켈란젤로가 자신의 대작을 선보였다. 피렌체 중앙 광장에 다비드 조각상이 우뚝 섰다.

완전히 발가벗은 이 거대한 조각상에 비난과 돌팔매가 쏟아졌다. 미켈란젤로는 청동으로 만든 무화과잎으로 다비드의 부끄러운 부분을 가려야 했다.

6월 9일
신을 모독한 여인들

1901년 오늘, 엘리사 산체스와 마르셀라 그라시아는 갈리시아 지방의 '아 코루냐' 시에 있는 산 호르헤 성당에서 결혼식을 거행했다.
엘리사와 마르셀라는 몰래 사랑을 나눴다. 결혼식과 사제, 서류, 사진 등으로 자신들이 처한 상황을 정상으로 만들려면 남편이 있어야 했다. 그래서 엘리사가 마리오가 되기로 했다. 남성복을 입고 머리를 짧게 잘랐으며 목소리를 바꾸었다.
이 사실이 알려지자 에스파냐 전국의 신문들은 '역겨운 스캔들, 파렴치한 부도덕성'을 드러냈다며 하늘에 대고 고래고래 소리 지르기 시작했다. 선의를 기만당한 교회가 신성모독죄로 두 사람을 고발하자, 이 유감스러울 수밖에 없는 기회를 신문을 파는 데 이용했다.
그리고 곧 사냥이 시작되었다.
엘리사와 마르셀라는 포르투갈로 도망쳤다.
그녀들은 포르투에서 체포되었다.
감옥에서 도망친 두 사람은 이름을 바꾸고 바다에 뛰어들었다.
부에노스아이레스를 마지막으로 도망자들의 흔적은 사라졌다.

6월 10일
한 세기 뒤

2010년 이맘때, 부에노스아이레스에서 동성 결혼의 합법화를 놓고 토론이 벌어졌다.
그들의 적은 '지옥의 결혼에 맞선 신의 전쟁'을 선포했지만, 이 안건은 하나씩 하나씩 장애물을 넘었다. 묵묵히 가시밭길을 걸어간 끝에 7월 15일 아르헨티나는 성적 다양성이라는 무지개 안에서 모든 사람의 완전한 평등을 인정한 라틴아메리카 최초의 국가가 되었다.◆
순종 속에 살고 거짓말 속에 죽기를 권유하며 사회를 억눌러온 위선의 패배이자, 이름만 바꿨을 뿐 끊임없이 화형장에 불쏘시개를 공급해온 종교재판소의 패배였다.

◆ 라틴아메리카에서는 아르헨티나를 시작으로, 브라질, 우루과이, 콜롬비아, 멕시코(32개 주), 에콰도르, 코스타리카, 칠레가 동성 결혼을 합법화했다. 볼리비아와 엘살바도르, 과테말라, 온두라스, 니카라과, 파나마, 파라과이, 페루, 도미니카 공화국에서는 동성 결혼을 인정하지 않는다.

6월 11일
에펠 탑을 판 사내

월스트리트 천재들의 선지자였던 빅토르 루스티그 백작은 여러 개의 이름을 사용했을 뿐만 아니라, 다양한 귀족 칭호를 사용했다. 수많은 나라의 수많은 감옥에 들어갔고, 다양한 언어로 진심 어린 거짓말을 할 줄 알았다.
1925년 오늘 12시, 백작은 파리의 크릴론 호텔에 앉아 신문을 읽다가 멋진 아이디어가 떠올랐다. 포커를 치다가 따분해졌을 때 느끼던 허기마저 달랠 수 있는 기막힌 아이디어였다. 그는 에펠 탑을 팔기로 했다.
그는 파리 시장의 엠블럼이 들어간 서류와 봉투를 인쇄했다. 그리고 엔지니어 친구와 공모하여 건설 과정의 돌이킬 수 없는 실수로 인해 에펠 탑이 무너지고 있다는 것을 보여주는 기술보고서를 만들었다.
백작은 후보자를 한 사람씩 차례로 찾아갔다. 그리고 헐값에 고철 수천 톤을 사라고 권유했다. 그러면서 이 사안은 어디까지나 기밀이라고 덧붙였다. 프랑스의 악명 높은 상징과 연결된 문제이기에 공공연한 스캔들을 피해야 한다고 했다. 탑의 붕괴가 그리 멀지 않았기에 조용한 가운데 서둘러 판매 계약이 이루어졌다.

6월 12일
미스터리에 대한 설명

2010년, 펜타곤은 아프가니스탄과의 전쟁 이유에 대해 털어놓았다. 이 나라에 수억 달러에 달하는 가치를 지닌 광맥이 있다는 것이다.◆

이 광맥에 탈레반은 포함되어 있지 않았다.

금, 코발트, 구리, 철, 특히 휴대전화와 노트북 컴퓨터 제조에 필수적인 리튬을 포함하고 있었을 뿐이다.

◆ 2010년에 미국 국방부(펜타곤)와 미국 지질조사국(USGS)은 아프가니스탄에 약 1조 달러의 가치를 지닌 미개발 광물이 매장되어 있다고 발표했다.

6월 13일

쌍방의 피해

2010년 이맘때, 스스로 삶을 마감하는 미군의 숫자가 점점 더 늘어나고 있다는 사실이 알려졌다. 자살로 죽는 사람이 전투 중 사망하는 사람들의 수와 거의 비슷했다.

이 문제를 해결하기 위해 펜타곤은 군대에서 가장 촉망받는 분야인 정신 건강을 책임질 전문가들을 증원하기로 했다.

전 세계가 하나의 거대한 병영으로 변해가고 있고, 이 거대한 병영은 다시 전 세계와 맞먹는 엄청난 크기의 정신병원으로 변해가고 있다. 이 정신병원에선 도대체 누가 미친 사람일까? 서로 죽이는 군인들일까? 아니면 상대를 죽이라고 명령을 내리는 전쟁일까?

6월 14일
국기를 가면 삼아

1982년 오늘, 아르헨티나 독재 정권은 전쟁에서 패했다. 영국에 강탈당한 말비나스 제도를 수복하기 위해 목숨까지 내놓겠다고 맹세했던 장군들은 수염도 깎지 않고 나와 순순히 항복했다.

국방부는 무슨 일을 했나. 꽁꽁 묶인 여성을 강간한 영웅들, 용감한 고문 전문가, 아이들뿐만 아니라 강탈할 수 있는 모든 것을 훔친 자들. 시골에서 모집한 가난한 젊은 신병들을 도살장으로, 다시 말해 저 멀리 떨어진 섬으로 보내 총알받이로 혹은 추위로 얼어 죽게 내몰면서, 그들이 한 일이라고는 민족을 파는 뜨거운 연설뿐이었다.

몇몇 아르헨티나 장군들은 군사독재 기간에 저지른 일로 재판을 받았다.
독재에 항거했다는 이유로 기소되었던 대학생 실비나 파로디 역시 영원히 사라진 수감자 중 한 사람이었다.
그녀의 절친한 친구 세실리아가 2008년 재판정에서 증언했다. 병영에서 받았던 고문에 관해 이야기했다. 그리고 매일 밤낮없이 이루어진 고문을 더는 참을 수 없어, 실비나의 이름을 댄 사람이 바로 자신이었다고 이야기했다.
"바로 저였습니다. 나는 실비나가 있던 집으로 그 잔인한 인간들을 데려갔습니다. 나는 그녀가 끌려나오는 것을, 개머리판으로 맞고 발길질당하며 차에 강제로 실리는 것을 보았습니다. 나는 그녀의 비명을 들었습니다."
재판정을 나서는데 누군가 다가와 조용히 그녀에게 물었다.
"그런 일을 저지르고, 어떻게 지금까지 살 수 있었습니까?"
그녀가 더 작은 소리로 대답했다.
"내가 살아 있는 것처럼 보이시나요?"

6월 16일
너에게 이야기하고 싶은 것

오스카르 리녜이라◆는 아르헨티나에서 사라진 수천 명의 청년 중 한 명이다. 그는 군사 용어로 '이송'되었다.
같은 수용소에 갇혀 있던 피에로 디 몬테는 그가 남긴 마지막 말을 들었다.
"너에게 이야기하고 싶은 것이 있어. 그거 알아? 나는 아직 사랑을 해본 적이 없어. 사랑 한번 못 해봤는데 저들은 나를 곧 죽일 거야."

◆ 아르헨티나 군부는 전국적으로 300곳이 넘는 비밀 수용소를 운영해 독재에 반대하는 '테러리스트'를 고문하고 죽였다. 당시 스무 살이던 오스카르 리녜이라(Oscar Andrés Liñeira)가 마지막으로 목격된 곳은 라 페를라 비밀 수용소였다.

6월 17일
토마사는 세금을 내지 않았다

1782년 에콰도르 키토 시의 법원은 토마사 수리타가 구아야킬에서 구입한 직물에 해당하는 세금을 납부해야 한다고 판결했다. 당시만 해도 남자들만이 법적으로 물건을 사고팔 수 있던 시대였다.

"남편에게 받아 가세요." 그녀가 말했다. "법은 우리를 바보 취급하고 있잖아요. 바보라서 돈도 받을 수 없는 여자들이 어떻게 세금을 내겠어요."

6월 18일

수전도 내지 않았다

1873년 6월 18일, 뉴욕 북부 지구, 미국 정부 대 수전 앤서니의 재판이 열렸다.

리처드 크로울리 지방검사: 1872년 11월 5일, 수전 B. 앤서니는 미국 의회에 나갈 대표를 뽑는 투표를 했습니다. 그녀는 여성이고, 이 사실에 대해선 의심의 여지가 없다고 생각합니다. 따라서 그녀에게는 투표권이 없었지요. 다시 말해 그녀는 법을 위반했습니다.

워드 헌트 판사: 피고인은 법이 정한 바에 따라 재판받았습니다.

수전 앤서니: 네! 판사님. 그러나 법은 여성에 맞서 남성을 위해 남성이 만들었고, 남성이 해석하고, 남성이 집행하지요.

워드 헌트 판사: 피고인은 일어서시오. 이 법정은 벌금과 소송비용으로 100달러를 낼 것을 선고합니다.

수전 앤서니: 나는 단돈 1달러도 내지 않을 것입니다.

6월 19일

조심해! 자전거야!

“자전거는 전 세계 여성 해방을 위해 그 무엇보다도 그리고 그 누구보다도 많은 일을 했습니다.” 수전 앤서니는 이렇게 이야기 했다.

수전의 동지인 엘리자베스 스탠턴 또한 이렇게 이야기했다.

“우리 여성들은 페달을 밟아 투표권을 향해 나아갈 것입니다.”

필리프 티시에Philippe Tissié를 비롯한 몇몇 의사는 자전거가 유산과 불임의 원인이 될 수 있다고 경고했다. 그들은 또한 자전거 안장이 여성의 은밀한 부분을 자극하여 쾌락을 느끼게 함으로써 여성을 타락시킬 수 있다고도 주장했다.

아닌 게 아니라, 여성들이 자기 힘으로 이동할 수 있게 되고, 집에서 도망쳐 자유라는 위험한 즐거움을 맛볼 수 있게 된 것은 자전거 때문이다. 페달을 밟는 데 방해가 된 코르셋은 옷장에서 나와 박물관으로 가게 되었다.

6월 20일
단점

음절 하나하나에 독특한 음색을 입힌 그녀의 소프라노 목소리는 리우데자네이루의 박수갈채를 받았다.
얼마 되지 않아, 호아키나 라피냐Joaquina Lapinha는 18세기 말 유럽을 정복한 최초의 브라질 출신의 오페라 가수가 되었다.
오페라에 진심이었던 스웨덴 출신의 여행자 캐리 루더스는 1800년 리스본의 극장에서 그녀의 노래를 들었다. 그는 '그녀의 멋진 목소리, 매력적인 모습, 드라마틱한 감정 표현'에 반해 열렬하게 그녀를 찬양했다.
유감스럽게도 호아키나가 까무잡잡한 피부를 가졌다는 것을 그도 곧 알게 되었다. 그는 이 단점은 화장으로 가릴 수 있다고 생각했다.

6월 21일
우리 모두가 너야!

2001년 트레비소 대 제노아 축구 경기는 정말이지 놀라웠다. 나이지리아 출신의 트레비소팀 선수 아킴 오몰라데는, 인종차별이 섞인 이탈리아 관중들의 야유와 조롱 섞인 노래를 듣곤 했다. 그러나 2001년 오늘, 경기장은 매우 조용했다. 트레비소의 나머지 선수 열 명 모두 얼굴을 검게 칠한 채 경기에 임한 것이다.◆

◆ 이 경기에서 아킴 오몰라데는 골을 넣기도 했으며, 그해 11월, UEFA(유럽축구연맹)은 아킴 오몰라데와 트레비소팀에 페어 플레이상을 수여했다.

6월 22일

지구의 허리

기원전 234년, 알렉산드리아◆에서 에라토스테네스라는 현자가 정오에 막대를 땅에 꽂고 그림자의 길이를 쟀다.

1년 후 같은 날 같은 시각, 그는 아스완◆◆의 땅에 막대를 꽂고 이번에는 그림자가 생기지 않는다는 사실을 발견했다.

이러한 관찰을 통해 에라토스테네스는 지구가 평평하지 않고 구형이라는 사실을 증명할 수 있다고 보았다. 그래서 두 도시 사이의 거리를 보폭으로 잰 다음, 이 값을 바탕으로 '지구의 허리'가 얼마나 될까 계산했다.

계산의 오차는 90킬로미터 남짓이었다.

◆ 알렉산드리아는 이집트 북부에 위치한 도시로, 고대 그리스와 로마 시대에 문화와 학문의 중심지였다.

◆◆ 아스완은 이집트의 남쪽에 위치한 도시로, 나일 강을 따라 흐르는 아스완 댐으로 유명하다.

6월 23일

불

오늘 자정에는 언제나 불을 피운다.

사람들이 엄청나게 큰 모닥불 주위로 몰려든다.

낡은 가구들, 시대에 뒤처진 욕망들, 그리고 세월에 닳은 물건들과 감정들을 불에 던져, 새로운 것이 태어나 자리 잡을 수 있도록 한다.

세계의 북쪽에서 시작된 이 풍속이 전 세계로 퍼져나갔다. 그러나 가톨릭 교회가 성 요한의 밤◆으로 정하기 전까지 이 축제는 이교도의 풍속에 지나지 않았다.

◆ 동유럽과 북유럽에는 6월 23일 '하지 축제'를 즐기는 나라가 많다. 우리보다 위도가 약간 높은 폴란드에서 시작해 북유럽까지, 1년 중 가장 해가 긴 날을 기리는 이 축제는 '성 요한의 날'로 불린다. 여름과 겨울에 해가 떠 있는 시간이 크게 차이 나는 북쪽으로 갈수록 하지 축제를 즐기는 기간이 길고, 폴란드 이남으로 갈수록 하지 축제에 대한 관심이 줄어든다. 폴란드의 경우 책자에 사진이 실릴 정도로만 명맥을 유지하는 반면, 발트 3국으로 올라가면 이 축제는 국가적인 행사가 된다.

6월 24일

태양

오늘, 동트는 순간부터 태양의 축제 '인티 라이미'◆가 안데스의 초원과 산지에서 열린다.

태초에 대지와 하늘은 어두웠으며 밤만이 있었다.

티티카카 호수에서 첫 번째 여자와 첫 번째 남자가 솟아오르자, 태양도 함께 태어났다.

신 중의 신 비라코차가 남자와 여자가 서로 볼 수 있도록 태양을 만들었다고 한다.

◆ 인티 라이미(Inti Raymi)는 남반구에서 동지(북반구의 하지)에 열리는 축제로, 태양신을 기리는 의식이다. 풍작을 기원하고 감사를 표하는 일종의 제의로 시작되었다.

6월 25일
달

중국의 시인인 이백은 762년 오늘 같은 밤에 죽었다.
물에 빠져 죽었다.
뱃놀이 중에 양쯔 강에 비친 달을 껴안으려다 배에서 떨어졌다.
이백은 다른 날 밤에 이미 달을 찾은 적이 있다.

혼자 술을 마시네
가까이엔 친구가 없네
잔을 들어 달과 그림자를 부르니
이제 셋이 되었네
그러나 달은 술을 마실 줄 모르고,
내 그림자는 나만 따라 하네◆

◆ 저자가 이백의 〈월하독작〉의 일부를 에스파냐어로 옮긴 것인데, 정확한 시는 다음과 같다.
花間一壷酒(화간일호주) 활짝 핀 꽃 사이에서 한 동이 술을
独酌無相親(독작무상친) 친구 하나 없이 혼자 마시네
挙杯邀明月(거배요명월) 잔 들어 밝은 달을 맞이하고
対影成三人(대영성삼인) 그림자를 대하니 이제 셋이 되었구나
月既不解飲(월기부해음) 달은 술을 마시지 못하고
影徒随我身(영도수아신) 그림자만 부질없이 나만 따라다니누나

6월 26일
두려움의 왕국

오늘은 고문에 반대하는 날◆이다.

그러나 비극적이고 역설적이게도, 1973년 6월 27일 시작된 우루과이 군부독재가 전국을 고문실로 만들었다.

고문은 정보를 얻는 데 별로, 아니 전혀 쓸모가 없지만 두려움을 심어주는 데는 효과가 있었다. 두려움은 우루과이 사람들에게 입을 다물고 살거나 거짓말을 하도록 만들었다.

망명 중에 나는 다음과 같은 익명의 편지를 받았다.

> 망할 놈의 거짓말, 거짓말하는 것에 익숙해진 내가 정말 싫다.
>
> 그러나 거짓말보다 더 나쁜 것은 거짓말하라고 가르치는 것이다.
>
> 아들이 셋이나 있는데.

◆ 매년 6월 26일은 유엔이 지정한 '세계 고문 희생자 지원의 날'이다. '유엔 고문방지협약'이 발효된 1987년 6월 26일을 기념하며, 고문 범죄 근절을 촉구하고 전 세계 고문 희생자와 생존자를 지원하고자 하는 취지가 담겼다.

6월 27일

우리 모두 죄인이다

14세기 종교재판소가 편찬한 《고문 방법》◆은 고문의 원칙을 밝히고 있다. 가장 중요한 원칙은 다음과 같다.
"대답을 주저하는 자에겐 고문을 해야 한다."

◆ 당시의 종교재판장 니콜라우 에이메리크가 1376년 초에 라틴어로 집필한, 800페이지에 달하는 책. 여러 차례 인쇄되었으며, 17세기까지 에스파냐 종교재판에서 안내서로 사용되었다.

6월 28일

지옥

960년경, 스칸디나비아로 진출한 기독교 선교사◆들은 바이킹을 협박했다. 이교도적인 풍속을 버리지 않으면 영원한 불이 활활 타오르는 지옥에 갈 거라고 으름장을 놓은 것이다.

바이킹들은 환호했다. 그들은 두려움이 아니라 추위에 떨고 있었으므로.

◆ 덴마크는 기독교화가 이뤄진 첫 스칸디나비아 국가로, 국왕 하랄 1세가 서기 975년경 기독교화를 선포했다. 스칸디나비아 지역의 왕들은 960년에서 1020년에 걸쳐 기독교로 개종하였고, 이는 기독교가 정치적으로 유리하다는 판단 때문이었다. 이 과정에서 하지 축제가 성 요한의 날과 연결되는 등 기존 노르딕 전통이 기독교 신앙과 융합되었다.

6월 29일

이곳 너머

오늘은 천국으로 가는 열쇠를 지닌 성 베드로의 날◆이다.

그러나 누구나 곧 알게 될 것이다.

정통한 소식통이 전하듯 천국과 지옥은 이 세계의 또 다른 이름에 불과하며, 우리 한 사람 한 사람이 천국과 지옥을 마음속에 지니고 있다는 사실을.

◆ 교회는 매년 6월 29일을 성 베드로와 성 바오로 사도 대축일로 기념한다. 두 사도가 로마에서 같은 해, 같은 날에 순교했다는 초대 교회의 전통을 계승하는 의미이다.

6월 30일

귀찮은 여자가 태어났다

1819년 오늘, 부에노스아이레스에서 후아나 만소Juana Paula Manso de Noronha가 세례를 받았다.

성수는 그녀를 온유의 길로 인도했지만, 후아나 만소는 결코 온유하지 않았다.

그녀는 온갖 어려움을 이겨내고 아르헨티나와 우루과이에 종교와 무관한 남녀 공학 학교를 세웠다. 이 학교에선 종교 교육을 시키지 않고 체벌을 금했다.

그녀는 최초의 아르헨티나 역사 교과서를 비롯한 많은 책을 썼다.

그중에는 부부의 위선을 강하게 비난하는 소설도 있었다.

아르헨티나에 대중을 위한 첫 번째 도서관을 세우기도 했다.

이혼 자체가 존재하지 않던 시절에 이혼도 했다.

부에노스아이레스의 신문들은 그녀를 욕하는 데 재미를 붙였다.

후아나 만소가 죽자 교회는 그녀의 매장을 거부했다.

오늘의 역사

역사의 오늘

7월

7월 1일

테러리스트 한 명, 명단에서 제외

2008년 오늘, 미국 정부는 '위험한 테러리스트 명단'에서 넬슨 만델라를 지우기로 했다.

지난 60년 동안 세상에서 가장 유명했던 만델라를 미국은 어둠의 명단에 올려두었던 것이다.◆

◆ 미국은 2001년 9.11 테러 이후 남아공의 아파르트헤이트(인종차별정책)에 맞선 아프리카민족회의(ANC)에 테러리스트 딱지를 붙였다. 넬슨 만델라 전 대통령은 노벨평화상을 받았음에도 ANC와의 연관성 때문에 테러리스트 낙인이 찍혀 있었다. 법안을 발의한 하워드 버만 하원 외교위원회 위원장은 "ANC와 만델라를 이처럼 대해온 것은 미국으로서 수치스러운 일"이라고 말했다.

7월 2일
올림픽의 선사 시대

박수갈채를 받은 '다양한 인종의 행진'이 1904년 미국 세인트루이스 올림픽 경기의 시작을 알렸다.
흑인, 원주민, 중국인, 난쟁이, 여성 들이 차례로 행진하였다.
이튿날 시작되어 다섯 달 동안 계속된 경기에는 이들 중 누구도 참가하지 못했다.
가장 열기를 모은 마라톤 경기의 우승자는 백인 남성 '프레드 로즈'였다. 얼마 지나지 않아 그가 절반 정도의 거리를 친구의 자동차를 타고 달린 사실이 밝혀졌다. 이것이 올림픽이 화학 산업과 무관하던 시절의 마지막 덫이었다.
그날 이후 스포츠계는 근대화되었다.
이제 올림픽은 체육인들만의 경쟁이 아니다. 그들을 사로잡은 약국도 함께 경쟁하고 있으니 말이다.

7월 3일

구멍 속 돌멩이

1457년 제임스 2세가 골프를 금지◆한 지 석 달이 흘렀지만, 스코틀랜드인 그 누구도 이에 개의치 않았다.
젊은이들이 공을 치는 데 시간을 낭비하는 대신 국방에 필수적인 궁술에 전념해야 한다고 왕은 재차 강조했지만 아무 소용 없었다.
약 1천 년 전 스코틀랜드의 푸른 초원에서 골프가 탄생했다. 목동들은 토끼굴에 작은 돌멩이를 넣으며 무료함을 달랬다. 이 전통은 도무지 꺾일 기세가 보이지 않았다.
스코틀랜드에는 이 세상에서 가장 오래된 두 개의 골프장이 있는데, 공공시설이라 무료로 입장이 가능하다.
이는 세계적으로도 드문 일이다. 일반적으로 골프는, 모든 사람의 공간과 물까지 차지한 지극히 소수만이 즐길 수 있는 사유화된 스포츠이기 때문이다.

◆ 제임스 2세는 "잉글랜드와의 긴장이 고조되며 나라가 위태로운 상황에서 골프와 축구에 빠져 군사 훈련을 소홀히 해서는 안 된다"는 이유로 골프를 금지하였다. 이는 골프에 대한 가장 오래된 공식적인 기록으로 알려져 있다.

7월 4일
남십자성

1799년 오늘 밤, 알렉산더 폰 훔볼트[◆]와 에메 봉플랑[◆◆]은 남십자성을 발견했다. 그들이 한 번도 본 적이 없는 이 별의 인사를 받은 것은 광활한 바다를 가로질러 항해하고 있을 때였다.

남십자성은 아메리카로 가는 길을 알려주었다.

훔볼트와 봉플랑은 정복하러 온 것이 아니었다. 그들은 아무것도 가져가지 않았으며 많은 것을 선사했다. 모험심 많은 이 과학자들은 우리가 아메리카를 진정으로 이해하고 인식할 수 있게 했다.

몇 년 후, 훔볼트는 아메리카 내륙 여행을 마치고 유럽으로 돌아갔다. 돈 아마도Don Amado로 불린 에메는 제2의 고향이 된 아메리카에 머무르기로 했다.

생을 마감할 때까지 돈 아마도는 알려지지 않은 수많은 식물을 채집하고 분류하였다. 잊혔던 원주민 전통의학에서 쓰이던 풀들을 되살려냈고, 모두를 위해 무료로 대체 의약품을 제공하는 녹색 약국을 만들었다. 밭을 갈고 씨를 뿌리고 추수를 했고, 아이들과 닭을 기르고, 배우고 가르쳤다. 감옥에 가기도 했고 이웃에 대한 사랑을 실천했다. (그는 언제나 '이웃들이 먼저 사랑을 주었다'고 이야기하곤 했다.)

◆ 알렉산더 폰 훔볼트(Friedrich Wilhelm Heinrich Alexander Freiherr von Humboldt, 1769-1859)는 도이칠란트의 지리학자, 자연과학자, 박물학자, 탐험가로, 남아메리카 대륙과 중앙아시아를 탐험한 후 근대 지리학의 금자탑으로 평가받는 대작 《코스모스》를 썼다.

◆◆ 에메 봉플랑(Aimé Bonpland, 1773-1858)은 1799년부터 1804년까지 알렉산더 폰 훔볼트와 함께 라틴아메리카를 여행한 프랑스 탐험가이자 식물학자이다. 그는 거의 알려지지 않은 6천여 종의 식물을 수집하고 분류하였고, 《적도 식물》이라는 책으로 발간하였다.

7월 5일
웃을 권리

성서에 의하면 이스라엘의 솔로몬 왕은 웃음에 대해 그리 긍정적이지 않았다.
그는 "내가 웃음에 관하여 이르기를 그것은 미친짓이라"라고 이야기했다.
기쁨에 대해서는, "이것이 무슨 소용이 있는가?"라고 했다.
복음서에 따르면 예수는 한 번도 웃지 않았다.
죄 짓지 않고 웃을 권리는 1182년 오늘 아시시에서 프란치스코◆라는 이름의 아기가 태어날 때까지 기다려야만 했다.
아시시의 성 프란치스코는 방글방글 웃으며 태어났고, 몇 년 후 제자인 수도사들에게 이렇게 가르쳤다.
"즐겁게 사세요. 슬픈 모습이나, 찡그린 모습, 위선적인 모습을 보이지 않도록 조심해야 합니다."

◆ 아시시의 성 프란치스코(San Francesco d'Assisi, 1182-1226)는 이탈리아에서 활동한 가톨릭 성인이자 프란치스코회의 창립자이다. 부유한 상인의 아들로 태어났으나, 젊은 나이에 세속적인 삶을 포기하고 가난과 겸손을 추구하는 수도사의 길을 선택했다. 모든 피조물에 대한 사랑과 평화, 그리고 환경에 대한 깊은 존중으로 유명하며, 자연과 조화를 이루며 겸손하게 살아가는 삶을 강조했다. 프란치스코는 가난한 사람들과 병든 이들을 돌보는 일에 헌신했다. 1228년 교황 그레고리오 9세에 의해 성인으로 선포되었다.

7월 6일
나를 속여봐!

1810년 오늘, 미국 코네티컷에서 피니어스 바넘◆이라는 이름의 아이가 세례를 받았다.
어른이 된 그는 세상에서 가장 유명한 서커스를 만들었다.
희한한 것과 괴이한 것을 모아둔 박물관과도 같은 그의 서커스를 보러 사람들이 몰려들었다. 조지 워싱턴에게 젖을 주었던 161세의 맹인 노예 앞에선 경건하게 몸을 숙여 인사했으며, 키가 64센티미터인 나폴레옹 보나파르트의 손엔 입을 맞췄다. 샴쌍둥이 형제였던 창과 엥이 잘 붙어 있는지, 서커스의 세 인어가 진짜 물고기 꼬리를 가졌는지도 확인하였다.
바넘은 시대를 불문하고 모든 정치인의 부러움을 산 사람이다. 그는 자신의 위대한 발견, 즉 '사람들은 속는 것을 좋아한다'라는 사실을 누구보다 잘 이용한 사람이었다.

◆ 피니어스 바넘(Phineas Barnum)의 삶은 〈위대한 쇼맨〉이라는 영화로도 만들어졌다. 그러나 영화가 바넘의 삶을 지나치게 미화했다는 지적을 받기도 했다.

7월 7일
프리다 마니아

1954년 공산주의를 신봉하는 시위대가 멕시코시티를 행진했다.
프리다 칼로도 휠체어를 타고 그 자리에 함께했다.
그녀가 살아 있는 모습으로 목격된 마지막 순간이었다.
얼마 뒤 프리다 칼로는 소리 소문 없이 세상을 떴다.
몇 년이 지나자 프리다를 광적으로 좋아하는 사람들이 생기며 그녀를 다시 소환했다.
그것은 부활이었을까, 사업이었을까? 성공과 아름다움에 대한 열망과는 거리가 멀었던, 짙은 눈썹과 콧수염, 수많은 바늘과 핀을 적극적으로 보여주었던, 조금은 모질다 싶을 정도의 자화상을 그렸던 화가. 32번의 수술로 난도질당한 화가가 이런 대접을 받을 자격이 있었을까?
이 모든 것이 상업적인 조작에 불과한 것일까? 혹은 고통을 색채로 바꿀 줄 알았던 여인을 기리기 위해 시대가 바친 경의에서 비롯된 걸까?

7월 8일

영원한 지도자

1994년 '불멸의 인간'이 죽었다.

그는 죽었으나 죽지 않았다.

그가 직접 만든 '조선민주주의인민공화국 사회주의헌법'에 따르면, 김일성은 전 인류의 새로운 시대의 첫날에 태어났으며 영원한 주석이다.

그가 연 '새로운 시대'는 지금도 그대로이고, 그 역시 마찬가지이다. 나라에서 가장 큰 조형물인 어마어마하게 큰 동상 위에서, 김일성은 여전히 명령을 내리고 있다.

7월 9일
밤이 감춘 태양들

1909년 브라질 북동부에서 비탈리누◆가 태어났다.
그는 아무것도 자라지 않던 메마른 땅에 물기를 더한 진흙으로 아이들을 만들었다.
처음에 그것은 유년 시절을 함께 보낼 장난감에 불과했다.
시간이 흐르자 장난감들은 작은 조각상, 호랑이와 사냥꾼, 괭이로 단단한 땅을 파는 농부, 총을 든 사막의 전사, 가뭄으로 쫓겨난 사람들의 행렬, 기타 연주자, 무용수, 연인들, 부활절 행렬, 성자들의 모습으로 변했다.
그렇게 비탈리누의 마법의 손은 사람들의 축제와 비극의 이야기를 전했다.

◆ 비탈리누 페레이라 도스 산토스(Vitalino Pereira dos Santos, 1909-1963)는 20세기 브라질을 대표하는 민속 예술가로, 브라질의 토착 예술인 토기 예술을 선보였다.

7월 10일

소설 창작

1844년 이 불길한 날, 프랑스인들은 마침내 읽을거리를 잃었다. 〈세기〉가 전 프랑스인이 열광하던 모험소설 16장의 마지막 장을 실은 것이다.

이제 세상은 어떻게 될까? 사실은 네 명이던 '삼총사'가 없다면, 누가 왕비의 명예를 위해 매일 목숨을 바칠까?

작가인 알렉상드르 뒤마는 하루에 6천 단어를 쓰는 속도로 이 작품을 비롯해 300편 이상의 작품을 썼다. 그를 시기하던 사람들은 그가 다른 사람의 책이나 다른 작품을 표절한 작품에 서명하는 습관이 있을 거라고, 혹은 푼돈을 받고 일하는 문필 노동자를 고용한 덕분에 육상 경기를 방불케 하는 이 같은 문학적 위업이 가능했다고 말한다.

그의 배를 빵빵하게 채웠을지는 모르나 주머니는 텅 비게 했을 끝없이 이어진 연회가 연달아 작품을 쓰게 만들었으리라.

예컨대 프랑스 정부는 소설 《몬테비데오 혹은 새로운 트로이》◆의 원고료를 기꺼이 지불했다. 아돌프 티에르Adolphe Thiers가 '우리 식민지 몬테비데오'라고 불렀던 이 작품은, 뒤마는 귀동냥으로도 들은 바 없는 '항구를 지켜낸 영웅들'에게 헌정되었다. 이 작품은 뒤마가 '문명의 끔찍한 고통'이라고 불렀던 초원에서 살아가던 맨발의 가우초◆◆에 맞서 항구를 지켜낸 것에 바쳐진 영웅적인 서사였다.

◆ 우루과이의 역사를 에스파냐 식민지 시대부터 내전까지 서술한 작품. 뒤마는 우루과이의 독립을 이끈 호세 제르바시오 아르티가스를 '야만인'으로 묘사한다.

◆◆ 남아메리카의 팜파스에서 소를 치는 카우보이.

7월 11일
눈물 제조기

1941년 첫 번째 라디오 드라마에 전 브라질이 눈물바다가 되었다.

콜게이트 치약이 제공하는…
〈행복을 찾아서〉◆

쿠바에서 수입된 이 드라마는 브라질 사정에 맞게 각색되었다. 등장인물들은 경제적으로는 여유가 있지만 저마다 불행한 사람들이다. 그들이 행복을 잡으려 할 때마다 잔인한 운명은 모든 것을 잃게 만들었다.
이렇게 3년여가 지났다. 한 회 한 회 에피소드가 흘러갔다. '소설의 시간'이 왔을 때는 모기조차 날아다니지 않았다. 브라질 내륙 깊숙한 오지 마을엔 라디오조차 없었으나, 몇 킬로미터를 달려가 드라마를 듣고 잘 기억했다가 단숨에 돌아올 준비가 된 사람들이 있었다. 말을 타고 달려온 사람이 자신이 들은 라디오 드라마를 풀어놓았다. 그의 이야기는 원래보다 더 길어지기 일쑤였는데, 최후의 불행을 간절히 맛보고 싶었던 가난한 이웃을 불러 모아, 부자들에 대해 연민을 느끼고 돈으로 환산할 수 없는 즐거움을 맛보게 했다.

◆ 〈행복을 찾아서(Em Busca da Felicidade)〉는 한 부부가 외도로 태어난 딸을 입양하고 그 사실을 숨기는 내용이다. 어느 날, 딸이 진실을 알게 되고, 어머니와 함께 살기로 결정한다. 부부는 이혼을 결심하지만, 미국으로 여행을 떠나며 사고를 당하게 된다.

7월 12일
득점자를 위한 상품

잠피에로 보니페르티는 1949년 이탈리아 축구 선수권 대회의 득점왕이자 가장 빛나는 스타였다.
들리는 이야기에 따르면 그는 거꾸로 태어났으며, 세상으로 나오면서 허공에 발길질을 했다. 요람에서 이미 축구선수로의 영광을 향한 긴 여정을 시작한 것이다.
당시 유벤투스 FC는 1골당 암소 한 마리를 주었다.
참으로 독특한 시절이었다.

7월 13일
세기의 골

2002년 오늘, 최고의 축구 단체는 "20세기 최고의 골은?"이라는 설문 조사 결과를 발표하였다.

1986년 월드컵에서 나왔던 마라도나의 골이 압도적인 지지를 받았다. 그는 축구공을 발에 붙인 듯 춤을 추며 여섯 명의 영국 선수를 제쳤다. 이것이 마누엘 알바 올리바레스가 본 마지막 세계였다.

당시 11살이던 그는, 이 마술과도 같은 순간에 영원히 시력을 잃게 되었다. 그는 마라도나의 골을 기억 속에 영원히 간직했고, 어떤 아나운서보다도 더 멋지게 그 장면을 이야기했다.

그날 이후, 마누엘은 친구들의 눈에 의지해 축구를 비롯한 여타 그다지 중요하지 않은 것을 보았다. 맹인이 된 이 콜롬비아 소년은 친구들 덕분에 축구 클럽을 만들어 지도할 수 있었다. 그는 지금도 계속해서 이 팀의 기술 감독을 맡고 있다. 라디오 프로그램에서 경기에 대해 논평하고, 청중을 즐겁게 해주기 위해 노래도 한다. 여가시간엔 변호사로 일하기도 한다.

7월 14일

패한 선수들의 가방

헬레나 비야그라[◆]는 꿈에서 어마어마하게 큰 가방을 보았다. 그녀는 아주 오래된 것으로 보이는 열쇠로 가방을 열었는데, 가방에서 잃어버린 골, 실축한 패널티킥, 패배한 팀 등이 쏟아져 나왔다. 그러자 잃어버린 골은 골문 안으로 들어갔고, 빗나간 공은 방향을 바로잡았다. 패자들이 승리를 즐겼다. 거꾸로 뒤집힌 경기는 끝날 생각을 하지 않았다. 공은 계속해서 날아다녔고, 꿈 역시 마찬가지였다.

◆ 저자 에두아르도 갈레아노의 부인이다.

7월 15일
살풀이 의식

월드컵 결승전 전야인 1950년 오늘 밤, 모아시르 바르보자◆는 천사들의 자장가를 들으며 잠이 들었다.

그는 모든 브라질 사람의 사랑을 받았다.

그러나 이튿날, 세계 최고의 골키퍼였던 그는 조국의 반역자가 되고 말았다. 브라질이 차지할 월드컵 트로피를 앗아간 우루과이의 골을 막지 못한 것이다.

13년 후, 마라카낭 경기장이 골대를 바꿨을 때, 바르보자는 골을 먹고 망신을 당했던 골문 기둥 세 개를 가져갔다. 그러고는 도끼로 쪼개 재가 될 때까지 태웠다.

이 같은 살풀이에도 그는 평생 저주에서 벗어나지 못했다.

◆ 모아시르 바르보자 나시멘투(Moacir Barbosa Nascimento)가 허용한 두 골 모두 골키퍼의 실수로 인한 것이 아니었지만, 브라질 축구팬은 이를 용납하지 않았다. 이후 그는 국가대표팀에서 퇴출되다시피 했다. 1963년에 마라카낭 경기장 골대를 태운 후에도 비극은 이어졌다. 그는 라디오 중계에 참여하려 했지만 거절당했고, 대표팀 훈련장을 방문하려 했으나 역시 거절당했다.

브라질 축구팀의 셔츠는 흰색이었다. 그러나 1950년 월드컵 때 이 색이 불행을 안겨준다는 사실을 확인한 후 브라질팀은 두 번 다시 흰색 셔츠를 입지 않았다.
결승전이 끝났을 때 마라카낭 경기장에 들어찬, 돌처럼 굳어버린 20만 명의 관중은 우루과이가 세계 챔피언이 된 후에도 꼼짝도 하지 않았다.
경기장에선 몇몇 선수들이 여전히 서성이고 있었다.
최고 선수 두 명이, 우루과이의 옵둘리오와 브라질의 지지뉴가 엇갈렸다.
두 사람은 엇갈리며 서로를 바라보았다.
그러나 두 사람의 모습은 완전히 달랐다. 승자인 옵둘리오는 강철로 만들어진 듯 늠름했지만, 패자인 지지뉴의 모습에선 슬픈 음악이 묻어나는 듯했다. 그럼에도 두 사람은 닮은 점이 상당히 많았다. 둘 다 전 경기를 부상당한 채 뛰었다. 한 사람은 발목에 염증이 있었고, 다른 사람은 무릎이 부어 있었다. 그러나 둘 다 불평 한마디 하지 않았다.
경기가 끝나자 주먹질을 해야 할지 포옹을 해야 할지 알 수 없었다.
몇 년 뒤, 나는 옵둘리오에게 물었다.
"지지뉴 만나봤어요?"
"물론이죠. 가끔 봐요. 눈만 감으면 선한걸요."

7월 17일
정의의 날◆

여왕이 말했다.
"여기 왕의 고문관이 있는데 지금 잡혀서 벌을 받고 있지. 그의 재판은 다음 수요일 전에 시작될 거야. 물론 마지막엔 죄를 지을 거야."
"만약 죄를 범하지 않으면요?" 앨리스가 말했다.

– 루이스 캐럴의 《이상한 나라의 앨리스》의 후속작으로 1872년◆◆ 출간된 《거울 나라의 앨리스》에서

◆ 7월 17일은 '국제 형사 사법 정의의 날'이다.
◆◆ 《거울 나라의 앨리스》는 사실 1871년 12월에 출간되었다.

7월 18일

역사는 주사위 게임이다

에페소스에 지어진 아르테미스 여신의 사원은 짓는 데만 120년이 걸렸다. 여신은 이 건축물이 세계 불가사의 중의 하나라는 사실을 잘 알고 있었다.

기원전 356년, 사원은 하룻밤 사이 잿더미가 되었다.

사원을 만든 사람이 누군지는 아무도 모른다. 그런데 반대로 사원을 없앤 사람의 이름은 아직도 전해진다. 방화범인 헤로스트라토스는 역사의 한 페이지가 되고 싶어했고, 결국 그렇게 되었다.

7월 19일

카리오카 해변의 첫 관광객

1810년 포르투갈의 마리아 여왕의 아들 주앙 왕자는 의사의 충고를 듣고 리우데자네이루 항의 해변을 방문했다.

왕자는 신을 신은 채 커다란 통을 타고 바다에 들어갔다. 그는 게와 파도를 두려워했다.

그가 과감히 모범을 보였지만 아무도 따라 하지 않았다. 밤만 되면 흑인 노예들이 주인들의 쓰레기를 비우는 탓에 리우의 해변은 지저분하기 짝이 없는 쓰레기장이었다.

시간이 흐르고 20세기가 되자 리우의 해변은 상당히 개선된 해수욕장을 제공하게 되었다. 한 가지 분명한 것은, 예의 규범에 따라 신사 숙녀들을 잘 나누었다는 점이다.

해변에 있으려면 반드시 옷을 입어야 했다. 지금은 누드 비치로 알려진 그곳에서 남자들은 발목까지 오는 옷을 입고 물에 들어갔으며, 여자들은 혹시라도 햇볕 때문에 피부가 가무잡잡한 흑인 혼혈인 물라토가 될까 봐 창백한 몸뚱이를 머리부터 발까지 감춰야 했다.

7월 20일
침입자

1951년 〈라이프〉에 실린 사진 한 장이 뉴욕 미술계에 파문을 일으켰다.

뉴욕 시에서 예술적 차원에서 가려 뽑은 최고의 전위주의 화가들이 한자리에 모였다. 마크 로스코, 잭슨 폴록, 윌렘 드 쿠닝 그리고 11명의 추상표현주의 작가들이었다.

남자 일색인 이 사진의 뒷줄에 검은 코트, 작은 모자, 핸드백을 든 모르는 여자가 있었다.

사진 속 남자들은 엉뚱한 여자에 대해 불쾌한 감정을 숨기지 않았다.

누군가 이 침입자에 대해 쓸데없는 변명을 늘어놓으며, 이렇게 칭찬했다.

“그 여자는 꼭 남자처럼 그림을 그린다니까.”

그녀의 이름은 헤다 스턴◆이었다.

◆ 헤다 스턴(Hedda Sterne, 1910-2011)은 루마니아 출신 미국 화가로, 추상표현주의와 초현실주의 계열 그림을 그렸다.

7월 21일

다른 우주비행사

1969년 오늘, 전 세계 신문 1면에 세기의 사진이 실렸다. 우주비행사들이 곰처럼 달을 걷고 있는 사진이었다. 달에 인간의 첫 번째 흔적을 새긴 것이다.

그러나 이 위업의 핵심 주인공은 마땅히 받아야 할 축하를 받지 못했다.

베르너 폰 브라운◆은 우주선을 만들고 발사한 사람이다.

미국의 지원을 받아 우주 정복 사업을 계획하기 전에 폰 브라운은 도이칠란트의 지원을 받아 유럽 정복 사업을 추진한 바 있다.

게슈타포 장교였던 이 엔지니어는 히틀러가 가장 총애한 과학자이기도 했다.

그러나 전쟁이 끝난 다음 날 기막힌 도약을 해냈고, 결국 바다 건너에 안착했다.

그는 곧바로 새로운 조국의 애국자가 되었을 뿐만 아니라, 텍사스 복음주의 종파의 열렬한 신봉자가 되었다. 그리고 우주 연구소에서 일하기 시작했다.

◆ 베르너 마그누스 막시밀리안 폰 브라운 남작(Wernher Magnus Maximilian Freiherr von Braun, 1912-1977)은 도이칠란트 출신 미국인 로켓 과학자이다. 나치에 협력하여 V시리즈 로켓을 개발했고, 그중 V-2 로켓이 가장 유명하다.

7월 22일

다른 달

달에 도착한 첫 번째 사람은 우주비행사들이 아니다.
1800년 전, 사모사타 출신인 성 루치아노는 달을 방문한 일이 있었다.
아무도 그 사실을 본 사람이 없고, 아무도 믿지 않는다. 그러나 그는 그리스어로 그 사실을 적어놓았다.
150년경 루치아노와 그의 선원들은 오늘날 지브롤터 해협에 있는 헤라클레스의 기둥을 향해 항해를 시작했는데, 거센 폭풍이 배를 휘감아 선원들을 하늘로 날리더니 결국 달에 던져놓았다.
달에 갔지만 아무도 죽지 않았다. 다만 심하게 늙은 선원은 허공에서 녹아버렸다. 달나라 사람들은 연기를 먹고, 우유로 된 땀을 흘렸다. 부자들은 크리스털로 된 옷을 입었으며, 가난한 사람은 옷을 입지 않았다. 부자들은 눈이 많았는데, 가난한 사람은 눈이 하나이거나 아예 없었다.
달나라 사람은 지구인들이 하는 모든 행동을 거울을 통해 보고 있었다. 루치아노와 선원들 역시 달에서 매일 아테네 소식을 전해 들었다.

7월 23일

쌍둥이

1944년 여행자들의 천국인 브레턴우즈에서 인류에게 필요한 쌍둥이 형제가 태동하고 있음이 확인되었다.◆

하나는 국제통화기금이었고 다른 하나는 세계은행이었다.

로마의 로물루스와 레무스가 그랬듯 쌍둥이 역시 늑대의 젖을 먹고 자랐다. 그들은 백악관 근처의 워싱턴에 자리를 잡았다.

쌍둥이는 전 세계 정부를 다스렸다. 아무도 쌍둥이를 선택하지 않았던 나라에도 숙명과도 같은 복종의 의무를 강요하였다. 감시하고, 위협하고, 처벌하고, 시험을 봤다.

"잘하고 있지? 숙제는 다 했어?"

◆ 1944년, 미국 뉴햄프셔 주 브레턴우즈에서 열린, 44개국이 참가한 연합국 통화 금융 회의에서 탄생한 국제 통화 체제를 흔히 '브레턴우즈 체제'라 부른다. 미국 달러를 기축 통화로 하는 금환본위제를 실시하였으며, 달러만이 공식적으로 금과 교환 가능한 통화로 인정되었고, 이를 통해 환율 안정과 국제 무역 증진을 꾀하였다. 이에 따라 국제통화기금(IMF)과 세계은행(World Bank)이 설립되었다.

7월 24일
죄인들은 저주받을 거야

예수와 사도들이 사용했던 아람어에서는 '빚'이라는 단어에 '죄'라는 의미도 있다.
2천 년 후 가난한 사람들의 빚은 가장 끔찍한 벌을 받아야 하는 죄가 되었다. 사유재산은 재산을 빼앗긴 사람들을 벌하고 있다.

7월 25일

전염병을 퍼트리는 방법

14세기 가톨릭을 광적으로 맹신했던 수도원장들은 유럽의 각 도시에서 고양이에 대한 전쟁을 선포했다.
악마의 가축이자 사탄의 도구였던 고양이◆들은 십자가에 못 박히거나, 몽둥이질을 당하거나, 산 채로 가죽이 벗겨지거나, 화형에 처해졌다.
그러자 '최악의 적'으로부터 해방된 쥐들이 도시의 주인이 되었다. 쥐들이 옮긴 흑사병으로 인해 3천만 명의 유럽인이 죽었다.

◆ 마녀사냥이 만연해 있던 중세에 고양이는 마녀와 연결된 '악마의 동반자'로 여겨졌다. 교황청은 1233년에 칙서를 발표하여 고양이를 악마의 분신으로 규정하고, 고양이를 키우는 사람도 처벌할 수 있도록 하였다. 이러한 박해는 15세기에 이르기까지 지속되었다.

7월 26일
하늘에서 고양이들이 내려온 날

커다란 섬 보르네오에서는 고양이들이 바퀴벌레를 먹고 사는 도마뱀을 잡아먹었고, 바퀴벌레들은 모기를 잡아먹는 말벌을 잡아먹었다.
DDT는 그들의 메뉴에 없었다.
20세기 중반에 세계보건기구는 말라리아와 싸우기 위해 엄청난 양의 DDT를 섬에 쏟아부었고, 자연히 모기뿐만 아니라 다른 것들도 다 죽었다.
고양이들이 중독되어 죽었다는 사실을 알게 된 쥐들이 이 섬을 공격했고, 들녘의 과일들을 먹어치웠으며, 장티푸스와 여타 재앙을 퍼뜨렸다.
예기치 못했던 쥐들의 공격에 세계보건기구 전문가들은 위기관리위원회를 소집했고 고양이들을 투입하기로 결정했다.
1960년 이맘때, 수십 마리의 고양이들이 비행기를 타고 보르네오섬의 하늘을 가로질렀다.
고양이들은 국제원조로부터 살아남은 인간들의 열렬한 환영을 받으며 부드럽게 착륙했다.

7월 27일
프라하의 기관차

오늘, 헬싱키에서 1952년 올림픽이 막을 내렸다.
기관차처럼 강하고 빨랐던 무적의 장거리 달리기 선수 에밀 자토페크◆는 3개의 금메달을 땄다.
그의 조국은 그를 국민 영웅으로 선포했고 체코슬로바키아 군대의 대령으로 임명했다.
몇 년 뒤인 1968년, 자토페크는 대중 봉기를 지지했고, 소련의 침공에 반기를 들었다.
대령이었던 그는 청소부로 내몰렸다.

◆ 에밀 자토페크(Emil Zátopek)는 당대 최고의 장거리 달리기 선수로, 전무후무한 기록을 세웠다. 그는 효율적인 주법으로 여겨지던 것과는 전혀 다른, 얼굴을 찡그리고 거친 숨을 쉬며 몸을 흔들며 달리는 주법을 취해 '인간 기관차'라는 별명을 얻었다.

7월 28일

유언

1890년 빈센트 반 고흐는 동생인 테오에게 보낸 편지에 이렇게 썼다.

"내 그림이 스스로 말할 수 있게 해주렴."

다음 날 그는 삶을 마감했다.

그의 그림은 지금도 계속해서 이야기를 전하고 있다.

7월 29일
우리는 다른 시대를 원한다

1830년, 사흘 내내◆ 6천 개의 바리케이드가 파리 시내 전체를 전장으로 만들고 왕의 군대를 공격했다.
낮이 밤으로 바뀌자 수많은 군중이 몰려나와 돌팔매질과 총질로 시계를 벌집으로 만들었다. 교회와 권력을 비호했던 사원에 걸렸던 시계들을.

◆ 1830년 7월 27일부터 29일까지 프랑스에서 일어난 7월 혁명(영광의 사흘)을 이른다.

7월 30일
우정의 날

카를로스 폰세카 아마도르[◆]는, 친구란 앞에서 비판하고 뒤에서 칭찬하는 사람이라고 이야기했다.
경험에 의하면, 진짜 친구는 사계절 내내 친구인 사람이다. 여름 한철만 친구인 척하는 사람도 많다.

◆ 카를로스 폰세카 아마도르(Carlos Fonseca Amador, 1936-1976)는 니카라과의 소모사 독재 정권에 맞서 산디니스타 민족 해방 전선(FSLN)을 창설한 혁명가이다.

7월 31일

예고된 시대

고대에 '사물들의 반란'이 있었다.

마야인들이 아는 바에 따르면, 옛날 옛적엔 불에 그을린 냄비, 깨진 맷돌, 이가 빠진 칼, 깨진 뚝배기 같은, 인간이 함부로 다룬 주방용품들이 반란을 일으켰다고 한다.

많은 시간이 흐른 뒤, 유카탄의 플랜테이션 농장에선 물건 취급을 받으며 노예 생활을 하던 마야인들이 등 뒤에도 귀가 있다며 채찍으로 명령을 내리던 주인들에 대항해 들고일어났다.

1847년 이날 밤, 전쟁이 일어났다. 반세기에 걸쳐 노예들이 플랜테이션 농장을 점거하고, 그들의, 그리고 그들의 아들과 아들의 아들들의 노예 신분을 합법화했던 문서를 태웠다.

8월

8월 1일

땅에 계시는 우리 어머니

오늘, 안데스의 마을에서 대지의 어머니 '파차마마'가 성대한 축제를 열었다. 끝없이 펼쳐지던 축제 기간에 아들들은 춤추고 노래했다. 그리고 그들을 기쁨에 젖게 한 독한 술 한 모금과 맛있는 옥수수 성찬 한입에 대지의 여신을 초대했다.
마침내 그들은 어머니 대지에 용서를 빌었다. 그동안 수많은 상처를 입히고, 헐벗게 만들고, 중독시킨 것에 대해. 그러고는 지진과 엄청난 추위, 가뭄, 홍수, 여타 분노로 벌하지 말아달라고 간절히 빌었다. 이것은 아메리카에서 가장 오래된 신앙이었다.
치아파스에 사는 마야 인디오 토호라발족은 이런 식으로 어머니 대지에 인사한다.

> 당신은 우리에게 강낭콩을 주셨습니다.
> 고추와 토르티야와 함께 먹으면
> 입에서 살살 녹는 강낭콩을.
> 옥수수와 맛있는 커피도 주셨습니다.
> 사랑하는 어머니,
> 우리를 굽어살피소서.
> 우리가 당신을 팔아넘기는 일이
> 절대 일어나지 않게 하소서.

대지의 어머니는 하늘에 머무르지 않는다. 이 세상 저 깊은 지하에서 살며, 그곳에서 우리를 기다리고 있다. 우리에게 먹을 것을 주는 이 땅이 곧 언젠가는 우리를 집어삼킬 땅이기에.

8월 2일

챔피언

1980년 오늘, 콜롬비아의 복싱 챔피언 키드 팜벨레는 케이오되어 링 위에 누웠고, 세계 챔피언 왕관을 잃었다. 그는 반란을 일으킨 노예들의 피신처였던 팔렌케에서 태어나, 챔피언이 되기 전까지 지도에서조차 사라진 작은 마을에서 신문을 팔거나 구두를 닦으며 복싱으로 밥벌이를 했다.

8년 동안 챔피언으로서의 영광을 지키며 그는 100번 이상 링에 올라 단 12번만 패배했다.

그러나 벽에 드리운 자기 그림자에게 주먹질을 하는 것으로 끝을 맺었다.

8월 3일
연인들

이 이야기는 인간의 뜨거운 사랑을 질투한 신들이 베 짜는 여인 '직녀'와 그녀의 애인을 벌하며 시작되었다. 신들은 두 사람의 포옹을 끊고 고독이라는 벌을 내렸다. 그때부터 두 사람은 건너는 것 자체가 불가능했던 거대한 하늘의 강 은하수를 사이에 두고 떨어져 지내야만 했다. 그러나 1년에 단 한 번, 음력 7월 7일 밤에 두 사람의 만남이 허락되었다.

날개를 모아 밤의 다리를 놓은 까치들이 두 사람을 만나게 해주었다.

베를 짜고 자수를 놓고 바느질하는 중국 여인들은 비가 오지 말라고 빌었다.

비가 오지 않으면 베 짜는 여인 직녀는 길을 나섰다. 입고 있던, 그러나 곧 벗게 될 옷은 직녀가 직접 장인의 솜씨로 만든 옷이었다.

하지만 비가 오면 까치들이 모일 수 없었고, 떨어져 지내던 두 사람을 하나로 합치게 하는 다리도 만들어지지 않았다. 그럴 때면 땅에서도 사랑과 바늘의 예술을 기리는 축제가 열리지 않았다.

8월 4일
중요한 옷

2천 년 전, 먀오족[◆]의 거대한 도시가 무너졌다.

고대 중국의 기록에 따르면, 황하와 양쯔 강 사이의 거대한 초원 어딘가에 먀오족이라 불리는, 날개 달린 종족이 살고 있었다.

오늘날 중국에는 천만 명에 가까운 먀오족이 살고 있다. 문자는 없지만 고유의 언어를 가지고 있다. 이들은 잃어버린 시절의 위대함을 이야기하는 옷을 입고 지낸다. 자신들의 기원과 탈출, 탄생과 장례, 신과 인간의 전쟁, 그리고 지금은 사라진 기념비적인 도시의 이야기를 비단으로 엮어냈다.

"우리는 이 모든 걸 입고 다닌다." 가장 나이가 많은 노인이 이 옷에 대해 설명한다. "문은 옷의 모자에 있다. 거리는 망토에 아로새겨져 있고, 견장엔 채소밭이 넓게 펼쳐져 있다."

◆ 먀오족은 중국의 56개 소수민족 중 하나이다. 한족에 의해 끝없는 고난을 당하였으나, 지적 능력이 뛰어나고 저항과 독립성이 강해 '아시아의 유대인'이라 불린다.

8월 5일

세 번 태어난 거짓말쟁이

1881년 피노키오는 태어난 지 겨우 두 달 만에, 이탈리아 어린이들의 아이돌 같은 존재가 되었다.

피노키오의 모험을 이야기한 책은 흡사 캐러멜처럼 팔려나갔다.

목수인 제페토가 피노키오를 만들었으며, 작가인 카를로 콜로디◆가 제페토를 만들었다. 제페토가 소나무 손을 만들어주자마자 피노키오는 가발을 날려 그의 대머리가 드러나게 했다. 그리고 다리를 만들어주자마자 피노키오는 나는 듯이 달려가 그를 경찰에 고발하였다.

콜로디는 견디기 힘든 이 말썽꾸러기 인형의 말썽에 질린 나머지 피노키오를 목매달기로 했고, 결국 참나무 가지에 그를 매달았다. 그러나 잠시 후 이탈리아 어린이들의 성화에 못 이겨 다시 살려낼 수밖에 없었다. 덕분에 피노키오는 두 번째로 태어날 수 있었다.

세 번째 탄생까진 상당히 오랜 시간이 걸렸다. 1940년 월트 디즈니가 할리우드에서 그에게 세례를 주었다. 피노키오는 꿀과 눈물이 섞인 젤리에서 뛰쳐나와, 기적적인 축복을 받으며 다시 생명을 얻었다.

◆ 카를로 콜로디는 이탈리아의 작가로, 본명은 카를로 로렌치니(Carlo Lorenzini)이다. 세계적으로 유명한 동화 《피노키오의 모험》의 작가이자, 이탈리아 육군으로도 복무했다.

8월 6일

하느님의 폭탄

1945년 오늘이 태어나던 순간, 히로시마는 죽음에 던져졌다. 원자폭탄의 세계적인 등장에 히로시마와 히로시마 시민들은 순식간에 잿더미가 되어버렸다.

소수의 생존자는 팔다리를 잃고 매캐한 연기 속에 폐허로 변해버린 도시를 몽유병자처럼 떠돌았다. 그들은 벌거벗을 수밖에 없었다. 폭발 당시 입고 있었던 옷은 그들의 몸에 화상으로 새겨졌다. 남아 있던 벽의 잔재엔 원자폭탄의 섬광이 존재했던 것의 그림자를 남겨놓았다. 팔을 든 여인들, 남자, 묶여 있던 말….

사흘 뒤 해리 트루먼 대통령은 라디오 연설을 했다.

"적의 손이 아닌 우리 손에 폭탄을 안겨주신 하느님께 감사드립시다. 주님의 길 그리고 주님의 의지에 따라 우리가 폭탄을 사용할 수 있도록 인도하길 간구합시다."

8월 7일

나를 감시하라

1876년 오늘, 마타 하리◆가 태어났다.

제1차 세계대전 중 마타 하리는 호화로운 잠자리를 전장 삼아 활동했다. 고위 군부 장성들과 권력을 쥔 정치인들은 그녀가 가진 매력에 굴복해 비밀을 털어놓았고, 그녀는 이를 프랑스나 도이칠란트 혹은 더 많은 돈을 지불한 나라에 팔았다.

1917년, 마타 하리는 사형 선고를 받았다.

전 세계가 열렬히 원했던 스파이가 사형 집행의 총알에 작별의 키스를 던졌다.

12명 중 8명의 병사가 엉뚱한 곳에 총을 쏘았다.◆◆

◆ 마타 하리는 네덜란드 출신의 무용가로, 본명은 마르하레타 헤이르트라위다 젤러이다. 마타 하리는 인도네시아어로 '여명의 눈동자'라는 뜻이다.

◆◆ 프랑스 정보부는 마타 하리의 스파이 행위에 대해 확신하지 못하면서도 사형 판결을 내렸다. 프랑스에 앞서 그를 체포했던 영국 정보부가 무혐의 결론을 내렸다는 내용의 극비 문서가 1999년 기밀이 해제되어 공개되기도 했다.

8월 8일
망할 놈의 아메리카

1553년 오늘 이탈리아의 의사이자 작가인 지롤라모 프라카스토로◆가 죽었다.

수많은 전염병 중에서도 매독을 집중적으로 연구했던 프라카스토로는 이 유럽의 전염병이 아메리카 원주민들에게서 온 것이 아니라는 결론을 냈다.

오늘날, 과학자이자 문학가라는 점에서 프라카스토로와 같은 길을 걸은 브라질의 모아시르 스클리아르 역시 이 저주받은 전염병의 아메리카 기원설을 부인하였다. 신대륙 정복 이전부터 이미 존재했던 매독을 프랑스인들은 '이탈리아 병'이라고 불렀고, 이탈리아인들은 '프랑스 병'이라고 불렀다. 네덜란드와 포르투갈 사람들은 이를 '에스파냐 병'이라고 불렀고, 일본인들에겐 '포르투갈 병'이었고, 폴란드 사람들에겐 '도이칠란트 병', 러시아 사람들에겐 '폴란드 병'이었다.

페르시아 사람들은 이 병이 튀르키예에서 왔다고 믿었다.

◆ 지롤라모 프라카스토로(Girolamo Fracastoro, 1478-1553)는 이탈리아 베네치아 베로나의 의사이자 시인, 수학자, 지리학자, 천문학자로, 1530년에 서사시 〈매독 또는 프랑스병(Syphilis sive morbus Gallicus)〉을 발표했다. 베로나에서 태어나 파도바에서 교육을 받고 열아홉 살에 대학 교수로 임명될 정도로 우수했던 프라카스토로는 의학사적으로도 중요한 상징적 인물이다. 매독이란 병명을 새로 만들어 낸 업적 이외에도, 1546년에 집필한 《전염, 전염병 그리고 치료에 관한 세 권의 책》에 질병을 일으키는 존재로 아주 작은 전염의 씨앗, 즉 병원성 유기체 혹은 세균의 존재를 암시하며 명성을 견고히 했다.

8월 9일
원주민들의 날

리고베르타 멘추◆는 과테말라에서 태어났다. 페드로 데 알바라도가 과테말라를 정복한 지 4세기 반이 지나고, 드와이트 아이젠하워가 정복한 지 5년이 지났을 때였다.

1982년 군이 마야인들이 살던 산악 지대를 쓸어버렸을 때, 리고베르타의 가족 대부분이 몰살당했고, 그녀가 뿌리 내리도록 탯줄을 묻었던 마을은 지도에서 지워졌다.

10년 뒤, 그녀는 노벨평화상을 받으며 이렇게 밝혔다.

"비록 500년이나 지체되긴 했지만, 이는 마야 부족에게 주는 상으로 알고 받겠습니다."

마야인들은 인내심이 대단한 부족이다. 5세기에 걸친 대학살을 버텨냈다.

그들은 거미가 거미줄을 짜듯 시간 역시 한 올 한 올 짜여진다는 사실을 잘 알고 있었다.

◆ 리고베르타 멘추(Rigoberta Menchú, 1959-)는 과테말라 키체 주 치멜에서 태어났으며, 마야의 후손인 마야-키체족 혈통을 이어받았다. 과테말라 내전 기간에 토착민들의 어려움을 알리는 데 매진했으며, 원주민들의 인권과 권리 향상을 위하여 노력하였다. 1992년에 노벨평화상을 수상했고, 유네스코 친선대사를 지내기도 했다.

8월 10일

여러 명의 마누엘라

남자만 있는 집단에 여인 한 명이 있었다. 그녀의 이름은 마누엘라 카니사레스였다. 그녀는 남자들을 모아 자기 집에서 음모를 꾸몄다.

1809년 8월 9일 밤, 남자들은 몇 시간에 걸쳐 토론을 계속했다. 어떤 이는 찬성했고, 어떤 이는 반대했으며, 잘 모르겠다는 사람도 있었다. 에콰도르의 독립을 선포할지 말지 딱 잘라 결정을 내리지 못했다. 결국 마누엘라가 그들에게 '노예로 살기 위해 태어난 비겁한 겁쟁이들'이라고 소리칠 때까지, 그들은 좋은 기회를 잡겠다며 거사를 한 번 더 늦추려 했다. 1809년 오늘 아침, 동이 틀 무렵 마누엘라는 새 시대의 문을 활짝 열었다.

또 다른 마누엘라, 즉 마누엘라 에스페호 역시 아메리카 독립의 선구자였다. 그녀는 에콰도르의 첫 번째 신문기자였다. 이 직업이 여성에겐 적절한 것이 아니었기에 가명으로 조국을 비하하는 비굴한 노예 의식에 맞서 과감한 기사를 발표했다.

또 다른 마누엘라도 있다. 마누엘라 사엔스는 시몬 볼리바르◆의 연인으로 영원한 명성을 얻었다. 하지만 그녀 자체로 더욱 의미가 있다. 마누엘라 사엔스는 식민지 권력과 남성 권력, 그리고 양심도 없는 위선적인 행위에 맞서 싸웠다.

◆ 베네수엘라의 독립운동가. 에스파냐로부터 남아메리카를 해방시켜 그란-콜롬비아 공화국을 세우고 초대 대통령이 되었다. 남아메리카 6개국(콜롬비아, 파나마, 베네수엘라, 에콰도르, 페루, 볼리비아)을 독립시킨 '해방자'로, 남아메리카 대륙 최고의 독립 영웅이다.

8월 11일
가족

아프리카의 흑인들과 아메리카의 원주민들 사이에서 언제나 그렇듯, 모든 산 사람과 죽은 사람이 하나가 된 마을 전체가 당신의 온전한 가족이다.

가족은 인간 세계를 넘어서는 법이다.

당신의 가족은 오늘도 당신에게 말을 건넨다.

불이 툭툭 튀는 소리로,

물이 흘러가며 재잘대는 소리로,

숲의 숨소리로,

바람의 목소리로,

천둥의 고함으로,

당신에게 입을 맞추는 빗소리로,

그리고 당신의 발걸음에 인사하는 새들의 노랫소리로.

8월 12일

남녀 운동선수

1928년 오늘, 암스테르담 올림픽이 막을 내렸다. 영화 〈타잔〉으로 더 잘 알려진 조니 와이즈뮬러가 수영 챔피언이 되었으며, 우루과이는 축구에서 우승해 금메달을 목에 걸었다. 처음으로 올림픽 성화가 성화대에 점화되어 처음부터 끝까지 일정을 함께했다.

그러나 이 올림픽은 또 다른 사건으로 기억할 만하다. 처음으로 여성이 참여한 것이다.

올림픽 역사상 이 같은 올림픽은 단 한 번도 없었다.

그리스 올림픽에선 여성의 출전이 금지되었을 뿐만 아니라 관객으로 참여하는 것도 불가능했다.

근대 올림픽의 창시자였던 쿠베르탱 남작은 자신이 올림픽 경기를 주도하던 내내 여성의 출전을 반대했다.

그는 이렇게 말했다.

"여성에게 우아함과 가정과 자식을, 남성에게 스포츠를."

8월 13일
공로에 대한 권리

1816년 아르헨티나 정부는 '남성에 필적할 만한 노력을 다했다'며 후아나 아수르두이에게 중령 계급을 수여했다.
독립 전쟁에서 그녀는 게릴라 군대를 이끌고 에스파냐에 빼앗긴 포토시 고지를 탈환했다.
여성은 전쟁이라는 남성들의 일에 끼어드는 것이 금지되어 있었다. 그러나 남성 지휘관들은 '남성보다 더한 이 여성의 용기'에 감탄할 수밖에 없었다.
수많은 돌격전 끝에 그녀의 남편과 여섯 아들 중 다섯이 죽었고, 그녀도 죽었다. 그녀는 아무것도 남기지 않고 죽었다. 최고로 가난하게 죽어 공동묘지에 묻혔다.
거의 2세기 후, 여인이 정부 수장◆이 된 아르헨티나 정부는 '여성으로서의 용기'를 기려 후아나 아수르두이를 장군으로 특진시켰다.

◆ 아르헨티나의 첫 여성 대통령 크리스티나 페르난데스 데 키르치너(Cristina Elisabet Fernández de Kirchner)는 2009년, 후아나 아수르두이(Juana Azurduy de Padilla)를 아르헨티나 군대의 장군으로 임명했다.

8월 14일
모기 미치광이

1881년 쿠바 의사인 카를로스 핀라이는 '흑색 구토'◆라고도 불리는 황열병이 특정 모기 암컷에 의해 전파된다는 사실을 밝혔다. 그리고 이 질병을 끝장낼 수 있는 백신을 만들었다.
동네 사람들에게 '모기 미치광이'라고 불린 카를로스는 아바나의 의학 물리학 자연과학 아카데미에 나가 자신의 발견을 설명했다. 세상이 이를 이해하기까지 20년이 걸렸다.
최고의 과학자들이 엉뚱한 단서만 쫓던 이 20년 동안 황열병은 계속해서 수많은 사람을 죽였다.

◆ 황열병에 걸리면 위장관 출혈로 인해 구토물이 검게 변한다.

진주와 왕관

윈스턴 처칠이 다음과 같이 발표했다.

"자꾸만 국가를 전복하려 드는, 이 광기 어린 사악한 간디라는 사람을 보면 불안할 뿐만 아니라 구역질이 납니다…. 조만간 그와 그를 돕는 모든 사람에 맞서야 하며 최종적으론 그들을 확실히 짓눌러놓아야 한다는 것은 분명한 사실입니다. 호랑이에게 고양이 사료를 줘서 진정시키려고 해봐야 아무 소용 없습니다. 그렇다고 대영제국의 영광이자 권력의 상징인 우리 왕관의 가장 귀하고 가장 밝게 빛나는 진주를 포기할 생각은 조금도 없습니다."

그러나 몇 년 후, 진주는 왕관을 떠났다. 1947년 오늘, 인도는 독립을 쟁취했다. 자유를 향한 험난한 여정은 벌거벗다시피 한 비쩍 마른 마하트마 간디가 인도양의 해변에 도착한 1930년에 시작되었다.

그것은 소금 행진으로 불렸다. 출발할 때만 해도 소수였지만 도착했을 때는 엄청난 사람이 모였다. 그들은 각각 한 줌의 소금을 집어 입으로 가져갔다. 그들은 이런 식으로 인도인에게 자기 나라의 소금을 소비하는 것을 금한 영국 법◆을 어겼다.

◆ 1882년에 영국이 제정한 '소금법(Salt Act)'에 따라 인도인들은 소금을 수집하거나 판매하는 것이 금지되었다. 영국은 인도에서 소금 제조와 판매에 대한 독점권을 행사했고, 무거운 소금세를 부과했다. 마하트마 간디는 영국의 소금법에 반대하는 비폭력 시민 불복종 행동인 '소금 행진'을 이끌었다. 인도에서는 '소금 사티아그라하(Salt Satyagraha)'로 불렸는데, 사티아그라하는 '사티아(진리)'와 '그라하(고집함)'라는 산스크리트어를 조합해 만든 비폭력 원칙을 이른다.

8월 16일
자살 씨앗

3억 6천만 년 전부터 식물은 새로운 식물과 비옥한 씨앗을 생산해 왔다. 그렇다고 우리 인간에게 이 같은 호의에 대해 대가를 요구한 적도 없다.
그런데 1998년 '델타 앤드 파인' 회사가 불임 씨앗의 생산과 판매에 대한 특허권을 따냈다. 덕분에 농부들은 매번 파종할 때마다 씨앗을 사야만 했다. 2006년 8월 중순, 그 이름도 거룩한 '몬산토'가 델타 앤드 파인의 소유주가 되면서 특허권도 인수하였다.
몬산토는 이런 식으로 세계에서의 지배력을 공고히 해왔다. '자살 씨앗' 혹은 '터미네이터 씨앗'이라고 불리는 불임 씨앗 때문에 농민들은 유전자 변형 약국에서 제초제며 살충제, 여타 독극물 등을 구입해야 했고, 이는 몬산토에 엄청난 이익을 안겼다.
아이티는 대지진 몇 달 뒤인 2010년 사순절에 몬산토 화학 공장에서 생산된 6만 포대의 씨앗이라는 어마어마한 선물을 받았다. 농부들은 한자리에 모여 이 선물을 받은 다음 거대한 불을 피워 씨앗 포대 전체를 불태웠다.

죄로 점철된 육신, 뱀파이어의 탐욕을 가졌던 메이 웨스트는 1893년 태어났다.

1927년 브로드웨이 극장에서 쾌락으로의 초대를, 좀 더 정확하게 표현하자면 〈섹스〉라는 작품을 무대에 올린 죄로 메이 웨스트는 출연진 모두와 함께 감옥에 갔다.

공연음란에 대한 형을 마친 후 웨스트는 브로드웨이에서 할리우드로, 연극에서 영화로 무대를 옮기며 이제 자유의 왕국에 왔다고 믿었다.

그러나 미국 정부는, 어떤 영화든 개봉을 하려면 반드시 도덕 검열 증명서를 받도록 38년 동안이나 강요했다.

헤이스 코드◆는 영화에서 결혼과 가정의 신성함에 반하는 누드, 음란한 춤, 선정적인 입맞춤, 간통, 동성애 등의 퇴폐적인 장면을 보여주는 것을 금했다. 심지어는 〈타잔〉도 제재에서 벗어나지 못했으며 베티 붑◆◆도 긴 치마를 입어야 했다. 메이 웨스트는 계속해서 논란에 휩싸일 수밖에 없었다.

◆ 헤이스 코드(Hays Code)는 미국 영화의 검열 제도로, 상업 영화에서 도덕적으로 수용할 수 있는 것을 확실히 하려는 목적으로 제정되었다. 미국영화협회가 1930년 도입을 결정하여 1934년부터 실시하였고, 1968년 폐지되면서 MPAA 영화 등급 시스템으로 대체되었다.

◆◆ 맥스 플라이셔가 제작해 파라마운트 픽처스에서 배급한 애니메이션 시리즈에 등장하는 캐릭터. 〈토카툰(talkartoons)〉 시리즈의 〈어지러운 접시(dizzy dishs)〉편에 처음 등장해 금세 단독 주인공이 되었다. 처음부터 성인용 애니메이션으로 제작되었으나 1934년 무렵 검열이 강화되면서 노골적인 모습이 줄어들었다.

8월 18일

진정한 네트워크

1969년 이맘때, 일군의 과학자들은 미군을 위한 새로운 프로젝트를 진행했다. 단 한 번도 본 적 없는 대규모 군사 작전을 서로 연결하고 조정하기 위해 진정한 의미에서의 '네트워크'를 만든 것이다.

그때까지만 해도 인터넷이라는 이름조차 갖지 못했던 이 발명품은 땅과 하늘을 정복하기 위한 전쟁에서 여전히 소련이라는 이름으로 불리던 잠재적인 경쟁자에 대한 미국의 완벽한 승리를 가져왔다.

역설적이게도, 이 '전쟁 도구'는 시간이 흐름에 따라 예전엔 나무로 만든 종소리 정도밖에 내지 못했던 평화의 목소리를 강화해왔으며, 지금도 강화하고 있다.

8월 19일

체스라는 이름의 전쟁

1575년 체스 역사에서 가장 중요한 첫 번째 전투가 시작되었다. 승자인 레오나르도 다 쿠트리는 에스파냐의 펠리페 국왕으로부터 금화 1천 두카트◆와 담비 망토 그리고 축하의 편지를 받았다. 패자인 루이 로페스 세구라는 체스판에서의 흑백의 말 전투 기술을 정립한 책을 썼다. 사제였던 저자는 기분 좋게 다음과 같은 충고를 남겼다.

"게임을 하게 되었을 때, 해가 나서 날이 밝다면 적이 눈이 부셔 잘 보지 못하도록 태양을 마주 보고 앉게 하라. 날이 어두워 등잔불 아래에서 게임을 한다면 등잔불이 적의 오른쪽에 있게 하라. 그러면 적의 시선이 방해를 받을 것이다. 체스판 위를 오가는 오른손이 그림자를 만들어 체스의 말이 어디에 있는지 잘 볼 수 없게 만든다."

◆ 두카트는 베네치아 공화국에서 처음 만들어져 1284년부터 제1차 세계대전 이전까지 유럽 각국에서 통용된 금화 또는 은화를 가리킨다. 두카트(Ducat)라는 단어는 '공작령과 관련 있는', '공작령의 동전'이라는 의미의 중세 라틴어 두카투스(ducatus)에서 유래했다.

8월 20일
천상의 노동력

에콰도르의 고원 지대에 릭토 성당이 건립되었다. 이 신앙의 요새는 20세기가 시작되면서 거대한 석물로 재건되었다.
이제 노예가 없었기에, 아니, 그렇게 법으로 정해졌기에 자유 원주민들이 과제를 완수해야 했다. 원주민들은 몇 레구아◆나 떨어진 먼 곳에 있는 채석장에서부터 돌을 등에 지고 날랐다. 깊은 계곡과 좁은 길에서 상당수의 사람이 생명을 잃었다.
사제들은 그들이 나른 돌에 죄인들의 구원이라는 값을 매겼다. 세례를 받을 때마다 20개의 돌을 날라야 했고, 결혼을 위해선 25개를 날라야 했다. 장례엔 15개가 필요했다. 만일 가족이 이를 지불하지 않으면 망자는 묘지에 들어갈 수 없었다. 이처럼 별수 없이 '불길한 땅'에 묻힌 자들은 곧장 지옥에 가게 된다고 사제들은 으름장을 놓았다.

◆ 에스파냐에서 사용한 길이 단위로, 1레구아는 약 4.2킬로미터에 해당한다. 바다에서 1레구아는 5.55킬로미터에 해당한다.

8월 21일

분업

미국의 스탠퍼드 대학에서 인간과 인간의 기능 사이의 관계를 밝히기 위한 실험◆을 실시했다.
심리학자들은 좋은 교육을 받았으며 행실이 올바를 뿐만 아니라, 육체와 정신이 건강한 백인 학생들을 모집했다.
동전을 던져 누가 대학 지하에 만든 가상 감옥의 간수가 되고 죄수가 될 것인지를 결정했다.
비무장 상태의 죄수들은 이름을 빼앗기고 수인 번호로 불렸다.
간수들은 번호가 아닌 이름을 사용했으며, 경찰봉을 가지고 다녔다.
처음에는 그저 놀이 같았지만, 간수 역할을 하던 사람들은 점점 재미있단 생각이 들기 시작했다. 화장실에 가고 싶다는 부탁도 여러 번 반복해야만 들어주었다. 수감자들은 콘크리트 바닥에서 알몸으로 잤다. 그리고 징벌방에선 먹지도 마시지도 못하고 큰 소리로 이야기해야만 했다.
구타, 욕설, 모욕. 실험은 오래가지 못했다. 닷새 만인 1971년 오늘, 실험은 끝났다.

◆ 스탠퍼드 감옥 실험(Stanford Prison Experiment)은 미국 해군 연구청의 지원을 받은 사회심리학 실험으로, 대학생들이 가상의 감옥 환경에서 죄수나 간수 역할을 맡았다. 2주 동안 실행하기로 계획되었지만 닷새 만에 끝났다.

8월 22일

최고의 노동력

프랑스의 사제인 장-밥티스트 라바는 자신의 책 중 1742년에 출간된 책을 추천했다.

"10살에서 15살 사이의 아프리카 출신 아이들이 아메리카 대륙으로 데려가기에 가장 좋은 노동력을 지니고 있다. 주인에게 가장 적절하게 보조를 맞출 수 있도록 교육하기 쉽다는 큰 장점이 있다. 아이들은 태어난 나라와 그곳을 지배하고 있던 나쁜 습관을 아주 쉽게 잊을 뿐만 아니라, 주인을 좋아하고, 나이 먹은 흑인들보다 덜 반항하는 경향이 있다."

이 자비로웠던 선교사는 자신이 무슨 이야기를 하고 있는지 잘 알았다. 카리브해의 프랑스령 섬에서 선교사 페레 라바는 세례를 주고, 영성체를 베풀고, 고해성사를 받았다. 미사를 하면서 틈틈이 자기 재산을 감시했다. 그는 대토지와 노예들의 주인이었다.

8월 23일
불가능한 나라

1791년 또 다른 대토지와 노예들의 주인이었던 사람은 아이티에서 다음과 같은 편지를 보냈다.
"흑인들은 순종적이며, 언제나 그럴 것이다."
편지는 파리를 향해 가고 있었다. 그런데 불가능한 일이 일어났다. 8월 22일과 23일 밤, 폭풍우가 휘몰아치던 밤에 인류 역사상 최대 규모의 노예 반란이 아이티 밀림 깊숙한 곳에서 일어난 것이다. '순종적'인 흑인 노예들은 마드리드에서 모스크바까지 유럽 전역을 침공한 나폴레옹 보나파르트의 군대에 모욕을 안겼다.

8월 24일
로마제국 불의 신이 화를 낸 날

때는 서기 79년이었다.
플리니우스 세쿤두스◆는 로마 함대를 이끌고 항해를 하고 있었다. 나폴리 만에 입항하던 중, 베수비오 화산에서 검은 연기가 거세게 피어오르는 것을 보았다. 하늘을 향해 가지를 뻗은 엄청난 크기의 나무 같았다. 대낮인데도 갑자기 밤이 된 것 같았다. 격렬한 진동과 함께 세상이 흔들렸고, 화산석이 폭탄처럼 빗발쳐 축제에 빠져 있던 폼페이를 묻어버렸다.
몇 년 전 화재는 루그두눔 시를 잿더미로 만든 적이 있었고, 이에 대해 세네카는 이렇게 썼다.
"거대한 도시와 폐허 사이엔 단 하룻밤뿐이었다."
루그두눔은 부활하여, 지금은 리옹이라는 이름을 가지고 있다. 폼페이 역시 사라지지 않았다. 잿더미 아래 조금도 손상되지 않은 채 폼페이를 멸망시킨 화산의 보호를 받고 있다.

◆ 가이우스 플리니우스 세쿤두스(23-79)는 고대 로마의 박물학자이자 정치인, 군인이다. 로마제국의 해외 영토 총독을 역임하는 한편, 자연계를 아우르는 백과사전《박물지》를 저술했다. 이름이 같은 조카와 구분하여 대(大) 플리니우스로 불린다. 베수비오 화산 폭발 당시 함대 사령관으로 근무하고 있었다. 과학적 호기심으로 가까이 다가갔다가 화산에서 뿜어져 나온 유독 가스에 질식해 순직했다.

8월 25일

포로가 된 도시를 구하다

1944년 이날 아침, 파리는 미쳐버린 것 같았다.

나치의 점령이 끝난 것이다.

첫 번째 탱크와 장갑차들이 몇 시간 전에 입성했다.

"미군이야?" 사람들이 물었다.

그러나 이 탱크와 장갑차 들에는 비뚤배뚤한 글씨가 흰색 페인트로 쓰여 있었다. 구아달라하라, 에브로, 테루엘, 브루녜테, 마드리드, 돈키호테, 두루티….

파리를 처음 해방시킨 사람은 에스파냐 공화주의자들이었다.

자기 땅에서 패배했던 이들이 프랑스를 위해 싸웠다.

그다음엔 에스파냐가 구출될 거라고 그들은 굳게 믿었다.

착각이었다.

8월 26일

신앙의 순수함

1530년 오늘, 잔인했던 이반 뇌제◆가 태어났다.

대중에게 기독교 신앙을 가르치기 위해 그는 지금도 모스크바의 아름다운 상징 역할을 하는 성 바실리 대성당을 세웠다. 기독교의 힘이 영원히 지속되길 기원하는 마음으로 죄수들과 경쟁자들 그리고 몇몇 친척을 지옥으로 보냈다. 안드레이 왕자와 레오니드 대주교를 개들에게 먹이로 줬다. 피오트르 왕자를 산 채로 화형시켰고, 왕자 알렉산드르와 레프닌 스누욘, 니콜라이, 디미트리, 텔레프네프, 튜틴 등을 도끼로 토막 냈다. 사촌인 블라디미르와 처제인 알렉산드라와 숙모인 에프로시냐를 강물에 던져 죽였으며, 일곱 명의 아내 중 다섯 명을 독살했다. 그리고 지팡이로 아들을 때려죽였다. 자기와 가장 닮았다는 이유로 같은 이름을 붙인, 가장 사랑하던 아들이었다.

◆ 이반 4세 바실리예비치. 백성들이 그에게 붙인 별명인 뇌제(雷帝, 영어로는 Ivan the terrible)로 잘 알려져 있다.

8월 27일

종족의 순수함

1924년 아돌프 히틀러는 감옥에서 《나의 투쟁》이라는 책을 썼다. 오늘 같은 어느 날, 그는 인류 역사에 대한 자신의 뿌리와도 같은 가르침을 비서에게 전해주었다.

"과거의 위대한 문화가 막을 내린 것은 독창적이라는 말을 들을 정도로 창조적인 종족의 혈통이 더럽혀져 쇠락해갔기 때문이다."

14년 후, 베니토 무솔리니는 〈인종 선언문〉에서 이렇게 주장했다.

"이탈리아인의 순수한 유럽인으로서의 육체적, 정신적 특징은 어떤 식으로든 바뀌어선 안 된다. 이탈리아인이 노골적으로 인종차별주의자임을 선언해야 하는 시대가 드디어 온 것이다."

8월 28일

나에게는 꿈이 있습니다

1963년 오늘, 워싱턴 거리를 가득 메운 엄청난 군중 앞에서 마틴 루터 킹 목사는 우렁찬 목소리로 자신의 꿈을 이야기했다.

"나에게는 꿈이 있습니다. 어느 날, 나의 아이들이 피부색 대신 인격을 기준으로 판단하고 판단받게 되는 꿈입니다. 나에게는 꿈이 있습니다. 어느 날 모든 산골짜기가 솟아오르고, 모든 언덕과 산이 주저앉으며, 거친 곳이 평탄해지고, 굽어진 곳이 곧게 펴지며…."

당시 FBI는 '미국의 미래를 생각할 때 킹 목사는 가장 위험한 흑인이다'라는 견해를 밝혔다. 수많은 첩보원이 그의 걸음걸음을 뒤쫓으며 밤낮 가리지 않고 감시했다.

그러나 그는 지속적으로 흑인들을 최전선으로 내몰던 베트남 전쟁과 인종 차원의 모욕적인 사건들을 고발했다. 자신의 조국이 '전 세계에서 가장 심각한 폭력의 공급자'라고 직설적으로 이야기했다.

1968년 총알 한 방이 그의 머리를 갈랐다.◆

◆ 1968년 4월, 제임스 얼 레이(James Earl Ray)는 흑인 노동자들의 파업을 지원하던 킹 목사에게 총을 쏘았다. 그 후 레이는 위조한 여권을 이용해 유럽으로 도피했고, 두 달 후에야 영국 런던에서 체포되어 미국으로 압송되었다. 이후 재판에서 그는 범행을 인정하고 99년형을 선고받았으나, 판결 후 자신의 자백은 강요에 의한 것이었으며, 배후에 '거대한 힘'이 존재한다고 주장하였다. 그의 주장은 받아들여지지 않았다.

8월 29일

유색인종

사랑하는 백인 형제여
나는 태어났을 때도 흑인이었소
자랄 때도 흑인이었고,
태양이 나를 바라볼 때도 흑인이었소.
아플 때도 흑인이었고,
죽을 때도 흑인일 것이오.
그런데 당신은 어땠소.
당신이 태어날 때는 장밋빛이었다가
자랄 때는 백인이었소.
태양이 비칠 때는 붉은색이었다가
추위를 느끼면 파란색이 되었소.
두려울 때는 푸른색이 되었고
아플 때는 노란 색이 되었소.
죽을 때는 회색이 될 거요.
그렇다면 우리 중 누가 진짜 유색인종이오?

– 세네갈의 시인 레오폴 상고르◆

◆ 레오폴 세다르 상고르(Léopold Sédar Senghor)는 시인이자 정치가, 문화이론가이다. 아프리카 사회주의를 주장하며 아프리카 문화와 흑인 정체성을 강조했으며, 아프리카인의 권리와 역량 강화에 헌신했다. 독립한 세네갈의 초대 대통령이 되었다.

8월 30일
실종자들의 날◆

실종자들은
무덤 없이 죽은 자, 이름 없는 무덤.
또한 그들은…
원래 모습 그대로의 숲,
도시의 밤하늘에 뜬 별들,
꽃의 향기,
과일의 달콤함,
손으로 쓴 편지,
잃어버릴 시간이 있는 오래된 카페,
거리의 축구,
걸을 권리,
숨 쉴 권리,
확실한 일자리,
보장된 은퇴,
격자창 없는 집,
자물쇠 없는 문,
공동체 의식,
그리고 상식.

◆ 매년 8월 30일은 국가 등 권력 집단의 연행 및 불법 구금 등으로 생사와 거처가 확인되지 않는 이들의 존재를 환기하는 '세계 강제 실종 희생자의 날'이다. 1981년, 코스타리카에서 비밀 투옥, 강제 실종 및 납치에 맞서 적극적으로 활동하는 비정부 기구 '라틴아메리카 실종자 가족협회 연합(FEDEFAM)'이 주도하여 제정되었다.

영웅들

1943년 제2차 세계대전 중에 조지 패튼◆ 장군은 병사들에게 열변을 토했다.

"여기 있는 제군이야말로 남자 중의 남자다. 진짜 남자는 전쟁을 사랑한다!

우리 미국인은 마초가 된 것을 자랑스럽게 생각하는 진정한 마초다!

미국은 승자를 사랑한다! 미국은 패자를 용납하지 않는다! 미국은 비겁한 인간을 경멸한다!

우리 미국인은 언제나 승리 쪽에 돈을 건다! 따라서 미국은 절대로 지지 않는다. 전쟁에서 패하는 법이 절대로 없다!"

그는 환생한 사람이다. 군에 입대하기 전, 그는 카르타고와 아테네의 전사였고, 영국 궁전의 기사였으며, 나폴레옹 보나파르트의 대원수였다.

1945년의 마지막 날, 패튼 장군은 트럭에 치여 세상을 떴다.

◆ 조지 스미스 패튼 주니어(George Smith Patton Jr.)는 미국의 육군 대장으로, 제2차 세계대전 중 북아프리카, 시칠리아, 프랑스, 도이칠란트에서 전투를 지휘했다.

9월

9월 1일

반역자

2009년 도이칠란트에 탈영병◆을 위한 기념비가 세워졌다.
이런 식의 인식은 정말 드문 일이었을뿐더러, 인류 역사상 수많은 기념비 중 인류가 앞으로 나아갈 길에 생명의 물을 뿌려줄 것이었다.
반역자들에게 찬사를 바치는 거냐고? 그렇다! 탈영병은 반역자이다.
다만, 그들은 전쟁에 대한 반역자이다.

◆ 제2차 세계대전 당시 무려 2만 2천 명의 도이칠란트군 장병이 탈영죄로 처형되었다.

9월 2일
예방 전쟁의 발명가

1939년 히틀러는 폴란드가 도이칠란트를 침공할 거라는 이유를 들어 폴란드를 공격했다.

150만 명의 도이칠란트군이 폴란드 땅에 피를 뿌렸다. 비행기는 폭탄을 비처럼 쏟아부었고, 히틀러는 '예방 전쟁'◆이라는 자신의 독트린을 발표했다. 치료보다는 예방이 나으며, 남이 나를 죽이기 전에 내가 먼저 죽이는 것이 낫다는 것이었다.

히틀러는 학교라도 만든 걸까. 그때부터 다른 나라를 집어삼키려는 국가들이 '예방 전쟁'이란 개념을 사용하고 있으니 말이다.

◆ '예방 전쟁' 또는 '선제 공격'은 국가가 자신을 위협할 수 있는 잠재적인 공격을 사전에 차단하기 위해 먼저 공격하는 것을 정당화하는 개념이다. 대표적인 사례로 2003년부터 2011년까지 이어진 이라크 전쟁이 있다. 미국은 이라크의 대량 살상 무기 보유 가능성을 이유로 선제적으로 이라크를 공격했다.

9월 3일
고마운 사람들

폴란드 침공 1년 뒤, 히틀러는 공격을 멈추지 않았고 계속해서 유럽의 절반을 집어삼켰다.
오스트리아, 체코슬로바키아, 핀란드, 노르웨이, 덴마크, 네덜란드, 벨기에, 프랑스가 이미 함락되었거나 함락 일보 직전이었고, 런던을 비롯한 영국 도시에 야간 공습이 시작되었다.
1940년 오늘, 에스파냐의 일간지 〈ABC〉는 '116대의 적군 비행기'를 격추했다고 발표했으며, '도이칠란트 제국의 공격이 멋지게 성공한 것'에 만족을 표했다.
신문 1면에 승리를 기뻐하며 미소 짓는 프란시스코 프랑코 총통의 사진이 실렸다. 감사할 줄 아는 것이야말로 그의 미덕이었다.

9월 4일
약속합니다

1970년 오늘, 살바도르 아옌데는 선거에서 승리했고, 칠레의 대통령이 되었다.

그는 이렇게 이야기했다.

"나는 구리를 국유화하겠습니다."

그리고 이런 말도 했다.

"나는 여기에서 살아서 나가지 않을 겁니다."

그는 약속을 지켰다.◆

◆ 살바도르 기예르모 아옌데 고센스(Salvador Guillermo Allende Gossens)는 칠레의 정치인으로, 1970년 대통령 선거에서 36.62퍼센트의 득표율로 승리하여 라틴아메리카 최초로 민주 선거를 통해 집권한 사회주의 정당(칠레사회당)의 대통령이 되었다. 그러나 3년 후인 1973년, 아우구스토 피노체트 국방장관의 쿠데타에 저항하던 중 스스로 목숨을 끊었다.

9월 5일
빈곤 퇴치: 가난한 사람 죽이기

1638년 프랑스 왕인 태양왕 루이 14세가 태어났다.

태양왕은 평생 이웃 국가에 대한 영광스러운 전쟁과 곱슬곱슬한 가발, 화려한 망토, 굽 높은 신발에 헌신했다.

그의 통치기에 두 번에 걸친 연속적인 기근으로 200만 명 이상의 프랑스인이 생명을 잃었다.

이 수치가 알려진 것은 반세기 전에 기계식 계산기를 발명한 블레즈 파스칼 덕분이다. 그리고 얼마 뒤 아래와 같은 글을 쓴 볼테르 덕분에 그 동기 또한 밝혀졌다.

“다른 사람을 살 수 있게 해준 사람들을 굶겨 죽이는 방법, 좋은 정치는 이 비밀을 잘 알고 있다.”

9월 6일

국제 공동체

요리사는 송아지, 새끼 돼지, 타조, 염소, 사슴, 닭, 오리, 산토끼, 집토끼, 자고새, 칠면조, 비둘기, 꿩, 명태, 정어리, 대구, 참치, 문어, 새우, 오징어 그리고 맨 마지막에 도착한 바닷가재와 거북이까지 모두를 소집하였다.

모두 한자리에 모이자 요리사는 설명을 시작했다.

"어떤 소스로 여러분을 요리하면 좋을지 물어보려고 이렇게 불렀습니다."

그러자 초대받은 동물 가운데 누군가 이렇게 이야기했다.

"나는 어떤 식으로든 요리되고 싶지 않아요."

요리사는 회의를 끝냈다.

9월 7일
방문객

2000년 이맘때, 189개국이 세계가 안고 있는 문제를 적극적으로 해결하기 위해 나서겠다고 약속한 '새천년 정상 선언'◆에 서명했다. 그들은 이 난제를 수행할 전문가 수를 늘리는 데 성공했다. 이것은 목록에는 없었으나 그들이 달성한 유일한 목표였다.

산토도밍고에서 이런 이야기를 들었다. 어느 전문가가 도시 외곽을 둘러보다가 마리아 데 라스 메르세데스 올메스 아주머니의 닭장 앞에서 걸음을 멈추고 이렇게 물었다.

"내가 당신이 가진 닭이 몇 마리인지 정확히 맞히면 나에게 한 마리 주시겠어요?"

그러고는 태블릿 PC를 켜고 GPS를 작동시켜, 3G 휴대전화로 위성 사진 시스템에 연결했다. 그리고 픽셀 카운터를 실행시켰다.

"132마리로군요."

그러고는 한 마리를 잡았다.

도냐 마리아 데 라스 메르세데스도 입을 다물고 있지만은 않았다.

"내가 당신이 어디에서 일하는지 정확하게 맞히면 닭을 다시 돌려주시겠어요?"

그리고 그에게 이야기했다.

"당신은 국제적인 전문가일 거예요. 아무도 당신을 찾지 않았는데 이렇게 와서 허락도 없이 내 닭장에 들어가 내가 이미 아는 것을 이야기한 다음 그 비용을 청구한 것을 보면 알 수 있죠."

◆ 2000년 9월 8일, 뉴욕 유엔 본부에서 열린 새천년 정상회의(Millennium Summit)에서 전세계 지도자 189명이 새천년 정상 선언(United Nations Millennium Declaration)을 채택하였다. 이 선언은 빈곤과 저개발로 고통받는 사람들의 생활 수준을 개선하는 것을 목표로 한다.

9월 8일
국제 문해의 날◆

브라질 북동부의 세르지페. 파울루 프레이리◆◆는 가난한 농부들과 함께 새로운 일을 시작했다.

"이 사람아, 오늘 어떤가?"

농부는 아무 말도 없이 모자만 꽉 움켜쥐었다. 한참 동안 입을 다물고 있다가 겨우 입을 열었다.

"잠을 못 잤어. 밤새 눈을 붙일 수 없었거든."

그는 한참 동안 말이 없다가 이렇게 중얼거렸다.

"어제 내 이름을 처음 써봤거든."

◆ 국제 문해의 날(International Literacy Day)은 문맹 퇴치의 중요성을 일깨우기 위해 유네스코가 제정한 기념일로, 매년 9월 8일이다.

◆◆ 파울루 프레이리(1921-1997)는 브라질의 교육학자로, 민중의 문해교육, 억압받는 민중을 위한 해방교육을 실천했다. 교육의 혜택을 받지 못한 농부들에게 자신의 처지를 생각하고 자신의 삶, 생활을 변화시키는 의식화의 수단으로 읽기와 쓰기를 가르치는 운동을 펼쳐 큰 성공을 거두었다. 대표작으로 《페다고지 : 피억압자의 교육학》이 있다.

9월 9일
동상

호세 아르티가스◆는 토종말을 타고 별빛 아래에서 잠을 자며 평생을 싸웠다. 주인도 없는 땅을 다스리며 소의 두개골을 왕좌로, 판초를 유일한 옷으로 삼고 살았다.

그는 그 옷을 입은 채 추방되어 가난 속에서 삶을 마감했다.

지금은 거대한 청동으로 만든 늠름한 준마를 탄 애국지사가 되어 우루과이의 가장 중요한 광장◆◆ 높은 받침돌 위에 서서 우리를 굽어보고 있다.

영광을 위해 차려입은 이 승리의 영웅은 전 세계가 숭배하는 군을 지휘했던 모든 애국지사의 화신이었다.

그는 자기가 호세 아르티가스라고 당당하게 밝힌다.

◆ 호세 아르티가스(José Artigas, 1764-1850)는 1797년 에스파냐군에 입대했으나 라틴아메리카에 독립운동의 바람이 불자 이에 가담했다. 1811년부터 9년 동안 독립을 위해 영웅적인 투쟁을 펼쳤는데, 아르헨티나와 연합해 에스파냐군을 물리친 후 다시 아르헨티나 군대와 싸워야 했다. 당시 우루과이는 아르헨티나에 속한 주였고, 중앙집권을 꾀하는 아르헨티나 정부와 부딪혔기 때문이다. 이후 포르투갈-브라질 연합군의 침략에 맞서 싸웠으나 패배하여 1820년 파라과이로 퇴각했다. 이로 인해 우루과이는 한동안 브라질 제국의 일부가 되었지만, 몇 년 뒤 아르티가스의 부하들이 우루과이의 독립을 이뤄냈다. '우루과이 민족의 아버지'로 불린다.

◆◆ 몬테비데오에 있는 독립광장(Plaza Independencia).

9월 10일
아메리카 대륙의 첫 농지 개혁

우루과이가 아직 나라도 아니었고, 이런 이름으로 불리지도 않았던 1815년에 일어난 일이다.
호세 아르티가스는 봉기한 민중의 이름으로 '나쁜 유럽인'과 '더 나쁜 아메리카인'의 토지를 강제로 수용하여 나눠 가지라고 했다. 이것이 링컨에 반세기 앞선, 그리고 에밀리아노 사파타◆보다 한 세기나 앞선 아메리카 대륙의 첫 농지 개혁이었다. 화가 난 사람들이 외쳤다. "이건 범죄다!" 호세 아르티가스는 이렇게 경고하였다.
"지금까지 가장 특권을 누린 자들이 가장 불행한 자가 될 것이다."
5년 뒤, 아르티가스는 전쟁에서 패배해 외국으로 추방당했고, 그곳에서 죽었다.
분배된 토지는 '가장 불행한 자'들에게서 빼앗은 것이었지만, 패배한 자의 목소리는 신비하게도 계속 맴돌고 있다.
"사람 위에 사람 없다."

◆ 에밀리아노 사파타 살라사르(Emiliano Zapata Salazar, 1879-1919)는 멕시코의 국민적 영웅으로, 포르피리오 디아스의 독재 정권에 대항한 멕시코 혁명의 지도자였다. 농민의 권리와 땅의 재분배를 위해 투쟁했다. 멕시코인들은 그가 지금도 산속에서 자신들을 지켜주고 있다고 이야기한다. 그의 생애를 담은, 존 스타인벡이 각본을 쓰고 말론 브란도가 주연한 영화 〈혁명아 자파타〉 역시 사랑받았다.

9월 11일
테러리즘에 맞서는 날

국가를 납치한 자들을 **수배합니다.**

임금을 억누르는 자들과 일자리를 없애는 자를 **수배합니다.**

토지를 더럽힌 자들, 물을 오염시킨 자들, 공기를 훔친 자를 **수배합니다.**

공포를 파는 자를 **수배합니다.**

9월 12일
살아 숨 쉬는 말들

1921년 오늘, 아밀카르 카브랄◆은 서아프리카의 포르투갈 식민지인 기니에서 태어났다. 그는 기니와 카보베르데의 독립 전쟁을 맨 앞에서 이끌었다. 그는 말했다.

"군국주의를 경계하라. 우리는 무장한 투사이지 군인이 아니다. 그 무엇보다도 삶의 기쁨이 중요하다. 생각은 머릿속에서만 살지 않는다. 생각은 영혼, 가슴, 배, 그리고 다른 모든 곳에 살고 있다. 사람들의 목소리에 귀를 기울이고, 사람들을 알고자 해야 한다. 민중에게 뭔가를 감춰선 안 된다. 거짓말을 해서도 안 된다. 오히려 거짓말을 비난해야 한다. 어려움, 실수, 몰락에 가면을 씌워서는 안 된다. 너무 쉽게 승리에 도취되어서도 안 된다."

1973년, 아밀카르 카브랄은 암살되었다.
그가 그토록 탄생을 위해 매진했던 새로운 국가의 독립을 축하해 주지도 못하고.

◆ 아밀카르 카브랄은 포르투갈령 기니에서 교사의 아들로 태어나 포르투갈 리스본에서 농학을 공부했다. 이때 앙골라 출신의 아고스티뉴 네투를 만나 아프리카 민족주의 운동을 시작했다. 1956년 귀국해 아프리카 독립당을 결성, 네투와 함께 앙골라 인민 해방 운동을 창설하였다. 초기엔 평화적인 운동이었으나, 1959년 8월 3일 포르투갈군이 비사우 항구에서 파업을 벌인 근로자들을 무력으로 탄압하면서 무장투쟁으로 방향을 바꾸었다. 1960년 카보베르데 기니비사우 독립 아프리카당을 결성하였다. 1972년 아프리카 국가들의 독립을 위해 인민 의회를 창설하였으나, 이듬해 포르투갈에 의해 암살당했다. 기니는 1974년 정식으로 독립하여 기니비사우가 되었다.

내 기억이 맞다면, 왕자이자 해적인 '말레이시아의 호랑이' 산도칸은 1883년 태어났다.
나의 어린 시절을 함께한 다른 이들과 마찬가지로 산도칸 역시 에밀리오 살가리◆의 손에서 만들어진 소설 속 주인공이다.
내게는 아버지와 같은 에밀리오 살가리는 베로나에서 태어났고, 이탈리아의 해변을 벗어나본 적이 없었다. 마라카이보만이나 유카탄의 밀림엔 가본 적이 없고, 필리핀 섬에서 진주조개를 잡는 어부, 동방의 술탄, 해적, 아프리카의 기린, 머나먼 서부의 들소도 전혀 모르고 살았다.
그러나 아버지 덕분에 나는 그곳에 갈 수 있었고, 많은 것을 알 수 있었다.
어머니가 집 모퉁이를 벗어나는 것을 절대 허락하지 않았을 때도, 살가리의 소설은 나를 데리고 일곱 바다와 그 밖의 다른 바다를 항해했다.
살가리는 굶주림에서 벗어나고 고독을 이겨내기 위해 지어낸 수많은 친구들, 즉 산도칸과 레이디 마리아나와 그들의 불가능한 사랑, 항해가 야녜스, 검은 해적과 그의 적의 딸 오노라타 등을 나에게 소개해주었다.

◆ 에밀리오 살가리(Emilio Salgari, 1862-1911)는 이탈리아의 모험 소설 작가이자 공상과학 소설의 선구자이다. 그의 소설은 만화와 애니메이션, 영화로 각색되었으며, 이탈리아 대중문화의 아버지이자 스파게티 웨스턴의 '할아버지'로 불린다. 대표작으로 《검은 해적》과 《캐리비안의 여왕》, '산도칸 시리즈'가 있다. 평생 생활고와 우울증을 겪다가 결국 스스로 목숨을 끊었다.

9월 14일

예방 차원의 독립

1821년 오늘 밤, 몇몇 신사들이 중앙아메리카의 독립 선언문을 작성◆했고, 다음 날 아침 엄숙히 서명했다.
선언문은 '독립이 민중에 의해 선포될 경우 더 끔찍한 결과가 올 수 있으니 이를 예방하기 위해 지체 없이 독립을 선언해야 한다'고 이야기했다. 아니, 차라리 고백했다고 하는 편이 옳을 것이다.

◆ 과테말라와 니카라과, 코스타리카, 엘살바도르, 온두라스 등은 누에바에스파냐 부왕령에 속한 식민지였다. 에스파냐 국왕 페르난도 7세가 이베리아 반도 전쟁으로 폐위당하자, 이때 과테말라시티에서 크리오요 계층(식민지 지역에서 태어난 유럽인의 후손)이 중앙아메리카의 독립을 선언했다.

9월 15일
은행가를 채용하세요!

2008년 뉴욕의 증권 시장이 침몰했다. 발작을 일으킨 날이자 역사적인 날이었다. 가장 위험한 은행강도들인 은행가들이 기업을 털었는데, 감시카메라에도 찍히지 않고 경보도 울리지 않았다. 그래서 일제히 무너질 수밖에 없었다. 전 세계가 무너졌고, 달님도 혹시나 일자리를 잃지 않을까 두려워 다른 하늘을 찾아 눈을 돌려야 했다.

허공에 뜬 성을 판매하는 데 전문가였던 월스트리트의 마법사들은 수백만 채의 집과 일자리를 훔쳤지만, 감옥에 간 은행가는 단 한 명◆뿐이다. 다른 사람들은 큰 소리로 하느님의 도움을 청했고, 열과 성을 다한 기도 덕분에 인류 역사상 단 한 번도 받아본 적 없는 엄청난 보상을 받았다.◆◆

그 돈은 지금부터 영원히, 전 세계의 굶주린 사람들을 배불리 먹이고 디저트까지 제공할 수 있는 거액이었다. 그러나 아무도 그런 생각을 내놓지 않았다.

◆ 버나드 매도프(Bernard Madoff)는 대규모 폰지 사기를 주도한 혐의로 유죄 판결을 받았다. 그의 사기는 수십 년 동안 지속되었으며, 수십억 달러에 달하는 투자자들의 자금을 사기 친 것으로 드러났다. 2008년 금융 위기가 발발하면서 매도프의 사기 행각이 폭로되었고, 이는 금융 위기 상황을 더욱 악화시켰다. 매도프는 2009년 150년형을 선고받았으며, 이는 금융 역사상 가장 큰 사기 사건으로 기록되었다.

◆◆ 2008년 금융 위기 당시 대형 은행과 금융 기관이 파산 위기에 처하자 미국을 비롯한 각국 정부는 대규모 구제금융(Bailout)을 제공했다.

9월 16일
가장무도회

1810년 오늘 새벽 2시, 미겔 이달고는 멕시코의 독립의 길을 여는 '돌로레스의 외침'◆을 선언했다.

1910년, 독재자 포르피리오 디아스◆◆는 자기 생일에 맞춰 기념일을 하루 앞당겼다. 그러고는 100주년 행사를 성대하게 치렀다.

멋지게 차려입고 예쁘게 화장한 멕시코시티는 실크해트와 깃털 달린 모자, 부채, 장갑, 금, 비단, 연설 등으로 무장한 30개국의 초청 인사를 맞이했다. 여성 위원회El Comité de Damas는 길거리에서 걸인들을 감췄고, 거리의 아이들에게 신을 신겼다. 원주민들은 무료로 나눠준 바지를 입었고, 헐렁한 전통 반바지를 입은 사람들의 입장은 허용되지 않았다. 돈 포르피리오는 레쿰베리 교도소의 초석을 놓았고, 정신병자 1천 명을 수용할 수 있는 병원을 세웠다.

민족의 역사를 생생히 보여주는 퍼레이드가 열렸다. 치의대 학생이 원주민을 개조하기 위해 자발적으로 온 첫 번째 사람 '에르난 코르테스Hernán Cortés' 역을 맡았으며, 슬픈 표정의 원주민이 목테수마 황제Moctezuma II로 분장하고 행렬에 참여했다. 그중 가장 많은 박수를 받은 꽃마차는 루이 16세풍 프랑스 궁전이었다.

◆ 멕시코 중부 과나후아토 주에 있는 인구 15만의 작은 도시 돌로레스 이달고에서 멕시코 독립의 역사가 시작되었다. 1810년 9월 16일 새벽 2시 반경, 미겔 이달고 신부가 돌로레스 성당의 종을 울리고 연설을 한 것이다. 이 유명한 연설을 '돌로레스의 외침(El Grito de Dolores)'이라 하며, 멕시코는 이날(9월 16일)을 독립기념일로 삼는다.

◆◆ 포르피리오 디아스(Porfírio Díaz)는 1876년부터 1911년까지 멕시코를 장기간 지배한 독재자로, 그의 집권 기간인 '포르피리아토'는 경제적 현대화와 외국 투자 유치의 시기였으나, 동시에 언론과 표현의 자유 억압, 정적 탄압, 권력 집중 및 부정부패가 만연한 시기로 기록된다. 대다수 국민이 여전히 가난과 불평등에 시달렸고, 이는 1910년 멕시코 혁명으로 이어졌다.

9월 17일
멕시코 해방군

100주년 행사가 끝나자 휘황찬란했던 모든 쓰레기가 쓸려나갔다.
그리고 혁명이 발발했다.
역사는 혁명군 대장들을 기억하고 있다. 사파타, 비야 그리고 남자 중의 남자들. 그러나 침묵 속에 살아야 했던 여인들은 대부분 잊혔다.
그러나 몇몇 전사들은 역사에서 지워지는 것을 거부했다.
기습 공격으로 여러 도시를 점령했던 암호랑이 후아나 라모나.
300여 명의 남성을 이끌었던 장군 카르멘 벨레스.
자신을 앙헬◆ 히메네스라고 이야기했던, 다이너마이트 같았던 교사 앙헬라 히메네스.
머리카락을 자르고 초급장교가 되어 '내 눈에서 여성의 모습을 보지 못하게' 차양으로 가리고 다닌 엔카르나시온 마레스.
아멜리오가 되어야 했던 아멜리아 로블레스는 대령이 되었다.
페드로 행세를 한 페트라 루이스는 멕시코시티로 들어가는 문을 열기 위해 가장 많은 총을 쏜 여인이었다.
남자 행세를 하는 것을 거부하고 자기 이름을 드러내고 싸웠던 여성 로사 보바디야는 100번도 넘게 전투에 참여했다.
악마와 계약을 맺었던 마리아 킨테라스는 단 한 번의 전투에서도 패배하지 않았으며, 모든 남성이 그녀의 명령에 복종했다. 그중에는 그녀의 남편도 있었다.

◆ 앙헬(Ángel)은 남성명사로, 여성형으로는 앙헬라(Ángela)를 쓴다. 마찬가지로 아멜리오는 남자들의 이름이지만, 아멜리아는 여성 이름이다.

9월 18일

첫 번째 여자 의사

1915년 오늘, 수전 라 플래시가 세상을 떴다.

수전은 25세에 미국 최초의 원주민 여자 의사가 되었다.

그때까지만 해도 인디언 부족인 오마하족이 고단한 삶을 이어가던 보호구역에는 단 한 명의 의사도 없었다.

수전이 첫 번째이자 유일한 의사였다. 밤낮을 가리지 않고 눈이 오나 해가 뜨나 모든 사람을 돌보았다. 인디언에게서 물려받은 의학적 지혜와 의과대학에서 배운 치료법, 할아버지의 처방을 결합하여, 오마하족이 조금이라도 고통을 덜 받고 오래 살 수 있도록 노력했다.

9월 19일
첫 번째 여자 해군 사령관

살라미스 해전은 기원전 5세기에 끝났다. 역사상 첫 번째 여성 해군 사령관 아르테미시아는 페르시아의 왕 크세르크세스에게 경고하였다. 다르다넬스 해협은 무거운 페르시아의 전함이 날렵한 그리스의 트리에레스(삼단 노선)에 맞서 싸우기엔 좋지 않은 장소라고 조언한 것이다.

그러나 크세르크세스는 그녀의 말을 듣지 않았다.

전투가 절정에 달하고 함대가 엄청난 공격을 받자, 크세르크세스는 아르테미시아에게 지휘권을 넘기지 않을 수 없었다. 덕분에 몇 척의 전함과 어느 정도의 명예를 건질 수 있었다.

창피해진 크세르크세스는 이렇게 그녀를 인정했다.

"남자는 여자가 되었고, 여자가 남자가 되었구나."

멀리 떨어진 곳에서 살고 있던 헤로도토스◆라는 아이가 다섯 살이 되었다.

오랜 시간이 흐른 뒤 그가 이 이야기를 후세에 전했다.

◆ 헤로도토스(Herodotus)는 고대 그리스의 역사가로, '역사의 아버지'로 불린다. 기원전 484년경 할리카르나소스(현재의 튀르키예)에서 태어났으며, 기원전 425년경 사망한 것으로 추정된다.

9월 20일

여자 챔피언

2003년 제4회 여자축구 월드컵이 열렸다.

토너먼트 경기 끝에 도이칠란트 선수들이 우승했다. 그들은 2007년에 또다시 우승 트로피를 들어 올렸다.

그러나 도이칠란트 여자 선수들이 처음부터 장밋빛 길을 달린 것은 아니었다.

1955년부터 1970년까지 도이칠란트 여성에겐 축구가 금지되었다.

도이칠란트 축구 협회는 그 이유를 이렇게 설명했다.

"공을 차지하려고 다투는 과정에서 여성의 우아함은 사라지고 몸과 마음이 상처를 입는다. 신체의 노출은 품위를 잃게 만든다."

9월 21일

예언자

지롤라모 카르다노는 대수학과 의학 관련 서적을 집필했고, 풀지 못하던 방정식의 해解를 발견했으며, 처음으로 장티푸스를 판독했다. 뿐만 아니라, 알레르기의 원인을 연구했고, 선원들이 지금도 사용하는 몇몇 도구를 발명하기도 했다.

한가한 시간을 이용하여 그는 종종 예언을 하기도 했다.

나자렛 예수의 별자리에 기초한 카드점을 치고선 예수의 운명이 별에 새겨져 있다는 말을 했다가 종교재판을 받고 구속되었다.

감옥에서 나왔을 때, 지롤라모는 예언했다.

"나는 1576년 9월 21일 죽을 것이다."

공개적으로 예언했기에 그는 아무것도 먹지 않았다.

그리고 그 예언은 적중했다.

9월 22일

자동차 없는 날

환경론자를 비롯한 무책임한 사람들이 오늘 같은 날을 잡아 하루 동안 전 세계에서 자동차를 사라지게 만들어보자고 제안하였다.

자동차 없는 날? 그런 날이 좋은 사례가 되어 다른 모든 날로 번진다면 어떻게 될까?

하느님도 악마도 별로 반기지 않을 것이다.

병원과 묘지는 가장 큰 고객을 잃을 것이다.

길거리는 우스꽝스러운 자전거와 한심한 보행자로 넘쳐날 테고, 폐도 맛있는 독을 마시지 못할 것이다.

걷는 법을 잊어버린 다리는 작은 돌멩이에도 넘어질 것이다.

침묵은 귀를 어지럽힐 것이다.

고속도로는 우울한 사막 같은 곳이 될 것이다.

라디오와 텔레비전, 잡지, 신문은 인심 좋은 광고주를 잃을 것이다.

산유국도 비참해질 것이다.

그리고 자동차의 먹이가 된 옥수수와 사탕수수◆도 가난한 인간들을 위한 식량으로 되돌아갈 것이다.

◆ 옥수수와 사탕수수, 밀 등을 발효시킨 바이오 연료가 널리 쓰이고 있다.

사람들은 그녀를 코르도바의 물라타◆라고 불렀는데, 그 이유는 알 수 없다.
물라타이긴 했지만, 그녀는 베라크루스 항에서 태어났으며 평생 그곳에서 살았다.
사람들은 그녀가 마녀라고 했다. 1600년대 초 그녀의 손길은 병자들을 고쳤으며 성자들을 미치게 했다.
악마가 그녀에게 깃들었다고 의심한 종교재판소는 '산 후안 데 울루아' 섬의 감옥에 가뒀다.
감방에서 그녀는 모닥불이 남긴 목탄을 발견했다.
이 목탄으로 벽에 낙서를 했다. 별로 원하지는 않았지만 배를 그리기도 했다. 배는 벽에서 떨어져 나와 이 여자 죄수를 먼 바다로 데려갔다.

◆ 물라타(Mulatta)는 백인과 흑인의 혼혈을 의미하는 단어로 노새를 뜻하는 'mulo'에서 유래하였다.

9월 24일
마술 발명가

1912년 마술사 후디니◆는 베를린의 부시 서커스에서 새로운 쇼를 무대에 올렸다.

> 수중 고문실!
> 이 시대와 모든 시대를 통틀어 가장 독창적인 발명품!

물을 가득 채운 채 단단하게 밀폐된 물탱크에 후디니는 손과 발목에 수갑과 족쇄를 차고 잠수해 들어갔다.
사람들은 유리를 통해 그를 볼 수 있었다. 100년과도 같은 긴 시간이 지나자, 물에 빠져 숨을 쉴 수 없었던 후디니는 결국 익사한 채 탱크에서 나왔다.◆◆
후디니는 몰랐다. 세월이 흐른 뒤 이 질식사가 라틴아메리카 군부 독재자들이 가장 좋아한 고문 방법이자 고문 전문가인 조지 부시가 가장 찬양한 고문 방법이 될 줄은.

◆ 헝가리 태생의 유명한 마술사로, 위험한 탈출 묘기를 주로 기획하고 실행했을 뿐만 아니라 이를 필름으로 남기기도 했다. '후디니(Houdini)'라는 예명은 현대적 마술사의 원조라 볼 수 있는 프랑스의 '장 외젠 로베르우댕(Jean Eugène Robert-Houdin)'의 이름에서 따온 것이었다. 본명은 '바이스 에리크(Weisz Erik)'로 유대교 랍비의 아들이었다.

◆◆ 실제로 후디니는 수조에서 무사히 나왔다. 그러나 몇몇 할리우드 영화가 후디니가 수중 고문실에서 죽는 장면을 묘사했다.

9월 25일
현명한 질문자

미겔 이그나시오 리요◆는 대학에서 공부하지 않았지만, 책을 모으고 또 모아 집 안을 온통 과학 도서관으로 만들었다.
1915년 오늘 같은 어느 날, 아르헨티나 북부 투쿠만 시의 대학생 몇 명이 그의 집에서 오후를 보냈다. 대학생들은 책을 관리하는 미겔 씨만의 비법을 알고 싶어졌다.
"내 책은 가끔 공기를 쐬지. 내가 책을 펼쳐놓으니까. 책을 펼친 다음 질문을 하는 거야. 책을 읽는 것이 바로 질문하는 거니까."
현자인 미겔은 이렇게 대답했다.
미겔은 책에게 질문을 던졌다. 땅에게는 더 많은 질문을 했다.
질문하며 돌아다니는 취미 때문에 말을 타고 아르헨티나 북부 곳곳을 돌아다녔다. 한 걸음 한 걸음 내디딜 때마다 지도가 감춰놓았던 비밀들을 알게 되었다. 예전부터 전해오는 이야기와 삶의 지혜, 도시에선 알 수 없었던 새들의 노래와 드넓은 초원이 제공한 야생의 약재를 알게 된 것이다.
그가 이름 붙인 새와 식물이 적지 않았다.

◆ 미겔 이그나시오 리요(Miguel Ignacio Lillo)는 아르헨티나의 자연학자이자 교수였다. 대학 교육을 받지 못했지만, 투쿠만 국립 학교에서 화학과 물리학을 가르쳤으며, 다양한 과학 연구에 몰두했다. 1888년에 식물에 관한 논문을 발표했고, 1905년에는 《투쿠만의 동물, 새》라는 책을 출판하여 새로운 종을 소개했다. 라플라타 국립 대학에서 명예박사 학위를 받았고, 투쿠만 대학 자연사박물관 국장으로 임명되었다. 사망하기 직전인 1930년 12월에 전재산을 투쿠만 대학에 기증했고, 미겔 리요 재단이 설립되었다.

9월 26일

세상이 창조되었을 때 어떤 모습이었을까?

플로렌티노 아메기노◆ 역시 질문을 좋아하던 현자였다.

어렸을 적부터 고생물학을 좋아했던 그는 아직 어린 소년이던 1865년, 부에노스아이레스 지방의 선사시대의 첫 번째 거인을 조립하였다. 오늘 같은 날, 아주 깊은 동굴 속에서 엄청난 뼛조각을 지고 나와, 거리에서 턱, 척추, 골반 등을 각각의 자리에 놓은 것이다.

"이것은 중생대의 괴물이에요." 꼬마는 이웃 사람들에게 이렇게 설명했다. "아주 오래된 거예요. 상상도 못 하실 거예요."

정육점을 하던, 그의 등 뒤에 있던 발렌티나 아주머니는 웃음을 참지 못했다.

"그렇지만, 얘야… 이것은 여우의 뼈란다!"

사실이었다.

하지만 그는 실망하지 않았다.

그는 평생 세상에서 사라진 동물 9천여 종의 뼈 6만 점을 수집했다. 이중엔 실제 존재했던 동물도, 상상 속에서만 존재한 동물도 있었다.

그리고 그는 1만 9천 페이지에 달하는 글을 써서 파리 만국박람회에서 금메달과 표창장을 받았다.

◆ 플로렌티노 아메기노(Florentino Ameghino, 1853-1911)는 아르헨티나의 박물학자이자 고생물학자, 인류학자, 동물학자이다. 동생과 함께 남아메리카 고생물학계의 가장 중요한 창시자 중 한 명으로 평가받는다. 1887년에서 1902년 사이 열네 번이나 파타고니아를 방문하여 수집한 자료를 바탕으로 파타고니아 포유류 화석 연구에 전념했다.

열한 번이나 대통령을 역임하는 동안 산타 안나◆는 다리를 잃고, 멕시코는 영토의 반을 잃었다.

절반에 가까운 멕시코 영토가 이웃 나라인 미국의 점심거리가 되었다. 몇 번에 걸친 전투 끝에 1천 500만 달러를 받고 1842년 오늘 장례를 치른 셈이었다. 전투 중에 부상당한 대통령의 다리는 훈장과 함께 산타 파울라 묘지에 묻혔다.

영웅, 독수리, 어마어마한 공을 세운 자, 불명의 전사, 조국의 아버지, 전하, 서부의 나폴레옹, 멕시코의 카이사르 등으로 불리던 산타 안나 대통령은 베르사유 궁전과 비슷하게 지은 할라파의 저택에서 살았다.

대통령은 파리에서 가구며 크고 작은 장식물을 가져왔다. 침실에는 거대한 곡선 거울이 있었는데, 거울 앞에 선 사람을 더 멋지게 비춰주었다. 그는 매일 아침 일어나 이 마법의 거울 앞에 섰다. 거울은 그에게 키가 크고 잘생겼으며 정직한 신사의 모습을 보여주었다.

◆ 안토니오 로페스 데 산타 안나(Antonio López de Santa Anna, 1794-1876)는 멕시코의 군사 지도자이자 정치가이다. 멕시코 독립을 위해 싸워 민중의 지지를 얻은 덕에 22년 동안 열한 차례 멕시코의 대통령으로 선출되었으나, 그의 임기 동안 멕시코는 여러 차례 영토를 잃었다.

9월 28일

대중을 안심시키는 법

오늘은 국제적으로 '정보에 대한 인간의 권리'◆에 바쳐진 날이다. 히로시마와 나가사키를 궤멸시킨 원자폭탄이 떨어진 지 한 달 남짓 후 〈뉴욕타임스〉는 전 세계를 공포에 몰아넣은 소문을 부인했다.

1945년 9월 12일, 이 신문은 과학부 편집주간이던 윌리엄 L. 로런스◆◆가 서명한 기사를 1면에 실었다. 이 기사는 유언비어에 가까운 내용을 담고 있었는데, 폐허가 된 이 도시에 방사능이 전혀 없다고, 게다가 방사능은 '일본의 거짓 선전이 만들어낸 거짓말'에 불과하다고 확언하였다.

이 기사로 로런스는 퓰리처상을 받았다.

시간이 흐른 후 그가 두 곳에서 월급을 받고 있었다는 사실이 밝혀졌다. 한 곳은 〈뉴욕타임스〉였고, 다른 한 곳은 미국 국방성이었다.

◆ 9월 28일은 '국제 알 권리의 날(The International Right to Know Day)'이다. '알 권리'는 개개인이 정치, 사회 등 공공의 이익과 관련된 정보에 자유롭게 접근할 수 있는 권리를 뜻한다.

◆◆ 윌리엄 L. 로런스는 〈뉴욕타임스〉의 과학 전문 기자이자 맨해튼 프로젝트의 공식 역사가로, 1945년 뉴멕시코 트리니티 원자폭탄 시험과 얼마 후 벌어진 일본 원자폭탄 투하를 직접 지켜본 유일한 저널리스트였다. 그는 조작 혹은 가짜 뉴스로 두 차례나 퓰리처상을 받았다.

9월 29일
위험한 선례

보츠와나의 흑인 왕자였던 세레체 카마Seretse Khama는 1948년 백인 여성이자 영국인인 루스 윌리엄스와 결혼하였다.

이 소식을 반긴 사람은 없었다. 흑인들이 살던 아프리카의 상당 부분을 차지하고 있던 영국 왕실은 이 문제를 연구할 전문가들로 이뤄진 위원회를 구성하였다. 영국 왕실이 위촉한 위원회는 '두 인종 사이의 결혼은 위험한 선례를 만든다'라는 견해를 밝혔고, 이 한 쌍의 남녀는 결국 추방되었다.◆

카마는 추방당한 날부터 보츠와나의 독립을 위해 앞장서서 싸웠고, 1966년 투표에서 절대다수의 지지를 받아 초대 대통령으로 선출되었다.

그러자 런던은 그에게 '경sir'이라는 귀족 칭호를 수여했다.

◆ 세레체 카마와 루스 윌리엄스의 이야기는 데이빗 오예로워와 로자먼드 파이크가 주연한 2016년 영화 〈오직 사랑뿐〉으로 만들어졌다.

9월 30일
번역의 날◆

베라크루스의 남부 지방에서 한 소년이 길을 떠났다.
몇 년 후 그가 돌아오자 그의 아버지는 그동안 무엇을 배웠느냐고 물었다.
아들은 이렇게 대답했다.
"저는 번역가가 되었어요. 새들의 언어를 배웠지요."
새가 노래하자 아버지가 물었다.
"네가 못된 거짓말쟁이가 아니라면, 저 새가 뭐라고 했는지 나에게 말해보렴."
아들은 대답을 거절했을 뿐만 아니라, 아버지는 모르는 것이 더 나을 거라고 간절히 이야기했다. 그러나 아버지의 강력한 요구에 어쩔 수 없이 새의 노래를 번역할 수밖에 없었다.
아버지는 얼굴이 창백하게 질린 채 그를 내쫓았다.

◆ 9월 30일은 '국제 번역의 날(International Translation Day)'이다. 성경을 라틴어로 옮긴 것으로 알려진 성 히에로니무스의 축일에 제정되었다.

10월

10월 1일
텅 빈 섬

"갈매기가 이곳의 유일한 주민이 될 것입니다." 영국 정부는 이렇게 예고했다.

1966년, 이 말은 현실로 이루어졌다.

갈매기를 제외한 디에고가르시아 섬◆의 모든 주민은 총칼에 밀려 추방당했다.

영국 정부는 텅 빈 섬을 미국에 50년 장기 임대했다.

인도양 한가운데에 있는 하얀 모래밭이 펼쳐진 이 낙원 같던 섬은 군사기지이자 스파이 위성 정거장이 되었다. 뿐만 아니라 바다에 떠 있는 감옥이자 테러 용의자들을 고문하는 장소, 벌해야 하는 국가들을 궤멸하기 위한 일종의 발사대가 되었다.

물론, 골프장도 있다.

◆ 디에고가르시아 섬은 몰디브 남쪽 1천 킬로미터 해상에 위치한 차고스 제도에서 가장 큰 섬으로, 영국령 인도양 지역이다. 18세기까지는 사람이 살지 않는 무인도였으나 프랑스가 이 섬에 흑인 노예를 들여오면서 코코야자 재배가 시작되었다. 1814년부터 1965년까지는 영국령 모리셔스의 일부였으며, 1965년 모리셔스가 독립한 이후 영국령 인도양의 일부가 되었다. 1966년 미국과 영국은 이 섬에 군사기지를 설치하는 비밀 협정에 서명했고, 1965년부터 1973년까지 이 섬에 살고 있던 약 2천여 명의 원주민이 모리셔스와 세이셸로 강제로 이주당했다.

10월 2일

죽음과 사랑에 빠진 세상

'폭력 없는 날'인 오늘◆, 엄밀한 의미에서 평화주의를 신봉한 군인이라고는 할 수 없었던 드와이트 아이젠하워 장군이 한 말을 상기하는 것도 의미가 있을 것이다. 1953년, 국방비에 가장 많은 돈을 쏟아부은 국가의 대통령이었던 그는 이런 이야기를 했다.

"무기를 제조하고 전함을 만들어 항해에 나서고 미사일 등을 발사하는 것은, 먹을 음식이 없어 굶는 사람들과 입을 것이 없어 헐벗은 사람들을 약탈하는 것과 다름없습니다."

◆ 10월 2일은 유엔이 정한 '국제 비폭력의 날(International Day of Non-Violence)'이다. 이날은 마하트마 간디의 비폭력주의 정신을 기리기 위해 간디의 생일에 제정되었다.

10월 3일
곱슬곱슬한 머리

1905년 도이칠란트의 이발사 칼 네슬러는 파마를 발명했다.
과학의 헌신적인 순교자였던 아내의 머리를 태우기 직전까지 몇 번의 실험을 거듭한 결과였다. 결국 칼은 부드러운 컬을 만들어 광고에서는 몇 주라고 했지만 실제로는 이틀 정도 똑같은 모양을 유지하는 완벽한 방법을 찾아냈다.
그러자 그는 제품의 품격을 높이기 위해 '샤를'이라는 이름의 프랑스인으로 변신했다.
시간이 흘러 곱슬곱슬한 머리는 여성의 특권이 되었다.
남성은 소수만이 이에 도전했고, 그나마도 우리처럼 대머리에게는 불가능한 일이었다.

10월 4일
동물들의 날

얼마 전까지만 해도 유럽인은 동물들이 가면 쓴 악마가 아닐까 의심했다.
악마에 사로잡힌 벌레를 교수형이나 화형에 처하는 것은 사탄의 연인인 마녀들을 화형시키는 것만큼이나 대중이 좋아하는 구경거리였다.
1499년 4월 18일, 프랑스 샤르트르 근처의 수도원에서 3개월 된 새끼 돼지가 형사 재판을 받게 되었다.
다른 돼지들과 마찬가지로 이 새끼 돼지는 영혼과 이성도 없었고, 결국 잡아먹히기 위해 태어난 동물이었다. 그런데 잡아먹힌 것이 아니라 오히려 아이를 점심으로 잡아먹었다.
그러나 이 고발에는 그 어떤 증거도 없었다.
증거는 없었지만, 법을 공부한 검사이자 라옹의 생마르탱 수도원 행정관이었던 장 라부아지에가 성 금요일에 아이를 잡아먹었다고 밝힌 것만으로 돼지는 유죄 판결을 받았다.
그러자 판사가 판결했다. “사형!”

10월 5일

콜럼버스의 마지막 여행

1992년 도미니카 공화국은 전 세계에서 가장 거대한 등대를 만들었는데, 하느님이 잠자는 것을 방해할 정도로 컸다.
유럽인들이 카리브해 관광을 시작하도록 초석을 놓은 크리스토퍼 콜럼버스 제독을 기리기 위한 등대였다.
행사 전날 밤, 콜럼버스의 유해는 산토 도밍고 성당에서 등대 발치에 지어진 무덤으로 마지막 여행을 했다.
이장을 하던 중 작업을 진두지휘하던 엠마 발라게르가 갑자기 사고로 세상을 떴다. 게다가 로마 교황이 축복을 내리려던 제단도 무너졌다.
불길한 생각에 사로잡힌 사람들은 콜럼버스가 불행을 가져왔다고 확신했다.

10월 6일

코르테스의 마지막 여행

1547년, 죽음이 자기를 건드리기 시작했다고 느낀 에르난 코르테스는 자기가 죽으면 많은 사람이 추모할 수 있도록 멕시코시티 코요아칸에 있는 수도원에 묻으라고 명령했다. 그러나 그가 죽었을 때 수도원은 아직 완공되지 않아서 망자의 시신은 에스파냐 세비야의 여러 곳을 전전했다.

마침내 그를 멕시코로 데려다줄 배에 한 자리를 얻었고, 어머니가 잠들어 있는 텍스코코의 산프란시스코 성당에 누울 자리를 찾았다. 여기에서 다른 성당으로 다시 자리를 옮겼고, 막내아들 곁에 눕게 되었다. 그러나 총독은 그를 헤수스 병원으로 옮기라고 명령했고, 그의 묘를 모독하고자 하는 광적인 멕시코 민족주의자들의 손길을 피해 안전한 장소에 머물게 했다.

납골함 열쇠가 수사들의 손에서 손으로 넘겨지는 동안 한 세기 반이 흘렀다. 마침내 시신을 연구하는 학자들이 형편없는 치아와 매독의 흔적이 남은 뼈가 멕시코를 정복한 사람의 것임을 확인했다.

그의 영혼에 대해선 알려진 바 없다. 코르테스는 우수마신타 출신의 영혼 장의사인 토마스라는 이름의 인디오에게 이 일을 맡겼다고 전해진다. 그가 숨을 거둔 이들의 영혼을 작은 병에 넣어 보관했다는 것이다. 그러나 이 사실을 확인해줄 사람은 없다.

에르난 코르테스의 유해를 확인한 과학자들은 프란시스코 피사로의 유해가 리마에 있다는 사실도 확인하였다. 칼에 찔린 자국이 선연하고 둔기에 맞아 움푹 파인 그의 뼈가 관광객을 끌어모으고 있다.

에스파냐의 돼지치기였던 피사로는 아메리카에 와서 후작이 되긴 했지만, 1541년 잉카 제국의 전리품을 놓고 다툰 끝에 함께 잉카를 정복한 동료들의 손에 암살당했다.

그는 성당 밖 아무도 모르는 곳에 묻혔다.

4년 뒤 성당은 그를 다시 받아들였고, 그는 지진으로 제단이 무너질 때까지 제단 아래에서 머물렀다.

그 후로 그는 오랫동안 종적 없이 떠돌았다.

1891년, 그의 숭배자들은 유리 상자에 담긴 그의 미라를 보았다. 이것이 피사로 행세를 하는 가짜라는 사실이 금세 밝혀졌다. 피사로의 진짜 미라가 아니었던 것이다.

1977년 성당 지하실을 수리하던 미장이들이 한때 영웅으로 여겨진 인물의 두개골을 발견했다. 7년 후에는 두개골에 이어 몸통 부분을 발견했고, 마침내 하나가 된 피사로의 유해는 성대한 절차에 따라 대성당 속 죽은 자를 위한 제단으로 옮겨졌다.

그 후로 그는 자신이 건설한 도시 리마에서 전시되고 있다.

10월 8일
세 사람

1967년 오늘, 볼리비아의 케브라다 델 유로Quebrada del Yuro에서 1천 700명 가량의 군인이 체 게바라와 소수의 게릴라 전사를 궁지에 몰아넣었다. 결국 체 게바라는 사로잡혔고 다음 날 처형되었다.

1919년, 에밀리아노 사파타는 멕시코에서 총알 세례를 받았다.

1943년, 니카라과에서 아우구스토 세사르 산디노◆가 살해되었다.

세 사람 모두 마흔 살이었다.

세 사람 모두 매복한 배신자들의 총탄에 쓰러졌다.

세 사람은 20세기 라틴아메리카라는 시공간을 공유했다.

세 사람은 역사를 되풀이하지 않겠다는 결연한 의지로 인해 처벌받았다.

◆ 아우구스토 세사르 산디노(Augusto César Sandino)는 니카라과의 혁명 지도자로, 미국의 니카라과 강점에 저항했다.

10월 9일
나를 바라보던 그를 보았다

1967년 볼리비아의 장군들과 그들을 멀리서 조종하던 사람들의 명령에 체 게바라가 처형되어 라 이게라 학교에 누워 있을 때, 한 여인이 목격한 것을 이야기했다.

그녀는 학교에 들어가 천천히 망자 주변을 걸었던 수많은 농부 중 한 사람이었다.

"우리가 여기를 지나갈 때 그는 우리를 보고 있었고, 저기를 지나갈 때도 마찬가지로 우리를 보고 있었어요. 그는 계속해서 우리를 바라보고 있었어요. 정말 친절한 사람이었어요."

10월 10일
대부

시칠리아 친구들이 나에게 해준 이야기에 따르면, '보스 중의 보스'였던 돈 젠코는 치밀하게 계산하여 두 시간 반 정도 늦게 도착했다.

프랭크 시나트라◆가 팔레르모의 솔레 호텔에서 그를 기다리고 있었다.

1963년 오늘 정오, 할리우드의 아이돌이던 시나트라는 시칠리아의 군주에게 경의를 표했다. 시나트라는 돈 젠코에게 무릎을 꿇고 오른손에 입을 맞추었다.

시나트라는 전 세계에 '목소리'를 낼 수 있는 인물이었지만, 조상들의 땅에선 침묵이 목소리보다 중요했다.

침묵의 상징인 마늘은 마피아의 식탁 앞에서 올리는 미사에서 네 가지 성스러운 음식 중 하나였다. 나머지는 결속의 상징인 빵, 용기의 상징인 소금, 피의 상징인 포도주였다.

◆ 프랜시스 앨버트 시나트라(1915-1998)는 미국의 가수이자 영화배우이다. 라디오, 영화, 텔레비전을 비롯한 20세기의 모든 연예 매체에서 가장 중요한 인물 중 한 사람이다. 시나트라는 자신이 마피아와 관련되어 있다는 주장을 여러 번 부인했다.

10월 11일
삼 세기에 걸쳐 살았던 여인

앨리스는 1686년 노예로 태어나 116년을 노예로 살았다.

1802년 그녀가 죽자, 아메리카에서 살던 아프리카 사람의 기억 일부도 그녀와 함께 세상을 떴다. 앨리스는 읽을 줄도 쓸 줄도 몰랐다. 그러나 그녀의 머릿속은 멀리서 온 전설과 가까이에서 겪은 생생한 이야기들을 전해주고 노래하던 목소리로 가득 차 있었다. 이 이야기 중 일부는 앨리스가 탈출을 도와준 노예들에게서 온 것이었다.

90세에 앨리스는 눈이 멀었다.

그런데 102세가 되어 다시 시력을 되찾았다.

"하느님이야. 하느님이 나를 배신할 리 없어."

사람들은 그녀를 덩크스 연락선의 앨리스라고 불렀다. 그녀는 주인을 모시고 델라웨어 강을 가로질러 승객들을 나르던 연락선에서 일했다.

승객들 대부분이 백인이었는데, 몇몇 사람들이 늙은 흑인 할머니를 비웃고 놀리자, 그녀는 그들을 강 건너편에 버려두고 출발해버렸다. 그들은 큰 소리로 그녀를 불렀지만, 그녀는 조금도 개의치 않았다.

그녀는 눈이 멀기도 했지만, 귀가 어둡기도 했다.

10월 12일
발견

1492년 오늘,◆
원주민들은 자신들이 인디오라는 사실을 알게 되었고,
아메리카에 살고 있다는 사실도 알게 되었으며,
벌거벗었다는 사실을 알게 되었고,
죄가 있다는 사실도 알게 되었고,
다른 세계의 왕과 여왕에게, 그리고 다른 하늘의 신에게 복종해야 한다는 사실도 알게 되었다.
그러나 그 신이 원죄와 옷을 만들었음을 알게 되었다.
해와 달을 섬기는 사람과 대지와 대지를 적시는 비를 섬기는 사람은 산 채로 불에 태워 죽이라고 명령했다는 사실도 알게 되었다.

◆ 크리스토퍼 콜럼버스는 1492년 8월 3일 항해를 시작해 같은 해 10월 12일에 현재의 바하마 제도에 있는 산살바도르 섬(추정)에 도착함으로써 처음으로 아메리카 대륙에 발을 디뎠다. 미국과 중앙아메리카 일부 국가에서는 10월 12일을 아메리카 대륙을 발견한 날이라 하여 '콜럼버스의 날'로 정해 기념한다.

10월 13일

날개 달린 로봇

좋은 소식. 2011년 오늘, 세계의 군 수뇌부는 드론이 계속해서 사람들을 죽일 수 있다는 사실을 알렸다.

조종사도 없이 원격으로 조종되는 무인 비행기는 언제나 최상의 상태를 유지할 수 있었다. 드론을 공격하는 바이러스는 그저 잠시 지나가는 골칫거리일 뿐이었다.

지금까지 드론은 아프가니스탄, 이라크, 파키스탄, 리비아, 예멘, 팔레스타인에 폭탄 비를 뿌렸고, 다른 나라들도 드론의 서비스를 기다리고 있다.

사이버 전쟁 시대에 드론은 완벽한 전사이다. 후회도 번민도 없이 사람을 죽일뿐더러 군말 없이 명령에 복종하며, 명령을 내린 대장을 고발하는 일도 없을 것이다.

10월 14일

문명의 패배

2002년 볼리비아에 있던 맥도날드 매장 8개가 문을 닫았다.

문명화라는 거창한 사명을 띠고 개장한 지 겨우 5년 만의 일이었다. 아무도 맥도날드를 막지 않았다. 볼리비아 사람들이 등을 돌렸을 뿐. 부연하자면 맥도날드 음식에 입을 대는 것을 거부했다. 이 배은망덕한 사람들은 아무 사심 없이 존재 자체로 볼리비아를 존중하는 모습을 보여준, 지구상에서 가장 성공한 회사의 선의를 수용하길 거부했다.

후진성에 대한 사랑 때문에 볼리비아는 시대의 대세라 할 수 있는 정크푸드와 근대가 추구하는 현기증 나는 속도를 따라가지 않았다.

집에서 만든 엠파나다◆가 진보를 이겼다. 볼리비아 사람들은 집에 있는 화로에서 만든 옛날 맛에 집착하여, 아주 천천히 음식을 즐겼다.

전 세계 아이들에게 행복을 안겨주었다곤 하지만, 조합을 결성했던 노동자들을 해고했으며 많은 사람을 뚱보로 만든 맥도날드는 볼리비아에서 철수한 후 다시는 돌아오지 않았다.◆◆

◆ 엠파나다(empanada)는 에스파냐와 라틴아메리카에서 즐겨 먹는 음식이다. 소를 넣은 페이스트리로, 커다란 만두처럼 생겼다.

◆◆ 볼리비아뿐만 아니라 이란과 아이슬란드, 몬테네그로, 마케도니아 공화국, 북한에도 맥도날드가 없다.

10월 15일
옥수수가 없으면 국가도 없다

2009년 멕시코 정부는 '실험'이라는 '제한적인 범위' 내에서 유전자 변형 옥수수 재배를 허락했다.◆

들판을 시작으로 저항의 함성이 울려 퍼졌다. 바람이 유전자 변형 옥수수의 침공을 방방곡곡 전해주리라는 사실을 모두 알았지만, 결국 유전자 변형 옥수수는 인간에게 숙명이 되고 말았다.

옥수수를 재배한 덕에 아메리카 대륙 초기 원주민 공동체는 성장할 수 있었다. 옥수수가 사람이고 사람이 옥수수였다. 옥수수는 사람이 그렇듯 다양한 색과 맛을 지니고 있었다.

그들을 존재할 수 있게 한 옥수수를 재배하던 옥수수의 아들들은 전 세계에 독성 물질의 독재를 강요하는 화학 산업의 무자비한 공세를 버텨낼 수 있을까? 아니면 옥수수라고는 하지만 단 하나의 색만 가진, 맛도 기억도 없는 이 옥수수를 전 아메리카 대륙에서 수용하는 것으로 끝날까?

◆ 멕시코는 2024년 1월 31일부터 유전자 변형 옥수수를 금지한다는 법령을 발표하였고, 사용과 수입을 모두 금지했다. 인간 소비는 물론 가축 사료나 산업용으로도 사용할 수 없다. 이에 미국은 법적 대응을 경고했다.

10월 16일

정의가 옳다는 것을 믿었던 사람

영국의 법학자 존 쿡은 원치 않는 사람을 변호했고, 불가능하다고 생각했던 사람을 공격했다.

덕분에 역사상 처음으로 인간의 법이 신성한 군주에게 모욕을 안겼다. 1649년 검사였던 쿡은 찰스 1세를 기소했고, 그의 논리정연한 변론은 배심원을 설득했다. 왕은 학정◆을 했다는 죄목으로 사형 선고를 받았고 결국 망나니가 그의 목을 벴다.

몇 년 뒤, 검사는 대가를 치렀다. 그는 국왕 살해죄로 기소되었고, 런던탑에 갇혔다. 그는 이런 말로 자신을 변호했다.

"나는 법을 적용했을 뿐이야."

이 실수로 그는 목숨을 잃었다. 어떤 법학자든, 법은 윗사람을 위해서만 존재하며 아랫사람에게 침을 뱉는다는 사실을 알아야 한다.

1660년 오늘 쿡은 최고 권력자에 도전했던 바로 그 방에서 교수형에 처해졌고, 결국 토막 났다.

◆ 의회 고등법원은 찰스 1세가 "자신의 의지에 따라 통치하고 국민의 권리와 자유를 전복하기 위해 무제한적이고 폭군적인 권력을 유지"하려 시도한 혐의에 대해 유죄를 선고하였다. 그러나 1660년 찰스 1세의 아들 찰스 2세가 국왕으로 즉위하며 왕정복고가 이루어졌다.

10월 17일

조용한 전쟁

오늘은 '빈곤 퇴치의 날'이다.

빈곤은 폭탄처럼 폭발하지 않을뿐더러 총소리도 나지 않는다.

우리는 가난한 사람들에 대해 잘 안다. 그들이 어디에서 일하지 않는지, 무엇을 먹지 않는지, 얼마나 몸무게가 나가지 않는지, 얼마나 키가 크지 않은지, 무엇을 가지고 있지 않은지, 무엇을 생각하지 않는지, 무엇에 투표하지 않는지, 무엇을 믿지 않는지.

단지 우리는 가난한 사람들이 왜 가난한지 알지 못할 뿐이다.

그들이 헐벗은 덕분에 우리가 옷을 입을 수 있고, 그들이 굶주리는 덕분에 우리가 먹을 수 있기 때문일까?

10월 18일

여자도 사람이다

1929년 오늘, 캐나다의 법은 여자도 사람이란 사실을 처음으로 인정했다.

물론 여성들은 자신이 사람이라고 생각했지만, 법은 그렇지 못했다. '법적인 정의엔 여성이 포함되지 않는다'라는 대법원의 판결이 있었다.

이에 에밀리 머피◆, 넬리 맥클렁, 아이린 팔비, 헨리에타 에드워즈, 루이스 맥키니 등은 차를 마시며 모의했다.

그녀들은 대법원을 굴복시켰다.

◆ 에밀리 머피(Emily Murphy)는 캐나다 앨버타에서 활동한 여권운동가이다. 1927년 8월, 영국령 북아메리카법에 언급된 '사람들(Persons)'에 여성이 포함되는지 묻는 소를 제기했다. 캐나다 대법원은 이 소송을 기각하며 '여성은 사람의 범위에 포함되지 않는다'고 판결했다. 머피를 비롯한 '용감한 여성 5인'은 영국으로 건너가 추밀원에 항소, 1929년 10월 승소 판결을 받아냈다. 에밀리 머피는 영국령 최초의 여성 판사가 되었다.

10월 19일

투명인간

2천 500년 전, 꼭 오늘 같았던 어느 새벽, 소크라테스는 플라톤의 형이었던 글라우콘과 피레우스 교외를 산책하고 있었다.
글라우콘이 리디아 왕국의 목동 이야기를 꺼냈다. 목동이 반지를 발견하여 손가락에 끼는 순간 아무도 그를 보지 못하게 되었다는 이야기였다. 마법의 힘을 가진 반지는 그를 다른 사람들의 눈에 보이지 않는 투명인간으로 만들었다.
소크라테스와 글라우콘은 오랫동안 이 이야기의 윤리적인 근거를 놓고 철학 논쟁을 했다. 그러나 두 사람 중 누구도 마법의 반지를 끼지 않았음에도 여성과 노예들이 그리스에서 투명인간이었던 사실에 대해서는 이유를 묻지 않았다.

10월 20일

선지자 예일

1843년 라이너스 예일Linus Yale은 4천 년이나 된 이집트의 발명품에서 영감받아 최고의 자물쇠를 만들어 특허를 냈다.
그날 이후 예일은 모든 나라의 문과 현관을 확보하여 최고의 재산권을 가진 사람이 되었다.
오늘날, 광기에 빠져든 도시는 거대한 자물쇠가 되었다.
열쇠는 소수에게만 주어졌다.

10월 21일
서로 날려버려라

630년경, 유명한 의사이자 연금술사인 당나라의 손사막◆은 질산칼륨, 초석, 유황, 숯, 꿀, 비소 등을 혼합했다.
그는 영생을 위한 비약을 찾고 있었으나 발견한 것은 정작 죽음의 도구였다.
1867년 스웨덴의 화학자였던 알프레드 노벨은 스웨덴에서 다이너마이트의 특허를 냈다.
1876년에는 젤리그나이트의 특허를 냈으며,
1895년에는 노벨평화상을 제정했다.
그 이름에서 알 수 있듯 평화주의를 꿈꾸는 투사들에게 보상하기 위해 만들어진 상이었다. 자금은 전쟁터에서 얻은 재산으로 조달되었다.

◆ 손사막(孫思邈, ?-682)은 산시성 출생으로, 노장사상에 조예가 깊었다. 수 문제, 당 태종, 당 고종 등에게 부름을 받았지만 사양하고 벼슬도 받지 않았다고 한다. 화학 저서인 〈단경(丹經)〉에서 '복화유황법'에 대해 설명하였다. 영생을 위한 단약을 제조하는 과정에서 유황, 초석, 목탄을 적당한 비율로 혼합하면 폭발이 일어난다는 것을 발견한 것이다. 그는 이 기술을 군수품을 제조하는 장인의 손에 넘겼고, 여러 번에 걸친 실험 끝에 원료의 배합 비율을 바꾸면 밀봉된 상태에선 불만 붙이면 폭발한다는 사실을 알게 되었다. 이것이 화약의 기원이 되었다고 한다.

10월 22일

자연의학의 날

나바호 인디언들은 노래와 그림으로 사람을 치료했다.
이 의료 예술, 즉 절망에 맞서는 신성한 숨결은 약초와 물, 신들의 힘과 함께 치유를 돕는다.
환자는 아흐레 밤 내내 몸에 들어온 악령을 쫓기 위한 음악을 들어야 한다. 화가의 손가락은 모래밭에 환자의 건강을 되찾을 수 있도록 도와줄 화살과 태양, 달, 새, 무지개, 번개, 뱀 등을 그린다.
치료를 위한 의식이 끝나면 환자는 집으로 돌아가고, 노래들은 허공으로 흩어지고, 그림이 그려진 모래밭 역시 사라진다.

10월 23일

노래한다는 것

남쪽 세계 더운 봄밤, 수컷 귀뚜라미들은 노래로 암컷을 부른다.
날개 넉 장을 비벼 암컷을 부른다.
그들의 날개는 날 줄 모르나 노래를 부를 수는 있다.

10월 24일
본다는 것

과학자들은 그 일을 심각하게 받아들이지 않았다. 안토니 판 레이우엔훅Antonie van Leeuwenhoek은 라틴어를 할 줄 몰랐고, 교육도 받지 않았다. 그의 발견은 순전히 우연의 산물이었다.

안토니는 자신이 판매하던 직물의 올을 좀 더 꼼꼼하게 살펴보려고 돋보기를 조합하기 시작했다. 실험을 거듭한 끝에 확대경과 확대경을 연결, 렌즈를 수도 없이 갈아 끼우며 작은 물방울 속에서도 전속력으로 움직이는 수많은 미생물을 볼 수 있는 현미경을 발명하였다.

이 직물 상인은 여러 가지 작은 물체에서 적혈구와 박테리아, 정자, 효모, 개미의 수명 주기, 벼룩의 성생활, 벌침의 구체적인 모양 등을 발견했다.

안토니는 1932년 오늘, 네덜란드의 델프트Delft 시에서 태어났고, 유명한 화가인 요하네스 페르메이르도 같은 달에 태어났다. 두 사람은 보이지 않던 것을 보려고 노력했다. 페르메이르는 어둠 속에 숨은 빛을 추적했고, 안토니는 이 세상에 존재하는 우리의 친척인 작은 미생물의 비밀을 엿보기 위해 노력했다.

10월 25일

불굴의 의지를 지닌 남자

예로부터 콜롬비아에서는 남자의 생명이 별 가치가 없었다. 농부의 생명이라면 두말할 나위도 없었다. 나아가 원주민의 생명이라면 한 푼어치의 가치도 없었다. 게다가 반란을 꾀했던 원주민이라면, 정말 아무짝에도 쓸모가 없었다.

그럼에도, 참으로 불가사의하게도 킨틴 라메는 1967년 늙어서 죽었다.

그는 1880년 오늘 태어났는데, 수년에 걸쳐 감옥살이를 하거나 투쟁했다.

불행의 무대였던 톨리마에서 그는 108번이나 감옥에 갔다.

경찰의 머그샷에 찍힌 그는 '환영 인사'를 받았는지 눈이 퉁퉁 부었고, 힘을 앗아가기 위한 것인지는 모르지만 머리칼이 빡빡 밀려 있었다.

땅 주인들은 그의 이름만 들어도 벌벌 떨었으며, 죽음조차 그를 두려워했음이 명백했다. 킨틴은 부드러운 목소리와 다정한 몸짓으로 원주민을 일깨우며 콜롬비아 전국을 누볐다.

"우리는 쇠스랑도 없는 저 돼지 같은 놈들처럼 남의 땅에 씨를 뿌리기 위해 밀고 들어오지 않았습니다. 이 땅은 우리의 땅입니다."

킨틴은 이렇게 이야기했다. 그의 열변은 역사 교실이었다. 그는 현재의 근원에 대해, 불행의 이유와 불행이 비롯된 시기에 대해 이야기했다. 과거를 통해 또 다른 미래를 창조할 수 있다고 생각한 것이다.

10월 26일
마약을 위한 전쟁

20년에 걸친 포격으로 수천 명의 중국인이 죽은 끝에 빅토리아 여왕은 승리를 구가할 수 있었다. 마약을 금지했던 중국은 아편을 팔러 온 영국 상인들에게 항구를 열어주고 말았다.

제국의 궁궐이 불타고, 황제의 동생인 공친왕이 1860년 항복 문서에 서명하였다.

그들은 이것을 자유의 승리라고 불렀다. 무역을 위한 자유 말이다.

10월 27일
마약과의 전쟁

1986년 로널드 레이건 대통령은 몇 년 전 닉슨 대통령이 들었던 그 창을 다시 들었다. 덕분에 마약과의 전쟁은 수백만 달러의 추진력을 얻었다.

그날 이후, 마약상들과 그들의 돈을 세탁하던 거대 은행들의 수입이 증가했다.

더욱 고도로 농축된 마약은 전보다 두 배나 많은 사람을 죽였다.

미국에선 매주 새로운 감옥이 문을 열었다. 그렇지 않아도 마약중독자가 가장 많던 나라에서 마약중독자가 연일 증가했기 때문이다.

미국이 침공해 점령한 아프가니스탄은 전 세계가 구입하는 거의 모든 헤로인을 공급하기에 이르렀다.

콜롬비아를 미국 최대 규모의 군사기지로 만들었던◆ 마약과의 전쟁은 이제 멕시코를 미친 도살장으로 바꿔놓고 있다.

◆ 1999년 콜롬비아 대통령 안드레스 파스트라나와 미국 대통령 빌 클린턴 행정부가 시작한 '플랜 콜롬비아(Plan Colombia)'는 콜롬비아의 마약 카르텔 및 반군과의 전쟁을 목표로, 콜롬비아 군사력을 강화하고 코카 재배를 박멸하는 반(反) 코카인 전략을 포함했다. FARC는 이로 인해 힘을 잃었지만, 코카인 생산이 정말로 줄어들었는지에 대해서는 논란이 있다. 미국은 콜롬비아의 코카인 생산이 크게 감소했다는 보고서를 내놓았지만. 유엔은 정반대의 보고서를 내놓았다. 유엔 마약범죄사무국(UNODC)은 콜롬비아의 코카잎 재배농가 면적이 2020년 1천 430제곱킬로미터에서 2021년 2천 40제곱킬로미터로 43퍼센트 늘었으며, 코카인 생산량도 39퍼센트 늘었다고 발표했다.

10월 28일
시몬의 광기

1769년 오늘, 카라카스에서 시몬 로드리게스◆가 태어났다.

성당은 그에게 누구의 아이도 아닌 '버림받은 아들'로 세례를 주었지만, 그는 히스패닉 아메리카의 가장 건강한 아들로 자라났다. 그의 삶의 이력 때문에 사람들은 그를 '미치광이El loco'라고 불렀다. 그는 아메리카 대륙의 나라들이 국기와 국가를 가졌다 해도 자유로운 나라는 아니라고 이야기했다. 자유를 복제한 사람이 아닌 자유를 만든 사람만이 자유로울 수 있다고, 복종하는 사람이 아닌 생각하는 사람만 자유로울 수 있다고 이야기했다. 미치광이 시몬은 배움이 필요하다고, 의심할 수 있도록 배워야 한다고 주장했다.

◆ 시몬 로드리게스(Simón Rodríguez, 1769-1854)는 베네수엘라의 교육가이자 사상가이다. 독립운동에 몸담았다가 유럽으로 망명하였으며, 그의 교육과 사상은 제자 볼리바르가 남아메리카 독립운동에 나서는 데 큰 영향을 미쳤다.

관대한 사람

1981년 아우구스토 피노체트 장군은 관대한 모습을 보임으로써 좋은 인상을 남기려는 생각으로 거의 선물에 가까운 가격으로 칠레의 호수와 지하수를 팔기로 했다.

스위스의 엑스트라타Xstrata와 같은 광산 회사와 에스파냐의 엔데사Endesa와 미국의 AES제너 같은 전기회사가 칠레에서 가장 수량이 풍부한 강을 영원히 소유하게 되었다. 엔데사는 벨기에 면적에 해당하는 수역을 가졌다.

농부들과 원주민 공동체는 물에 대한 권리를 잃고 물을 사야 하는 신세가 되었다. 그때부터 사막은 점점 더 넓어져 비옥한 토지를 먹어 들어갔다. 그리고 농촌에서 사람들이 사라지기 시작했다.

10월 30일
화성인들이 온다!

1938년, 우주선이 미국 해안에 착륙하면서 화성인들의 침공이 시작되었다. 그들은 잔인한 촉수를 가졌으며, 빛을 내뿜는 불타는 듯한 커다란 검은 눈과 V자 형태의 침을 질질 흘리는 입을 가지고 있었다.
겁에 질린 도시 사람들이 화성인들이 방출한 독가스를 막기 위해 물에 적신 수건을 뒤집어쓴 채 거리로 뛰쳐나왔다. 이보다 더 많은 사람이 최후의 전투를 기다리며 철저하게 무장하고 건물에 틀어박혔다.
외계인의 지구 침공 이야기를 지어내고, 라디오를 통해 전파한 사람은 오슨 웰스◆였다.
침공은 픽션이지만 두려움은 사실이었다.
두려움은 계속되었다. 화성인들은 러시아인이었다가 한국인◆◆이기도 했고, 베트남 사람이었다가 쿠바인이 되었고, 니카라과 사람이 되기도 했으며, 아프가니스탄인, 이라크인, 이란인이기도 했다.

◆ 오슨 웰스(Orson Welles)는 미국의 영화감독, 배우, 작가이다. 영화사 최고의 영화감독을 꼽을 때마다 빠지지 않는 거장 감독이자, 당대 최고의 명배우였다. 하지만 필모그래피 중 〈이방인(The Stranger(1946)〉 단 한 편만 흥행에 성공한, 대중과의 소통은 실패한 비운의 예술가이기도 하다. 데뷔작 〈시민 케인〉을 포함해 영화사에 길이 남을 걸작들을 만들어냈다.

◆◆ 여기에서 한국인은 북한 사람을 의미한다.

1517년 오늘, 도이칠란트의 수도사 마르틴 루터는 비텐베르크 성당 정문에 도전적인 글을 걸었다.
인쇄술의 발명 덕분에 이 글은 그곳에만 머물지 않았다. 루터의 주장은 거리와 광장으로 퍼져 나갔고, 도이칠란트 전국의 집과 술집, 사원 등지로 파고들었다.
개신교 신앙이 태어났다. 루터는 로마 교회의 과시욕과 낭비, 면죄부 판매, 사제들의 위선적인 독신생활 등을 공격했다.
이런 이단적인 생각은 그림으로도 퍼져 나갔다. 덕분에 많은 사람에게 닿을 수 있었다. 읽을 줄 아는 사람은 적었지만 그림을 보는 것은 누구나 가능했기 때문이다.
루터의 투쟁을 대중에 퍼트리는 데 기여한 루카스 크라나흐, 한스 홀바인 등의 판화 작품은 교회에 그리 호의적이지 않았다. 교황이 황금 송아지와 같은 괴물로 등장하기도 하고, 여인의 가슴을 가진 노새로, 꼬리를 가진 악마로, 지옥의 불길 속으로 추락하는, 보석을 주렁주렁 매단 뚱보로 그려지기도 했다.
루터의 반란을 대중에 알리는 데 일조한 이 낯선 종교적인 선전 수단은 자신도 모르는 사이에 우리 시대의 정치 풍자만화를 탄생시켰다.

11월

11월 1일

동물을 조심해!

1986년, 광우병이 영국을 강타했다. 광우병 감염이 의심되는 200만 마리 이상의 소가 살처분되었다.
1997년, 홍콩에서 시작된 조류독감이 사람들에게 공포를 안겼고, 결국 150만 마리의 새를 때 이른 죽음으로 몰아넣었다.
2009년에는 멕시코와 미국에서 돼지독감이 발생했고, 전 세계 사람들은 전염병에 대비해 마스크를 써야 했다.
헤아릴 수 없는 수백만 마리의 돼지가 기침과 재채기로 희생당했다.
이 같은 인간의 전염병에 대해 누가 책임을 졌을까? 동물이었다.
언제나 간단하게, 이런 식이었다.
반면, 식품을 고위험 화학 폭탄으로 바꾼 세계적인 농산물 기업들은 아무 책임도 지지 않았다.

11월 2일
죽은 자의 날

멕시코에서는 매년 오늘 밤 산 자들이 죽은 자를 초대한다. 그러면 죽은 자들은 먹고 마시고 춤추며 이웃에 대한 험담과 새로운 소식으로 이야기꽃을 피운다.

그러다 밤이 끝나고 새벽종 소리와 함께 희미한 첫새벽 여명이 밝아오면 작별 인사를 한다. 몇몇 죽은 자는 산 사람인 척 공동묘지의 나뭇가지와 무덤 사이로 숨는다. 그러면 사람들은 그들을 찾아내 빗자루로 쓸어 쫓아낸다. "이젠 당장 물러나. 우리를 평화롭게 살게 해달라고. 내년까지는 당신들을 보고 싶지 않아!"

죽은 자들은 조용히 이에 따른다.

아이티에는 관을 묘지로 운반할 때 직선으로 가지 않는 오랜 전통이 있다고 한다. 장례 행렬은 고인이 방향을 잃게끔 일부러 구불구불 이리저리 왔다 갔다 하며 앞으로 나아간다. 집으로 돌아오는 길을 찾지 못하게 하기 위해서이다.

다른 곳도 그렇지만 아이티에는 죽은 자가 산 자보다 훨씬 많다.

소수의 산 사람은 가능한 모든 방법을 동원하여 자신을 지켜야 한다.

11월 3일
기요틴

남자들만 기요틴에서 목을 잃은 것은 아니다. 마리 앙투아네트처럼 기요틴에서 죽고도 그다지 중요하지 않다는 이유로 잊힌 여자들도 있다.

세 가지 좋은 예가 있다.

1793년 프랑스 혁명 시기에 여성 역시 시민이라는 주장을 더는 하지 못하도록 목을 잘린 올랭프 드 구즈Olympe de Gouges가 첫 번째 사례이다.

1943년에는 마리 루이즈 지로Marie-Louise Giraud가 프랑스 가족에 반하는 범죄인 낙태 시술을 행했다는 이유로 파리의 교수대로 향했다.

동시대에 뮌헨에서는 조피 숄Sophie Scholl이라는 이름의 여학생이 전쟁과 히틀러를 반대하는 전단을 뿌린 죄로 기요틴에 목이 잘렸다.

"정말 가슴 아프네요. 이처럼 밝은 태양이 빛나는 아름다운 날에 가야 하다니요." 조피는 이렇게 이야기했다.

11월 4일

테노치티틀란의 자살

'누가 테노치티틀란을 포위할 수 있는가? 누가 하늘이 내린 터전을 흔들 수 있는가?'라고 시◆는 노래한다.

1519년, 전령들은 아스테카 황제였던 목테수마에게 이상하게 생긴 인간들이, 천둥소리를 뱉고 가슴엔 철갑을 둘렀으며 털북숭이 얼굴에 다리가 여섯이나 되는 인간이 테노치티틀란으로 오고 있다고 전했다.

나흘 후, 황제는 그들을 반갑게 맞았다.

그들은 먼 옛날 뱀의 신 케찰코아틀이 떠나간 바로 그 바다에서 왔고, 목테수마는 에르난 코르테스가 돌아온 케찰코아틀이라고 굳게 믿었다. 그래서 이렇게 이야기했다.

"당신의 땅에 오셨습니다."

그리고 그에게 왕관을 내어주었을 뿐만 아니라, 황금 오리, 황금 호랑이, 황금 가면과 같은 온갖 황금으로 만든 제물을 바쳤다.

코르테스는 칼을 뽑지도 않고 목테수마의 궁전에서 목테수마를 사로잡았다.

목테수마는 자기 백성들의 돌에 맞아 죽었다.

◆ 아스테카 제국 사람들이 노래하던 시의 한 구절이다. "멕시코에 밤이 내리고 전쟁이 도사리고 있네. (…) 죽음을 두려워하는 사람 없으니, 이것이 우리의 영광일지니, 잊지 마라 왕자들이여"라는 구절에 이어지며, 전쟁 앞에 선 아스테카 사람들의 결연함을 보여준다.

11월 5일
노동이라는 병

1714년 오늘, 파두아에서 베르나르디노 라마치니◆가 죽었다.

그는 환자들에게 엉뚱한 질문을 던지는 희한한 의사였다.

"당신은 어떤 일을 하십니까?"

이런 질문이 중요하다고 생각한 사람은 아무도 없었다.

그는 자신의 경험을 바탕으로 직업병과 관련된 최초의 논문을 썼다. 여기에서 그는 50여 가지 직업에서 자주 발생하는 병에 관해 차례로 기술했다. 논문에서 그는 굶주림에 허덕이며 폐쇄된 공방에서 햇빛도 쐬지 못하고 제대로 숨도 쉬지 못하고 휴식도 취하지 못하는, 기름에 찌든 노동자들은 치료 가능성이 아주 낮다는 사실을 밝혔다.

◆ 베르나르디노 라마치니(Bernardino Ramazzini, 1633-1714)는 이탈리아의 의사이다. 직업병에 관한 연구로 널리 알려졌으며 '산업 의학의 아버지'로 불린다. 1682년 모데나 대학의 의학 교수로 임명되었고, 1700년부터 사망할 때까지 파도바 대학의 의학 교수로 재직했다.

11월 6일
왕이 아니었던 왕

카를로스 2세는 1661년 오늘, 마드리드에서 태어났다.
그는 사십 평생 단 한 번도 제대로 서지 못했을 뿐만 아니라, 말도 못 했으며, 침도 흘리지 못했다. 왕관은 써볼 생각조차 못했다.
카를로스는 삼촌의 손자였다. 그의 어머니는 아버지의 조카였으며, 할아버지는 할머니의 삼촌이었다.◆ 합스부르크 가문은 집안을 벗어나지 못했다.
가족에 대한 집착은 결국 그렇게 끝났다.
카를로스가 죽자 에스파냐에서의 합스부르크 왕가 역시 종말을 고했다.

◆ 그의 부모인 펠리페 4세와 오스트리아의 마리아나는 사촌지간이었다. 그의 할아버지인 펠리페 3세와 할머니 오스트리아의 마르가리타 역시 사촌지간이었다.

11월 7일
꿈

1619년, 아직 젊었던 르네 데카르트는 하룻밤에 너무 많은 꿈을 꾸었다.

그가 이야기한 바에 따르면 첫 번째 꿈에선 몸을 숙이고 걷고 있었다. 그를 자꾸만 학교와 교회 쪽으로 거칠게 밀어붙이는 바람에 온몸으로 맞서느라 허리를 제대로 펼 수 없었다는 것이다. 두 번째 꿈에서는 번개에 맞아 침대에서 떨어졌는데, 방에 불꽃이 가득하여 사방을 밝게 비추고 있었다.

세 번째 꿈에서 그는 평생의 길을 찾기 위해 백과사전을 펼쳤지만, 백과사전에는 그가 찾는 페이지가 빠져 있었다.◆

◆ 데카르트는 이 꿈들이 신의 계시라고 믿었으며, 꿈을 통해 진리를 추구하는 새로운 방식을 찾게 되었다. '방법적 회의' 역시 꿈에서 영향받았다고 전해진다.

11월 8일

합법적인 이민자

그들은 전용기로 몬테레이까지 날아갔다.

2008년, 성공적인 투어가 시작된 바로 그곳에서 그들은 귀빈 대접을 받았고, 사륜마차 아홉 대에 나눠 타고 거리를 행진하였다.

승리를 거둔 정치인의 이야기처럼 들리겠지만, 사실 그들은 미라였다. 150여 년 전 과나후아토 시를 휩쓴 콜레라 희생자들의 미라였다.◆

여자 11구, 남자 7구, 어린아이 5구. 그리고 머리 없는 미라 한 구가 파티복을 차려입고 국경을 넘었다. 멕시코의 미라였지만 누구도 그들에게 여권을 요구하지 않았고, 국경수비대에게 괴롭힘을 당하지도 않았다.

그들은 조용히 로스엔젤레스와 라스베가스, 시카고를 향해 여행을 계속했다. 그들은 엄청난 환영을 받으며 꽃으로 꾸민 아치 아래를 행진했다.

◆ 이 미라들은 멕시코 과나후에토의 미라 박물관에서 전시되고 있다. 멕시코 정부는 이를 '문화유산'으로 분류해 전시를 시작했지만, 유해 전시에 대한 논란도 있다. 또한, 일부 미라에서 곰팡이 증식 징후가 관찰되고 있다. 매년 60만 명의 관람객이 이곳을 찾는다.

11월 9일
통행금지

1989년 오늘 같던 어느 날, 베를린 장벽이 무너졌다.
그리고 어딘가에서는 또 다른 장벽들이 세워졌다.
침략당한 사람들이 침략자를 공격하지 못하도록,
아프리카인들이 그들의 할아버지 노예들이 받지 못한 임금을 배상받지 못하도록,
팔레스타인 사람들이 강탈당한 조국에 돌아가지 못하도록,
사하라 사람들이 빼앗긴 땅에 들어가지 못하도록,
멕시코인들이 그들을 집어삼킨 거대한 땅을 다시는 밟지 못하도록.
2005년 전 세계 서커스에서 가장 유명한 '대포알 인간' 데이비드 스미스는 미국과 멕시코를 갈라놓은 모욕적인 장벽에 자기만의 방식으로 항의를 표했다. 거대한 대포가 그를 발사하자, 그는 하늘 높이 날아올라 넘어가선 안 되는 곳에 무사히 떨어졌다.
그는 미국에서 태어났지만, 비행하는 동안에는 멕시코 사람이었다.

11월 10일

과학의 날

브라질의 의사 드라우지우 바렐라Drauzio Varella는 세계가 남성의 성욕을 자극하거나 여성의 아름다움을 가꿀 목적의 실리콘을 개발하는 데 알츠하이머 치료를 위해 사용하는 비용의 다섯 배나 쓰고 있다고 지적했다.

그는 예언했다.

"지금부터 몇 년 후, 풍만한 가슴을 가진 할머니와 단단한 성기를 가진 할아버지를 볼 수 있을 겁니다. 그러나 이들 중 누구도 이것이 어디에 쓰는 것인지 모를 겁니다."

11월 11일

표도르 도스토옙스키는 두 번 태어났다

1821년 오늘, 그는 모스크바에서 처음 태어났다.

1849년 말, 이번엔 상트페테르부르크에서 다시 태어났다.

도스토옙스키는 사형집행일을 기다리며 여덟 달 동안 갇혀 있었다. 처음엔 아무 일도 일어나지 않기만을 빌었다. 그러나 시간이 지나자 그는 일어날 일은 일어난다는 사실을 받아들이기로 했다. 마지막 순간엔 기다림이 죽음보다 더 괴롭다는 사실에 일어날 일이라면 가능한 한 빨리 일어났으면 좋겠다는 쪽으로 생각이 바뀌었다.

마침내 그날 새벽이 되었고, 그를 비롯한 사형수들이 족쇄를 끌며 네바 강가의 세메노브스키 광장으로 나왔다.

명령을 내리는 목소리가 떨어졌다. 첫 번째 명령에 사형집행인이 죄수들의 눈을 가렸다.

두 번째 명령에 총알 장전하는 소리가 들려왔다.

'사격 준비'라는 세 번째 명령에 애원과 신음, 한숨 소리가 들려왔다. 그리고 침묵이 이어졌다.

침묵.

한참 더 침묵이 이어진 끝에, 아니 끝날 것 같지 않은 침묵 속에 러시아의 차르가 관용을 베풀어 모두를 사면해주었다는 소식◆이 들려왔다.

◆ 도스토옙스키는 페트라셰프스키와 함께 독서 모임을 가지며 차르에 반대하는 토론을 하였다는 이유로 체포되어 사형을 선고받았다. 형 집행 직전, 니콜라이 1세의 사면령이 도착하면서 그는 사형을 면하고 노역형을 받아 시베리아로 유배되었다. 이 경험은 《죄와 벌》을 비롯한 그의 작품에 큰 영향을 주었다.

11월 12일
나는 속고 싶지 않아!

1651년 오늘 태어난 소르 후아나 이네스 데 라 크루스는 최고의 여인이었다.
멕시코 땅에서 동시대에 그녀보다 더 높이 날아오른 사람은 없다.
그녀는 젊은 나이에 수도원에 들어갔다. 수도원이 감옥 같은 집보다는 나을 줄 알았지만, 그것은 잘못된 정보였다. 사실을 깨달았을 때는 이미 늦었다. 몇 년 후, 가장 멋진 말을 할 수 있었던 그녀는 침묵을 강요받은 채 세상을 떴다.
간수들은 칭찬을 아끼지 않았지만, 그녀는 그 말을 믿지 않았다.
언젠가 멕시코 부왕의 궁전에서 활동하던 예술가가 그녀의 초상화를 그렸는데, 흡사 예언을 담아 포토샵을 한 것 같은 그림이었다. 그녀는 이런 답을 남겼다.

이 사람의 알랑거리는 모습은
공포에 질린 몇 년에 대해
시대의 엄혹함을 이겨냈다는
엉뚱한 변명만 늘어놓고 있으며,
노화와 망각에 맞서 승리를 거뒀다고 말한다.
그러나 이는 길을 잘못 든 어리석은 부지런함이며,
희미해졌음에도 너무나 또렷이 보이는 열망이다.
주검이고, 먼지이고, 그림자이기에
결국 아무것도 아니다.

11월 13일
'모비 딕'의 아버지

1851년 오늘, 뉴욕에서 《모비 딕》의 초판이 출간되었다.
바다와 대지의 순례자였던 허먼 멜빌은 몇 권의 책을 내서 좋은 반응을 얻었다. 그러나 그의 대표작이 된 《모비 딕》은 초판도 다 팔리지 않았다. 다음 작품 역시 운이 그다지 좋지 않았다.
멜빌은 사람들의 뇌리에서 잊힌 채 죽음을 맞이했다. 성공과 실패는 그다지 중요하지도 않고 본질적이지도 않은 것이라는 사실을 깨달은 후였다.

11월 14일

저널리스트의 어머니

1889년 오늘 아침, 넬리 블라이는 여행을 떠났다.

쥘 베른은 이 작고 예쁜 여인이 혼자서 80일 안에 전 세계를 일주할 수 있을 거라고 믿지 않았다.

그러나 넬리는 72일 만에 지구를 품에 안았고, 자신이 보고 겪은 모든 것을 신문에 차례로 발표했다.

이것은 이 젊은 신문기자의 첫 번째 도전도, 마지막 도전도 아니었다.

멕시코에 대해 기사를 쓰기 위해 그녀는 멕시코 사람이 되어 엄청난 노력을 보였고, 겁에 질린 멕시코 정부는 그녀를 추방했다.

공장에 관한 기사를 쓰기 위해 노동자가 되기도 했다.

감옥에 관해 쓰기 위해 절도죄로 붙잡히기도 했다.

정신병원에 관한 기사를 쓰기 위해 미친 척하기도 했는데, 너무 연기를 잘해 의사들이 정말 미쳤다고 진단하기도 했다. 덕분에 그녀는 직접 경험한 정신과 치료에 대해, 누구나 진짜 정신병자로 만들어버릴 수 있는 치료에 대해 고발할 수 있었다.

넬리가 스무 살이던 시절, 피츠버그에서 언론이라는 것은 순전히 남성의 전유물이었다.

그러나 넬리는 자신의 기사를 발표하는 건방진 행동을 저질렀다.

30년 후, 그녀는 제1차 세계대전 최전선에서 총알을 피하며 마지막 기사◆를 썼다.

◆ 1915년, 넬리 블라이는 제1차 세계대전 중인 동부전선을 취재해 전쟁의 생생한 공포와 삶의 터전을 잃어버린 사람들에 대해 이야기하는 기사를 썼다. 이 마지막 기사가 발표되고 7년 후 넬리 블라이는 폐렴으로 사망하였다.

11월 15일
우고 블랑코는 두 번 태어났다

우고 블랑코는 1934년 오늘, 쿠스코에서 처음 태어났다.
두 쪽으로 갈라진 나라, 페루의 중간에서 그는 태어났다.
그는 백인이었지만 우아노키테 마을에서 성장했는데, 함께 뛰놀며 모험을 즐기던 친구들이 모두 케추아어를 사용하던 곳이었다. 그는 쿠스코에서 학교를 다녔는데, 품위 있는 사람들을 위해 마련된 보도로는 원주민들이 다닐 수 없던 도시였다.
10살이 되었을 때 우고는 두 번째로 태어났다. 바르톨로메 파스가 원주민 소작인을 인두로 지졌다는 소식을 듣게 된 것이다. 토지와 사람들의 주인이었던 바르톨로메 씨는 자기 목장의 암소들을 잘 돌보지 못했다는 이유로 자신의 머릿글자 BP를 프란시스코 사마타라는 소작인의 엉덩이에 낙인으로 찍었다.
이런 일은 비일비재했지만, 이 낙인은 우고의 기억에 영원히 남게 되었다.
시간이 흐르자 원주민이 아니었던 우고 블랑코는 스스로 원주민이 되어 농민조합을 결성했고, 스스로 선택한 재앙으로 인해 매질과 고문, 금고형과 박해를 받았으며, 결국 추방당했다.
열네 번의 단식투쟁 중 더 버티지 못하고 쓰러진 적도 있었는데, 이에 고무된 정부는 우고에게 선물로 관을 보내기도 했다.

11월 16일

삶을 규명한 사람

근시가 심했던 그는 근대 광학의 토대가 된 안경과 새로운 별을 발견하게 해준 망원경을 발명할 수밖에 없었다.
호기심이 많았던 그는 손바닥의 눈송이를 보며, 얼음의 영혼이 여섯 개의 꼭짓점을 가진 별이라는 사실을, 즉 벌집의 방 하나하나처럼 육각형으로 되어 있다는 사실을 발견했다. 이성의 눈으로 보았을 땐, 육각형이야말로 공간을 가장 효율적으로 사용하는 방법이란 사실도 깨닫게 되었다.
자기 집의 발코니에서, 빛을 찾기 위한 작은 식물들의 여행 역시 원을 그리지 않는다는 사실을 알게 되었다. 그는 여기에서 태양의 주변을 도는 행성들의 여행 역시 원을 그리지 않을 거라는 사실을 추론해냈다. 그리고 그의 망원경은 행성들이 그려내는 타원을 정확하게 측량해냈다.
그는 관찰하며 살았다.
1630년 오늘, 더는 세상을 관찰할 수 없게 된 그는 세상을 떠났다.
요하네스 케플러◆의 묘비에는 이렇게 쓰여 있다.
"지금까지 나는 천체를 측정했다. 그러니 이제부터는 지하 세계의 그림자를 측정해보겠다."

◆ 요하네스 케플러(Johannes Kepler)는 도이칠란트의 수학자이자 천문학자, 천체물리학자였다. 행성 운동에 관한 세 가지 법칙을 발견했고, 이 법칙들은 훗날 케플러의 법칙으로 알려졌다.

11월 17일
또 다른 귀

1959년 오늘, 브라질의 음악가 에이토르 빌라로부스◆가 세상을 떴다.

그에게는 안쪽 귀와 바깥쪽 귀가 있었다.

젊은 시절 리우데자네이루의 사창가에서 피아노를 치며 생계를 유지하면서도, 비야로보스는 아무 일도 없던 것처럼 작곡을 하곤 했다. 술을 마시며 웃고 떠드는 시끄러운 소리를 들어야 했던 바깥쪽 귀를 닫아버리고, 안에 있던 내면의 귀를 열어 음표 하나하나가 엮여 음악이 만들어지는 소리에 집중했다.

나이가 지긋해졌을 때 내면의 귀는 대중의 모욕과 비평가들의 독설에 맞설 수 있도록 피신처가 되어주었다.

◆ 에이토르 빌라로부스(Heitor Villa-Lobos), 브라질의 가장 유명한 작곡가 중 한 명으로, 브라질의 다양한 민속 음악과 풍부한 리듬을 클래식 음악과 결합, 브라질 음악의 독특한 정체성을 국제적으로 알리는 데 크게 기여했다.

11월 18일

조로는 네 번 태어났다

1615년, 그는 처음 태어났다. 머리칼이 붉은 그의 이름은 윌리엄 램포트William Lamport였고, 아일랜드 사람이었다.

기엔 롬바르도라는 이름으로 개명하고 국적도 에스파냐로 바꿔 다시 태어난 그는 에스파냐 함대의 선장이 되었다.

그는 세 번째로 다시 태어나 멕시코의 독립 영웅으로 변신하였으나, 1659년 화형 선고를 받았다. 다만 화형의 불명예를 뒤집어쓴 채 죽기 전에 이미 교수형을 당했다.

그는 20세기에 다시 부활했다. 이때 그의 이름은 디에고 데 라 베가로 '가면 쓴 조로'로 알려졌다. 그는 힘없는 자들을 위한 정의의 검객이 되어 지나간 자리에 Z를 흔적으로 남겼다. 할리우드에서 그를 연기한 배우로는 더글러스 페어뱅크스, 타이론 파워, 알랭 들롱, 안토니오 반데라스 등이 있다.

11월 19일
이끼와 돌

1915년 오늘 동틀 무렵, 솔트레이크에서 조 힐◆이 총살당했다. 이름을 두 번 개명하고, 직업과 주소는 수천 번도 넘게 바꿨던 이 외국인 선동가는 미국 노동자들의 파업과 함께 노래 한 곡을 지었다.

마지막 밤, 그는 자기를 위해 우는 것은 시간 낭비라며 동료들에게 그러지 말라고 부탁했다.

> 내 유언은 말하기 어렵지 않아.
> 나눠줄 재산이 없으니
> 남은 것이라곤 자유뿐.
> 구르는 돌엔 이끼가 끼지 않는 법이야.

◆ 조 힐(Joe Hill, 1879-1915)은 미국의 노동운동가이다. 스웨덴계 이민자로, 본명은 조엘 에마누엘 헤글룬드였다. 세계산업노동자연맹(IWW) 조합원이었으며, 떠돌이 노동자들의 고된 삶을 노래하는 민중가요를 썼다. 1914년 1월, 그가 일하던 솔트레이크에서 살인사건이 터졌다. 같은 날 저녁, 힐 역시 여성과의 말다툼 끝에 총상을 입어 병원을 다녀갔기에 경찰에서 조사를 받았다. 그리고 말 많은 재판이 이어진 끝에 힐은 유죄를 선고받았다. 각계에서 탄원하고 국제적 연대도 있었지만, 1915년 11월 총살형이 집행되었다. 1920년의 사코와 반제티 사건과 함께 대표적인 '사법살인' 사례로 꼽히는 사건이다. 훗날 소설가 조 힐은 그에게 영향받아 필명을 지었다고 밝혔다.

11월 20일
입을 연 아이들

오늘은 어린이날◆이다.

산책하러 밖에 나갔다가 두 살배기 여자아이를 만났다. 그 나이의 아이들에겐 우리 모두 이교도처럼 보인다.

아이는 폴짝폴짝 뛰며 여기저기 펼쳐진 푸르름에 인사했다.

"안녕! 들풀아!"

"풀아, 좋은 아침이야!"

그러다가 걸음을 멈추고 나무 위 새들의 노래에 귀를 기울였다. 그러고는 박수를 보냈다.

이날 정오에는 일고여덟 살 된 남자아이가 집으로 선물을 가져왔다.

그림으로 가득 찬 파일이었다.

몬테비데오의 세리토 데 빅토리아 거리에 있는 학교에 다니던 아이들에게서 온 것이었다. 어린 예술가들은 선물을 주며 이렇게 이야기했다.

"이 그림이 곧 우리예요."

◆ 11월 20일은 유엔이 지정한 세계 어린이의 날(Universal Children's Day)이다. 어린이의 기본권을 인정하고 보호하고자 1954년에 제정되었다.

11월 21일
역사상 가장 슬픈 경기

1973년의 칠레는 군부독재가 정권을 장악한, 감옥 같은 나라였다. 국립경기장은 정치범 수용소이자 고문실이 되었다.
칠레 대표팀은 월드컵 본선 진출권을 놓고 소련 대표팀과 경기를 가질 예정이었다.
피노체트 독재 정권은 이 경기를 국립경기장에서 열겠다고 선언했다.
이 경기장에 수감되어 있던 포로들이 급히 다른 곳으로 이감되었다. 전 세계 축구계의 최고 권위자들은 경기장과 흠잡을 데 없는 잔디를 조사한 후 축복을 내려주었다.
소련 대표팀은 이 경기를 거부했다.◆
입장권을 산 1만 8천 명이 경기를 보러 들어와 텅 빈 골문에 골을 넣은 프란시스코 발데스에게 박수갈채를 보냈다.
오늘, 칠레 대표팀은 한 사람도 출전하지 않은 소련 대표팀을 상대로 승리를 거뒀다.

◆ 1973년 9월, 칠레에서는 살바도르 아옌데 대통령의 사회주의 정부를 대체하는 군사 쿠데타가 일어났다. 아우구스토 피노체트 장군이 이끄는 군부가 권력을 장악했고, 대대적인 인권 침해가 발생했다. 소련팀은 이러한 인권 침해와 반인도적 행위에 반대하여 고문과 살해의 장소가 되어버린 산티아고 국립경기장에서의 경기 참여를 거부했다. FIFA는 소련팀의 요구에도 경기 장소 변경을 거부했고, 결국 소련은 예선전에 출전하지 않았다. 칠레 정부의 과거사 조사 결과에 따르면 피노체트의 17년간의 강압적인 군사독재로 3천 명이 넘게 사망했으며, 고문 피해자도 수만 명에 달했다. 행방을 알 수 없는 실종자도 1천 명이 넘는다.

11월 22일
음악의 날

기억력이 좋은 사람들 말에 따르면, 과거 바람이 음악을 훔쳐갈 때까진 태양이 음악의 주인이었다.

그날 이후 새들은 하루가 시작되는 시점과 하루를 마감하는 시점에 콘서트를 열어 태양을 위로했다.

그러나 날개 달린 가수들은 대도시를 지배하는 엔진의 울부짖는 소리며 비명과는 경쟁이 되지 않았다. 새들의 노랫소리는 조금밖에, 아니 거의 들리지 않았다. 소리 높여 가슴을 찢듯 노래했지만 아무 소용 없었다. 점점 더 큰 소리를 내려는 노력 탓에 아름다운 화음을 잃을 수밖에 없었다.

암컷들은 수컷의 노래를 알아들을 수 없게 되었다. 수컷들은 멋진 테너로, 거부할 수 없는 바리톤으로 암컷을 불렀지만, 도시의 소음 탓에 누가 누군지 구별할 수 없었다. 결국, 암컷은 엉뚱한 날개의 보호를 받아들일 수밖에 없었다.

11월 23일
할아버지

1859년 오늘, 찰스 다윈의 《종의 기원》이 처음으로 인쇄되어 나왔다.

초고에는 다른 제목이 붙어 있었다. 찰스 다윈의 할아버지였던 에라스무스 다윈의 책◆에 경의를 바친다는 의미에서 《동물생태학Zoonomia》이라는 제목을 붙인 것이다.

에라스무스 다윈은 14명의 자녀와 많은 책을 낳았다. 그는 싹을 틔우고 바다를 가르고 하늘을 나는 자연의 모든 것에 공통의 기원이 있으며, 이 공통의 기원은 신의 손이 아니라는 사실을 손자보다 70년 앞서 밝혀냈다.

◆ 영국의 박물학자이자 철학자 에라스무스 다윈(Erasmus Darwin, 1731-1802)은 1794년에서 1796년 사이에 《동물생태학(Zoonomia)》을 저술, '단순한 원시적 생물이 서서히 변화하고 발전한다'고 주장했다.

11월 24일
할머니

1974년 그녀의 뼈는 에티오피아의 돌이 많은 언덕에서 발견되었다. 그녀를 발견한 사람들은 그녀에게 '루시'라는 이름을 붙였다.
발전한 과학기술 덕분에 루시의 나이를 계산할 수 있었다. 대략 317만 5천 살이었다. 그리고 키는 아주 작아 1미터가 조금 넘었다. 나머지도 추론이나 추측할 수 있었다. 상당히 털이 많았을 것이고, 더는 네 발로 걷지 않았을 것이다. 그러나 침팬지처럼 손을 땅에 스치듯이 걸으며 균형을 잡았을 것이다. 땅보다는 나무 꼭대기를 더 좋아했을 것이다.
아마도 그녀는 강에서 익사했을 것이다.
자신에게 관심을 보인 사자나 여타 동물을 피해 달아나던 중이었을 것이다.
그녀는 불이나 말이 있기 훨씬 전에 태어났지만, 말하고자 하는 것 혹은 말하고 싶은 것을 몸짓이나 울부짖는 소리로 표현했을 것이다. 예를 들면….

> 춥다.
>
> 배고프다.
>
> 나를 혼자 두지 마세요.

11월 25일
가정 폭력에 반대하는 날

알토파라나◆ 밀림에서 가장 아름다운 나비는 자신을 과시하는 것으로 자신을 보호한다. 나비는 검은 날개를 활짝 펴고 붉은색과 노란색 터치가 가미된 날개를 펄럭이며 이 꽃에서 저 꽃으로 거침없이 날아다닌다. 나비의 적들은 수천 년의 경험에 비추어 이 나비가 독을 가지고 있단 사실을 알게 되었다. 거미, 말벌, 도마뱀, 파리, 박쥐들은 멀리 떨어져 바라보기만 한다.

1960년 오늘 도미니카 공화국에서, 트루히요 장군의 군사독재에 맞서 싸운 세 명의 전사가 심하게 두들겨 맞은 다음 깊이를 알 수 없는 구덩이에 던져졌다. 미라발 자매들이었다. 너무나 아름다워 '나비'라고 불리던 자매들이었다.

그들을 기리고자, 잡아먹을 수 없는 그 아름다움을 기리고자, 오늘을 전 세계에서 가정 폭력에 반대하는 날로 정했다. 각자의 집에서 독재를 행하는 작은 트루히요◆◆들의 폭력에 맞서는 날로 정한 것이다.

◆ 파라과이 동부에 위치한 주로 주도는 시우다드델에스테이다. 동쪽으로 브라질과 국경을 접하고 있다.

◆◆ 도미니카 공화국의 독재자. 육군 사령관으로 있다가 쿠데타를 일으켜 대통령이 되어 32년간 독재정치를 했다. 트루히요 정권의 악행과 당시 민주화 투쟁에 대한 기록물이 '도미니카 공화국의 인권 투쟁 및 저항에 관한 기록유산'이라는 이름으로 세계기록유산에도 등재되어 있다. 얼마나 악명이 높았는지 한동안 도미니카 하면 트루히요가 곧바로 연상될 정도였다고 한다.

11월 26일
로라와 폴

카를 마르크스는《게으를 권리》를 읽고 이렇게 이야기했다.

"이것이 마르크스주의라면 나는 마르크스주의자가 아니다."

저자인 폴 라파르그◆는 공산주의자라기보다는 무정부주의자에 가까웠으며, 열대의 광기 비슷한 모습을 보이기도 했다.

마르크스는 피부색이 까무잡잡한 이 쿠바인이 사윗감으로 그다지 마음에 들지 않았다. 폴이 위험하게도 딸 로라에게 접근하자 "지나치게 가깝게 지내는 것은 별로 좋지 않아"라고 그에게 경고하고는 엄숙하게 덧붙였다.

"내 이성으로 자네의 크레올◆◆ 기질을 막아내는 것이 내게 주어진 의무일세."

그러나 이성은 실패하고 말았다.

로라 마르크스와 폴 라파르그는 40년 이상 함께 살았다.

1911년 오늘 밤, 삶이 더는 삶이 아니었을 때, 두 사람은 늘 사용하던 침대에서 꼭 껴안은 채 마지막 여행을 떠났다.

◆ 폴 라파르그(Paul Lafargue)는 19세기에 주로 프랑스에서 활동하던 사회주의자이다. 1842년 6월 15일, 쿠바의 산티아고에서 프랑스인과 도미니카에 뿌리를 둔 백인 부모 사이에서 태어났다. 어린 시절 프랑스로 이주하여 의학을 공부, 의사로 일하던 중 정치경제학자이자 무정부주의자인 피에르조제프 프루동을 알게 되면서 정치에 입문하였다. 프랑스 제1인터내셔널 대표로 있으면서 마르크스, 엥겔스와 만나 마르크스주의자가 되었고, 1868년에는 마르크스의 둘째 딸인 로라 마르크스와 결혼하여 앵겔스의 지원을 받으며 정치 활동을 함께하였다. 파리 코뮌이 몰락하자 에스파냐로 망명하여 마르크스주의 총회를 개최하는 데 주력하였다. 개량주의와 밀레랑주의에 반대하였으며 여성 권리 신장을 위해 활동하였다. 1911년, 더는 운동에 참여할 수 없다고 판단하여 아내와 함께 자살했다.

◆◆ 아메리카 식민지에서 태어난 유럽인의 자손을 부르는 말이었으나, 오늘날에는 보통 유럽계와 현지인의 혼혈을 부르는 말로 쓰인다.

11월 27일
리우데자네이루의 물이 타오를 때

1910년 브라질 선원들의 반란은 절정에 달했다.
반란군은 경고성 포격으로 리우데자네이루 시를 위협했다.
"채찍질은 그만. 그러지 않으면 이 도시를 잿더미로 만들어버리겠다."
전함을 타면 채찍질은 일상이고 벌을 받다 죽는 사람도 종종 있었다.
반란은 닷새 만에 성공을 거두었고, 채찍들은 바닷물에 던져졌다.
바다에서 천대받던 사람들이 환호 속에 리우의 거리를 행진했다.
시간이 조금 흘러, 노예의 아들로 태어나 제독으로 추대된 반란군 대장 주앙 칸디두◆는 다시 일상의 선원으로 돌아왔다.
다시 시간이 조금 더 흘러 그는 추방되었다.
다시 시간이 흘러 이번엔 체포되었다.
다시 시간이 흘러 그는 정신병원에 구금되었다.
그의 기념비는 부두에 깔린 돌들 사이에 있을 거라고 노래는 전한다.

◆ 주앙 칸디두 펠리스베르투(João Cândido Felisberto)는 채찍 반란(Revolta da Chibata)이라고 불리는 해군 반란의 중심 인물이다. 브라질 해군에서 흑인 병사들이 겪던 차별과 잔혹한 체벌에 대항하여 일어난 반란으로, 주앙 칸디두와 반란군은 리우데자네이루를 위협하며, 해군에서의 신체적 처벌을 종식시키는 것을 주요 요구 사항으로 삼았다. 결국 반란은 종료되었고, 해군에서의 체벌은 폐지되었다. 그러나 정부는 사면 약속을 어겼고, 그는 체포되고 정신병원에 보내지는 등 힘든 삶을 살았다.

11월 28일

배우며 가르친 사람

2009년, 브라질 정부는 파울루 프레이리에게 정중하게 사과했다. 그렇지만 그는 감사하다는 대답도 할 수 없었다. 이미 죽은 지 12년이나 되었기 때문이다.

연대를 위한 교육 분야에서 파울루는 선지자와 같은 존재였다.

처음에 그는 나무 아래에서 수업을 했다. 수천 명이 넘는 페르남부쿠 주의 사탕수수 농장 노동자에게 세상을 읽을 수 있도록, 그래서 세상을 바꿀 수 있도록 문자를 가르쳤다.

군부독재 정권은 그를 체포해 추방한 다음 다시 돌아오지 못하게 막았다.

망명 기간에 파울루는 수많은 곳을 떠돌았다. 가르치면 가르칠수록 더 많은 것을 배웠다.

오늘날, 340개의 브라질 학교가 그의 이름을 따르고 있다.

인간의 생명을 경시했다는 점에서 히틀러는 타인의 추종을 불허한다. 그러나 그런 그에게도 경쟁자들이 있었다.

2010년 러시아 정부는 카틴Katyn 숲을 비롯해 하르코프Kharkov와 미예드노예Miednoje에서 1만 4천 500명의 폴란드 포로들을 학살한 주범이 스탈린임을 공식적으로 인정했다. 폴란드인들은 1940년 봄 뒤통수에 총을 맞았고,◆ 소련은 이 범죄를 나치의 소행이라 주장해왔다.

1945년 연합군의 승리가 확실해지자 도이칠란트의 드레스덴과 일본의 히로시마와 나가사키는 벽돌 한 장 남지 않을 정도로 파괴되었다. 승전국은 공식 소식통에서 이 도시들이 군사적인 목표물이라고 강변했지만, 수천 명이 넘는 사망자는 모두 민간인이었다. 폐허가 된 도시에서는 새총 한 자루 발견되지 않았다.

◆ 이른바 '카틴 숲 대학살'은 제2차 세계대전 초기, 소련이 폴란드 동부를 점령한 후 발생했다. 소련의 내무인민위원부(NKVD)는 1940년 봄, 약 2만 2천 명의 폴란드 군인과 지식인을 처형했다. 폴란드의 반(反) 소련 세력을 제거하고 점령 지역 내의 잠재적 저항을 억제하려는 목적에서 비롯된 결정이었다. 소련 붕괴 후 이 학살이 소련 정부의 책임임이 밝혀졌다.

11월 30일
낙원에서의 만남

2010년 환경보호를 위한 또 다른 전 세계 회담◆, 그러니까 천한 번째 회담이 열렸다.
늘 그랬듯 자연을 착취하던 사람들이 자연에 사랑의 시를 바쳤다.
회담은 칸쿤에서 열렸다.
이보다 더 나은 곳은 없을 것이다.
칸쿤은 첫눈에는 그림엽서 속 풍경 같지만, 오랜 전통을 가진 어촌 마을은 지난 50년 동안 3만 개의 객실을 갖춘 가장 근대적이고 거대한 호텔 마을로 변신했다. 번영으로 가는 길에 성공적인 개발을 가로막고 나선 자연물들, 사구와 호수, 사람의 손을 타지 않은 해변들, 원시림, 맹그로브 숲 등을 깡그리 밀어버렸다. 해변의 모래마저 제물이 되었다. 이제 칸쿤은 다른 곳에서 모래를 사오고 있다.

◆ 2010년 11월 29일부터 12월 10일까지, '2010년 유엔 기후 변화 회의'가 멕시코 칸쿤에서 열렸다.

오늘의 역사

역사의 오늘

12월

12월 1일
무기여 잘 있거라!

코스타리카의 대통령인 '돈 페페' 피게레스◆는 이렇게 선언했다.
"이 나라의 모든 것이 잘못되었습니다."
1948년, 그는 결국 군대를 없앴다.
많은 사람이 세상의 종말 혹은 적어도 코스타리카의 종말이 올 거라고 이야기했다.
그러나 세상은 지금도 돌고 있을 뿐만 아니라 코스타리카는 전쟁과 쿠데타에서 해방되었다.

◆ 호세 피게레스 페레르(José Figueres Ferrer 1906-1990) 일명 '돈 페페'는 3선 대통령을 지낸 코스타리카의 정치인이다. 산 라몬의 카탈루냐인 가정에서 태어나 덴마크계 미국인 카렌 올센 베크와 결혼하였다. 1944년 민주당(훗날 사회민주당으로 개명)을 창당하였으나, 얼마 후 테오도로 피카도(Teodoro Picado) 정부의 부정선거가 드러나자 혁명을 일으켰다. 그는 혁명을 통해 기존 정부를 무너뜨리고 집권하였다. 내전으로 심각한 피해가 일어나자 그는 군대를 폐지하였고, 여성과 흑인에게 투표권을 부여했다.

12월 2일
노예제 반대의 날

19세기 중반, 인종과 계급을 배반한 미국의 백인 존 브라운John Brown은 플랜테이션 농장에서 일하는 흑인 노예들에게 무기를 건네주려고 버지니아에 있는 육군 무기고를 습격하였다.
브라운을 포위하여 생포한 부대장 로버트 리 대령은 장군으로 승진했고, 얼마 지나지 않아 남부와 북부의 긴 전쟁에서 노예제를 옹호하는 군대를 지휘했다.
노예제를 지지한 장군 리는 침대에서 죽었다. 그는 군대의 예우, 즉 군가와 예포 그리고 미국의 '위대한 천재적인 군인'이라는 추모의 말과 함께 안식을 얻었다.
노예들의 친구였던 브라운은 군 무기고를 습격한 죄에 살인과 내란 음모, 그리고 국가에 대한 반역죄가 더해져 유죄 판결을 받고 1859년 오늘, 교수형에 처해졌다.
우연이긴 하지만, 오늘은 노예제에 반대하는 날이다.

12월 3일
충분히 이야기했던 왕

4세기 동안 흑인들의 아프리카는 '인육 판매'에 특화되어 있었다. 국제 분업에 따라 전 세계 시장에 공급할 노예를 생산하는 것이 그들의 운명이었다.

1720년 한 왕이 이를 거부했다.

다호메이◆의 왕, 아가자 트뤼도◆◆는 유럽인들의 요새를 불태우고, 노예를 선적하던 부두를 파괴했다.

10년 동안 그는 노예상들의 괴롭힘과 이웃 왕국의 공격을 견뎠다.

그렇지만 그 이상은 불가능했다.

유럽은 인간으로 무기 대금을 치르지 않는 이상 그에게 무기 판매를 거부했다.

◆ 1600년부터 1904년까지 오늘날 베냉 공화국 자리에 있었던 아프리카의 왕국으로, 단소메(Danxome), 단호메(Danhome), 폰(Fon)과 같은 이름으로 불리기도 했다.

◆◆ 아가자 트뤼도는 1718년부터 1740년까지 다호메이 왕국의 왕이었다. 그의 통치 기간 다호메니 왕국은 크게 영토를 확장했으며 알라다(Allada)와 와이다(Whydah)를 정복하는 등 대서양 노예무역의 주요 무역로를 장악했다. 그의 통치와 관련하여 가장 논란이 된 것은 노예무역에 대한 태도이다. 일부 학자들은 그가 노예무역에 반대했으나 왕국을 방어할 필요성 때문에 어쩔 수 없이 이에 응했다고 주장하는 반면, 그럴 이유가 없었다고 주장하는 학자들도 있다.

12월 4일
녹색 기억

우리 인간처럼 나무도 기억한다.
나무들은 잊지 않는다. 나무줄기에 나이테를 만들고, 나이테와 나이테 사이에 기억을 간직하는 것이다.
나이테는 나무의 역사를 말해줄 뿐만 아니라 나이도 드러내는데, 어떤 나무는 나이가 2천 년에 이른다. 어떤 기후를 겪었는지, 어떤 홍수와 가뭄으로 고통을 받았는지, 나무를 공격했던 큰 화재와 전염병 그리고 지진의 상처가 얼마나 컸는지 기억한다.
오늘 같은 날, 이 주제에 대해 열심히 연구했던 호세 아르만도 보닌세그나José Armando Boninsegna는 아르헨티나 초등학교 학생들에게 인간이 할 수 있는 최고의 설명을 들었다.
“작은 나무들이 학교에 가서 글쓰기를 배운대요. 어디에 쓰냐고요? 배 속에 쓰죠. 어떻게 쓰냐고요? 나이테로 쓰지요. 그리고 이건 읽을 수 있어요.”

12월 5일
아름다움을 향한 의지

에스파냐 자연사 협회 회장은 1886년, 알타미라 동굴 벽화가 수천 년의 역사를 지닌 것은 아니라고 밝혔다.
“오늘날 학교에 다니는 평균 정도의 능력치를 가진 학생의 작품입니다.” 그는 모든 전문가가 품었던 의심을 수용하여 이렇게 이야기했다.
20년 후, 이 전문가들은 자기들이 틀렸다는 사실을 인정해야 했다. 배고픔이나 욕망이 그랬듯 아름다움을 향한 의지 또한 인간의 모험과 늘 함께했다는 사실이 밝혀진 것이다.
우리가 문명이라고 부르기 훨씬 전부터 인류는 새의 뼈로 피리를 만들었고, 조개껍질에 구멍을 뚫어 목걸이를 만들었다. 흙과 피, 돌가루, 식물의 즙 등을 섞어 색을 만들어 동굴을 꾸미고, 우리 자신의 몸을 걸어 다니는 그림으로 만들기도 했다.
베라크루스에 도착한 에스파냐 정복자들은 우아스테카 원주민들이 완전히 벌거벗고 다니는 것을 보았다. 남들을 즐겁게 해줄 생각인지 자기 자신을 위한 것인지는 모르겠지만 남자도 여자도 모두 몸에 그림이 그려져 있었다.
“이건 정말 최악이었어.” 정복자 베르날 디아스 델 카스티요는 이렇게 이야기했다.

12월 6일
연극 수업

1938년 오늘, 할리 플래너건◆은 워싱턴의 반미 활동 조사 위원회◆◆에서 심문받았다. 그녀는 연방극장 프로젝트의 책임자였다.

앨라배마의 하원의원 조 스탄스Joe Starnes가 질문했다.

그는 할리가 쓴 기사에 대해 이렇게 물었다.

"말로Malowe라는 사람을 인용했던데, 그는 공산주의자입니까?"

"죄송한데, 크리스토퍼 말로를 인용한 겁니다."

"그 사람에 대해 자세히 이야기해주시겠습니까?"

"셰익스피어보다 앞서 활동한, 위대한 영국의 극작가예요."

"그렇군요! 하지만 그리스 연극에서도 오늘날 공산주의자로 분류될 수 있는 사람을 찾을 수 있답니다."

"물론 그렇겠지요."

"에우리피데스도 계급의식을 가르친 죄가 있다고 생각하는데, 그렇지 않나요?"

"그러면 그리스 극작가 모두 기소당할 것 같은데요."

"그러니 이런 일이 도대체 언제부터 일어났는지 잘 모르겠다는 겁니다…." 스탄스 하원의원은 길게 한숨을 내쉬었다.

◆ 할리 플래너건(Hallie Flanagan)은 미국의 극작가이자 연출가로, 1930년대 '연방극장 프로젝트(Federal Theatre Project, FTP)'의 책임자로 알려져 있다. 뉴딜 정책의 일환인 이 프로젝트는 대공황으로 실업자가 된 연극인을 지원하는 동시에 대중에게는 저렴한 가격으로 연극을 제공하는 것을 목표로 했다.

◆◆ 반(反)미 활동 조사 위원회(House Un-American Activities Committee, HUAC)는 1938년 설립되어 공산주의자를 비롯한 반미 활동가들을 조사했다. 특히 1940년대와 1950년대에 활발히 활동했으며, 할리우드와 문화계 인사들을 중점적으로 추적했다. 이 과정에서 많은 예술가와 작가, 영화 제작자, 배우들이 조사받았고, 일부는 커리어를 잃거나 블랙리스트에 올랐다.

12월 7일

예술은 나이 들지 않는다

1633년 이맘때, 식민지 브라질을 멋지게 조롱할 줄 알았던 시인 그레고리우 지 마투스가 태어났다.

1969년, 군사독재가 하늘을 찌를 무렵, 6관구 사령관은 바이아 주의 산살바도르 시 문화부 도서관에서 3세기 동안 정의롭게 잠들어 있던 그의 시가 '반역의 성격'이 있다고 고발하였다. 그리고 시집을 장작불에 던져버렸다.

1984년, 이웃 나라인 파라과이의 군사독재 정권은 '질서, 규율, 군인 그리고 법 등에 반하는 내용을 담은 팸플릿'을 다뤘다며 아르레킨 극장에 올려질 예정이던 연극의 상연을 금지했다. 에우리피데스가 〈트로이아 여인들〉이라는 희곡을 쓴 지 24세기나 지난 후였다.

12월 8일

뉴런의 예술

1906년, 산티아고 라몬 이 카할◆은 노벨 의학상을 받았다.

그는 사실 화가가 되고 싶었다.

그러나 그의 아버지가 이를 허락하지 않아 어쩔 수 없이 에스파냐 역사상 가장 위대한 과학자가 될 수밖에 없었다.

그는 자신이 발견한 것을 그림으로 그려 복수했다. 그가 그린 뇌의 풍경은 호안 미로나 파울 클레와 경쟁할 만했다.

"신경학의 정원은 형언할 수 없이 아름다운 예술적인 감동을 제공합니다." 그는 이렇게 말하곤 했다.

그는 신경계의 신비로움을 연구하며 삶을 즐겼으며, 이를 그림으로 그리면서 한 번 더 즐겼다.

그리고 자기가 생각한 것을 소리 높여 떠들며 다시 한번 즐겼다.

물론 이런 행동이 친구보다는 적을 더 많이 만든다는 사실을 잘 알고 있었다.

그는 이따금 깜짝 놀라며 묻곤 했다.

"자네는 적이 없나? 어떻게 적이 없을 수 있지? 그럼 단 한 번도 진실을 이야기하지도, 정의를 사랑하지도 않았단 말인가?"

◆ 산티아고 라몬 이 카할(Santiago Ramon y Cajal, 1852-1934)은 에스파냐 출신의 신경조직학자이다. 뇌의 미세구조에 대한 선구적인 업적으로 근대 뇌과학의 아버지로 일컬어진다. 뇌의 조직학적 구조를 그린 그의 숙련된 드로잉은 오늘날에도 뇌과학 교재로 사용될 정도이다. 1906년 카밀로 골지와 함께 노벨 생리학-의학상을 공동 수상하였다.

1986년 노벨 의학상은 리타 레비몬탈치니◆에게 돌아갔다.

엄혹했던 무솔리니 독재 치하 이탈리아에서, 리타는 집 한쪽에 임시로 마련한 실험실에서 신경섬유를 연구했다.

몇 년 후, 생명의 신비에 대해 집요하게 연구하던 리타는 엄청난 노력 끝에 인간 세포의 증식을 맡은 단백질을 발견했고, 결국 노벨상을 받았다.

그녀는 이미 여든 살에 가까운 나이였는데, 이렇게 이야기했다.

"내 몸은 이미 주름투성이이지만, 뇌는 그렇지 않습니다. 더 생각할 수 없는 때가 오면 내가 존엄하게 죽을 수 있게 도와줬으면 합니다."

◆ 리타 레비몬탈치니(Rita Levi-Montalcini, 1909-2012)는 이탈리아의 신경학자이다. 1986년에 세포 성장을 촉진하는 신경 성장 인자를 발견한 공로로 스탠리 코헨과 함께 노벨 생리학-의학상을 수상했다. 이후 2001년부터 이탈리아 종신 상원의원을 지냈다. 2012년 103세의 나이로 사망할때까지 노벨상 수상자 중 가장 오래 산 인물이기도 했다.

12월 10일

성전聖戰

2009년 오늘은 세계인권선언일이자 미국 대통령 버락 오바마가 노벨평화상을 받은 날이다.
그는 수상 연설에서 전쟁에 경의를 표하는 것 이상을 하지 못했다. '악에 맞서기 위한 정의롭고 절대적으로 필요한 전쟁'이라는 단서를 달았을 뿐.
4세기 반 전, 노벨상이 존재하지도 않았으며 악惡이 석유를 품은 땅이 아닌, 금과 은을 약속하는 땅에 머물고 있던 시절, 에스파냐의 법학자 후안 히네스 세풀베다◆ 역시 악에 맞서기 위한 '정의롭고 절대적으로 필요한 전쟁'을 옹호했다.
당시에 히네스는 아메리카 원주민에 맞서는 전쟁이 필요하다고 설명했다. '원주민은 천성적으로 미개하고 교육받지 못해 비인간적인 존재이므로 노예가 될 수밖에 없다. 자연법에 따라 모든 선을 위해서라도 육체는 영혼에, 욕망은 이성에, 야만적인 짐승은 인간에, 아내는 남편에, 불완전한 것은 완전한 것에, 악은 선에게 복종해야 한다'고 주장한 것이다.

◆ 후안 히네스 데 세풀베다(Juan Ginés de Sepúlveda, 1494-1573)는 에스파냐의 르네상스 인문주의자이다. 1550년 바야돌리드 논쟁에서 바르톨로메 데 라스 카사스와 토론을 벌였다. 신대륙 원주민에게 온정적이었던 라스 카사스 주교에 대하여 세풀베다는 에스파냐의 식민지 정복의 권리를 옹호했으며, 자연법 논리에서 원주민들은 천성이 노예라고 주장했다. 세풀베다는 아리스토텔레스 철학의 전문가로, 상당수의 아리스토텔레스 저작을 라틴어로 번역하기도 했다.

12월 11일
많은 사람을 내면에 담고 있던 시인

포르투갈의 시인 페르난두 페소아◆는 자신의 내면에 대여섯 명이 넘는 시인이 살고 있다고 믿었다.

2010년 말, 브라질의 작가 조제 파울루 카발칸치José Paulo Cavalcanti는 수년에 걸쳐 '많은 사람을 내면에 담고 살아가던 사람에 관한 연구'를 마쳤다.

카발칸치는 페소아가 대여섯 명 정도를 품고 있었던 것이 아니라고 밝혔다. 그는 빈약한 몸에 무려 127명에 달하는 사람을 손님으로 안고 있었으며, 각각의 손님에게 이름과 스타일, 개인사, 생일, 운세를 부여하고 있었다.

그의 내면에 깃들여 있던 127명의 손님은 각각 시, 기사, 편지, 수필, 책 등에 각자 다른 필체로 서명했다.

그들 중 몇 명은 그를 비판하는 신랄한 비평을 내기도 했다. 이처럼 엄청난 대가족을 부양하기가 쉽지 않았을 테지만, 페소아는 단 한 사람도 추방하지 않았다.

◆ 페르난두 페소아(Fernando Pessoa, 1888-1935)는 포르투갈의 시인이자 작가, 평론가, 번역가, 철학가이다. 생전에는 크게 인정받지 못했으나 현대에 이르러 모더니즘의 선구자이자 20세기 문학사에서 가장 중요한 작가이자 포르투갈어 최고의 시인 중 한 명으로 평가받는다. 페소아는 자신의 실명뿐만 아니라 대략 75가지 이름으로 많은 글을 썼는데, 이를 '필명'이 아닌 '이명'이라 불렀다. 페소아의 말에 따르면 그는 알베르투 카에이루, 알바루 드 캄푸스 그리고 히카르두 헤이스 등 세 가지 이명을 주로 사용했는데, 이명들은 모두 다른 역사와 기질, 철학, 외모, 문체를 지니고 있었으며 서명도 모두 달랐다고 한다. 대표작으로 《불안의 책》이 있다.

12월 12일
토난친이 곧 과달루페이다

예수를 낳고 긴 세월이 지나 성모 마리아는 멕시코로 여행을 갔다. 1531년 멕시코에 도착한 성모는 자신을 과달루페의 성모◆라고 소개했는데, 운 좋게도 바로 그곳에 아스테카의 어머니 여신인 토난친의 사원이 있었다.

그날 이후 과달루페의 성모는 국가적인 신적 존재가 되었다. 토난친이 성모의 내면에 살고 있으므로 멕시코인과 예수는 같은 어머니를 가진 셈이 되었다.

멕시코에서, 그리고 아메리카 대륙 전체에서 금지되었던 원주민의 신神들은 하늘에 난 길을 따라 가톨릭 신성으로 들어갔고, 그 안에서 함께 지내게 되었다.

틀랄록은 세례 요한을 빌려 비가 되었고, 소치필리는 기독교 성인인 농부 이시도르의 몸을 빌려 꽃을 피웠다.

아버지 태양은 아버지 하느님이 되었다.

테스카틀리포카는 십자가에 못 박힌 예수가 되어 원주민들의 우주에서 바람이 불어오는 네 방향을 가리키고 있다.

◆ 과달루페의 성모는 멕시코 가톨릭 신앙의 중심적인 상징이다. 1531년, 멕시코의 테페약 언덕에서 후안 디에고에게 나타났다고 전해지는 현시를 기반으로 한다. 성모는 자신의 모습이 새겨진 틸마(망토)를 후안 디에고에게 보여주며 그곳에 교회를 세우라고 했다. 매년 12월 12일이면 수많은 순례자들이 멕시코시티 과달루페 대성당을 방문해 축일을 기념한다.

12월 13일
합창의 날

1589년 교황 식스토 5세는 거세당한 아이들이 성 베드로 성당에서 노래하도록 명령했다.
끊임없이 지저귀며 고음을 내야 하는 남성 소프라노들은 성가대가 되기 위해 고환을 거세당했다.
3세기 이상 거세된 남성이 교회 성가대에서 여성의 자리를 대신했다. 성전의 순결함을 더럽힌다는 이유로, 죄인인 이브의 딸이 내는 목소리가 성당에서 금지된 탓이었다.

12월 14일
일곱 번 탈출한 수사

1794년 멕시코 대주교였던 알론소 누녜스 데 아로Alonso Núñez de Haro는 세르반도 테레사 데 미에르Servando Teresa de Mier 수사에 대한 판결문에 서명했다.

성모의 멕시코 땅 방문 기념일을 맞아 세르반도 수사는 총독과 대주교, 왕실 대법관들 앞에서 설교를 했다.

세르반도 수사는 엉뚱하게도, 성모 마리아는 아스테카의 대지의 여신 토난친이고, 성 토마스는 원주민들이 숭배하는 날개 달린 깃털 뱀 케찰코아틀이라며, 이는 우연이 아니라고 말해 엄청난 충격을 안겼다.

발칙한 신성 모독죄를 저지른 세르반도 수사는 철학박사 학위를 박탈당했으며, 영원히 가르치거나 고해성사를 받거나 설교하는 일을 못 하게 되었다. 그리고 영원히 에스파냐에서 추방되었다.

그는 그날 이후 일곱 번 체포되었고, 일곱 번 탈출했다. 그는 멕시코 독립을 위해 투쟁했으며, 에스파냐 사람들을 풍자하는 신랄하면서도 재미있는 글을 썼다. 그리고 멕시코 사람들이 스스로 주인이 될 때를 기대하며, 에스파냐의 식민지 탄압에서 벗어난 공화국 수립 프로젝트에 대한 심도 있는 글을 썼다.

12월 15일
녹색 인간

오늘이 치쿠 멘지스◆의 생일일 것이다.

아마 맞을 것이다.

아마존의 살인마들은 성가신 나무들과 성가신 인간들을 죽였다.

그러니까, 치쿠 멘지스 같은 사람들을.

그의 부모는 빚 때문에 노예가 되어 머나먼 세아라 주의 황무지에서 고무나무 농장으로 끌려왔다.

그는 스물네 살에 읽는 법을 배웠다.

그는 아마존에서 노동조합을 결성하여 외톨이들, 노예화된 노동자들, 추방당한 원주민 등과 연대해 토지를 집어삼키려는 이들과 용병들, 강에 독성 물질을 풀고 밀림을 폭격하는 세계은행 전문가들과 맞서 싸웠다.

결국 그에게 죽음의 낙인이 찍혔고, 총알이 창문을 통해 날아들었다.

◆ 치쿠 멘지스(Chico Mendes, 1944-1988)는 브라질의 환경운동가이자 노동지도자이다. 고무 채취 노동자로 일하며 숲이 보존되어야 아마존의 노동자들 또한 인간답게 살아갈 수 있음을 깨닫고 노동조합을 조직해 지주들과 맞섰다. 끊임없는 암살 위협에 시달리고 동료들이 암살되는 것을 목격했지만, 평화로운 시위인 '엠파치'로 저항했다. 1988년 12월 22일 암살되었다. 폴 매카트니는 그의 삶을 기려 〈How many people〉이라는 곡을 발표했으며, 소설가 루이스 세풀베다는 소설 《연애 소설 읽는 노인》을 헌정했다.

12월 16일

빈곤 퇴치를 위한 싸움: 숫자로 거짓말하기

지난 몇 년 동안 주류 언론은 나팔을 불고 북을 두드리며 빈곤과의 전쟁에서 승리한 것을 축하했다. 해를 거듭할수록 빈곤이 물러가고 있다고 했다.

2007년에 이르기까지 늘 그랬다. 세계은행의 전문가들이 국제통화기금과 유엔 산하 기관의 협조를 받아 전 세계 인구의 구매력 통계를 업데이트했다. 거의 배포되지 않는 '국제 비교 프로그램' 보고서에서 전문가들은 전에 측정된 몇몇 데이터를 수정했다. 다른 작은 오류들 중에서, 그들은 국제 통계에 기록된 것보다 5억 명이나 많은 빈곤층이 있다는 사실을 발견했다.

가난한 사람들은 이미 이 사실을 알고 있었다.

12월 17일
작은 불꽃

2010년 오늘 아침 무함마드 부아지지는 여느 날과 마찬가지로 과일과 채소를 실은 수레를 끌고 튀니스 어디론가 가고 있었다.
다른 날과 마찬가지로 경찰이 와서 어처구니없는 죄목을 지어내 벌금을 징수했다.
그러나 그날 아침 무함마드는 벌금을 내지 않았다.
경찰은 그를 폭행했고, 수레를 뒤집고 땅에 흩어진 과일과 채소를 짓밟았다.
그러자 무함마드는 자신의 머리에서 발끝까지 석유를 붓고 불을 붙였다.
노점상보다 작았던 그 작은 불꽃은 며칠 만에 전체 아랍 세계에 퍼졌다.◆ 더는 아무것도 아닌 인간으로 살고 싶지 않았던 사람들의 마음에 불을 댕긴 것이다.

◆ 튀니지 혁명 혹은 재스민 혁명. 2010년 12월 17일부터 2011년 1월 14일까지 튀니지에서 일어난 혁명으로, 26세 청년 무함마드 부아지지가 부패한 경찰에 분신자살로 항의한 일이 발단이 되었다. 튀니지 민중은 반정부 시위로 독재 정권에 저항했고, 이 민주화 운동은 이집트, 리비아 등 다른 아랍 국가에도 확대되어 이집트의 무바라크 정권과 리비아의 카다피 정권을 무너뜨렸다.

12월 18일

최초의 망명자

국제 이민자의 날International Migrants Day인 오늘, 아담과 이브가 인류 역사에서 최초로 추방된 사람이란 사실을 기억하는 것도 괜찮을 것이다.

'공식적인 버전'에 따르면 아담은 이브의 유혹을 받았다. 금단의 열매를 제공한 사람은 이브였다. 이브 때문에 두 사람은 낙원에서 추방되었다.

그런데, 정말 그랬을까? 아담이 스스로 원해서 한 일은 아닐까?

이브가 아무 제안도 하지 않았을 수도, 아무것도 원하지 않았을 수도 있다.

아담은 이브가 이미 한입 먹었다는 사실을 알고 금단의 열매를 먹기로 결심했을 수도 있다.

혹은 이브가 이미 영생이라는 특권을 잃었고, 아담은 그녀가 받은 처벌에 동참하기로 한 것인지도 모른다.

그로 인해 죽을 수밖에 없는 존재가 되었지만, 함께 죽는 운명을 택한 것일지도 모른다.

12월 19일
또 다른 추방자

1919년 말, '미국으로 귀환하는 것이 금지된, 바람직하지 않은 외국인'◆ 250명이 뉴욕 항을 떠났다.
그들 중엔 병역의무를 반대하고, 피임법을 유포하고, 파업을 조직하고, 국가 안보에 반하는 테러 행위로 인해 수차례 투옥되었던 '고위험 이방인' 엠마 골드만◆◆도 있었다. 그녀 역시 망명길에 올랐다.
엠마가 남긴 몇 마디:

- 매춘은 청교도주의가 거둔 최고의 승리이다.
- 영광스럽고 성스러운 모성이라는 역할을 강요하는 것보다 더 끔찍하고 범죄적인 것이 있을까?
- 가난한 정신을 가진 자들만이 천국에 갈 수 있다면, 그보다 따분한 곳이 있을까?
- 투표가 뭔가를 바꾼다면, 그것은 불법일 거다.
- 모든 사회에는 그 사회에 어울리는 범죄자가 있다.
- 모든 전쟁은 비겁해서 싸울 수 없는 도둑들 사이에서 일어난다. 그들은 자기 대신 죽어달라고 다른 사람들에게 명령을 내린다.

◆ 바람직하지 않은 외국인(undesirable aliens)은 미국 정부가 국가의 이익에 해가 된다고 판단하여 입국을 거부하거나 추방하는 외국인들을 지칭한다. 1919년, 미국 정부는 공산주의자와 아나키스트, 급진적 사회주의자 등을 국가 안보에 위협이 되는 요소로 간주하고 추방하는 정책을 시행했다.

◆◆ 엠마 골드만(Emma Goldman)은 아나키스트 정치 활동가이자 작가였다. 러시아 제국의 코브노에서 태어나 미국으로 이민했다. 여성의 권리에 대해 이야기했으며 불법적인 피임 정보를 유포했고 아나키스트 신문 〈어머니 지구(Mother Earth)〉를 창립했다. 러시아로 추방당한 후 소비에트 정부를 비판하다 러시아를 떠나 영국과 캐나다 프랑스 등에서 거주했다.

12월 20일

만남

문이 닫혀 있다.

"누구세요?"

"나예요."

"당신을 모르는데요."

문은 여전히 닫혀 있다.

다음 날.

"누구세요?"

"나예요."

"당신이 누군지 모르는데요."

다음 날.

"누구세요?"

"나는 당신인데요."

문이 열렸다.

- 1119년 니샤푸르에서 태어난 페르시아의 시인 파리드 앗 딘 아타르의 시

12월 21일

말하기의 기쁨

오늘 혹은 다른 날이었을지도 모른다.
엔헤두안나◆에 대해서는 정확한 날짜가 알려져 있지 않다.
4천 300년 전 엔헤두안나는 문자를 발명한 왕국, 즉 오늘날 이라크가 된 곳에서 살았다.
그녀는 최초의 작가이자 자기 글에 서명을 남긴 최초의 여인이다.
법령을 불러준 첫 번째 여인이었으며, 별자리에 능통한 천문학자였고, 유배의 고통을 겪은 여인이었다.
달이자 후원자였던 인안나◆◆ 여신을 글로써 노래했고,
축제와도 같았던 글쓰기가 준 기쁨에 박수를 보냈다.

> 출산하는 것처럼
> 세상에 생명을 내놓는 것처럼,
> 세상을 잉태하는 것처럼.

◆ 엔헤두안나(Enheduanna, 기원전 2285-2250)는 수메르/아카드의 달의 신 '우르의 인안나'의 제사장이었다. 그녀는 모든 신 중 인안나를 가장 존경하였다. 한 점토판은 그녀를 아카드 사르곤의 딸로 기록한다. 한 지방의 제사장으로 임명되었으나 그 지방이 왕실의 지명을 거부한 탓에 지위를 잃었다. 그녀는 스스로 여신 닌갈의 현신이라고 생각했으며 달의 신 인안나의 부인이라고 믿었다.

◆◆ 메소포타미아 신화에 등장하는 사랑과 전쟁의 여신이자 미의 여신, 생식과 농업, 소생, 아침과 저녁의 여신. 이슈타르라고 불리기도 한다. 수메르 전문가인 김산해의 저서 《최초의 여신 인안나》에 따르면, 인안나이자 이슈타르는 하늘과 땅에서 가장 강력한 힘, 거기에 가장 완벽한 아름다움과 가장 사나운 전투력을 지닌 여신이자 하늘과 땅의 여왕이었으며, 사랑, 전쟁, 지혜, 풍요, 다산, 아름다움, 완전하고 다양한 여성성, 여성적인 삶의 원리 등을 상징하는 여신으로, 죽음으로부터 부활한 모든 신의 원형에 해당한다고 한다.

12월 22일
하늘을 나는 기쁨

오늘날, 라이트 형제가 1904년 말에 비행기를 만들었다고 굳게 믿는 사람들이 있다. 비행기라는 이름에 합당한 기계장치를 처음 만든 사람은 2년 뒤에 나타난 브라질 사람 산토스 뒤몽◆이라고 주장하는 사람들도 있다.

유일하게 명확하게 이야기할 수 있는 것은 3억 5천만 년 전 잠자리의 몸에서 작은 날개의 징조가 나타났으며, 이 작은 날개가 수백만 년 동안 날고 싶다는 욕망으로 인해 점점 커졌다는 점이다.

잠자리가 하늘을 날고자 했던 첫 번째 승객이었던 셈이다.

◆ 알베르토 산토스 뒤몽(Alberto Santos-Dumont, 1873-1932)은 브라질의 비행사로, 라이트 형제와 더불어 비행술 선구자로 평가받는다. 최초의 동력 비행선을 설계, 건조, 비행했고 1901년 도이치상을 수상했다. 그의 친구 카르티에가 산토스 뒤몽의 이름을 딴 시계를 만들기도 했다.

12월 23일

부활

1773년, 대지는 배가 고파 무섭게 떨었고, 며칠 뒤 오늘날 안티구아라는 이름으로 불리는 과테말라의 도시를 집어삼켰다.◆ 당시만 해도 2세기 이상 과테말라 전 지역을 통치하던 수도였다.

그러나 종교적인 축제를 통해 안티구아는 폐허에서 우뚝 일어섰다. 거리는 꽃으로, 태양과 과일 그리고 예쁜 깃털을 가진 새들을 그린 꽃으로 덮였다. 이 거리를 걷는 사람들이 예수의 탄생을 축하하는지 아니면 도시의 부활을 축하하는지는 명확하게 알려진 바 없다.

이웃들은 축제가 계속되는 동안이라도 안티구아가 영원하길 비는 마음으로 끈기 있게 한 땀 한 땀 길거리 정원을 꾸몄다.

◆ 1773년 산티아고 데 로스 카바예로스 데 과테말라(안티구아의 옛 이름)를 덮친 지진은 12월까지 지속되었다. 이후 과테말라의 수도는 과테말라시티로 이전되었다.

12월 24일

기적이다!

1991년 크리스마스 이브.

소련이 죽고, 그 구유에서 러시아 자본주의가 새로 태어났다.

새로운 믿음은 기적을 만들었다. 계몽된 공무원은 기업가가 되었고, 공산당 지도자들은 종교를 바꾸고 새로운 부자가 되어 으스댔다. 그들은 국가에 경매의 깃발을 꽂고 자국과 세계에서 살 수 있는 모든 것을 바나나 값에 샀다.

축구 클럽도 예외는 아니었다.

예수는 정확한 생일이 없어서 생일상을 받을 수 없었다.◆
354년 로마의 기독교인들은 예수가 12월 25일에 태어났다고 정했다.
북방에 살던 이교도들은 이날, 한 해의 가장 긴 밤이 끝나고 어둠을 깨기 위해 찾아온 태양신의 강림을 기렸다.
태양신은 페르시아에서 로마로 왔다.
그의 이름은 미트라였다.
이제 그는 예수라는 이름으로 불리게 되었다.

◆ 성경에는 12월 25일에 대한 어떠한 기록도 없다. 2천 년 전 초대교회 성도들은 '크리스마스'를 알지 못했다. 12월 25일이 예수의 탄생일로 지정된 것은 로마 제국 시대의 관행과 연결되어 있다. 로마와 북유럽의 이교도들이 '솔 인빅투스(Sol Invictus, 무적의 태양)' 혹은 '미트라' 라고 부르던 태양의 탄생을 축하하던 이날을 초기 기독교인들이 예수의 탄생일로 선택한 것이다. 이는 기독교가 다른 문화와 종교적 전통을 통합하는 방식을 볼 수 있는 예이다.

12월 26일

바다로의 여행

먼 옛날 태양의 아들과 달의 딸들이 다호메이라는 아프리카 왕국에서 함께 살았다.
함께 살면서 껴안기도 하고 싸우기도 했는데 결국 신들은 그들을 아주 먼 곳에 떼어놓았다.
그때부터 태양의 아들들은 바다의 물고기가 되었고, 달의 딸들은 밤하늘을 수놓은 별이 되었다.
바다의 별이 된 달의 딸들은 하늘에서 절대로 떨어지는 법이 없다. 하늘을 여행하며, 물속에 머물고 있을 잃어버린 연인을 찾아 헤맨다.

12월 27일
여행자

마쓰오 바쇼◆는 사무라이의 운명을 타고났지만, 전쟁을 버리고 시인이 되었다. 방랑 시인이 된 것이다.

그가 죽은 지 한 달이 되자, 그러니까 1694년 이맘때, 일본의 모든 길은 그의 짚신 발자국과 그가 하룻밤 묵어간 집 지붕에 남기던 글귀를 그리워했다. 바로 이렇게.

날들과 달들은 영원한 여행객이니
오고 가는 해 또한 나그네이다
사공이 되어 배 위에서 평생을 보내거나
마부가 되어 말머리를 붙잡은 채 노경을 맞이하는 사람은
그날그날이 여행이기에 여행을 거처로 삼는다.
많은 풍류객들이 여행길에서 죽음을 맞이했다.
나 또한 구름을 몰아가는 바람결에 이끌려 방랑하고파.◆◆

◆ 마쓰오 바쇼(松尾芭蕉, 1644-1694)는 하이쿠의 성인으로 불릴 정도로 일본 하이쿠 역사의 최고봉으로 손꼽힌다. 하이쿠는 중세 이후 일본 문학을 대표하는 시 장르로, 원래 장시의 앞부분을 칭하는 말이었으나 바쇼가 본격적으로 이 부분만을 따로 쓰기 시작했고 이것이 하이쿠의 전형이 되었다고 전해진다. 그는 하급 무사의 아들로 태어났으나 13세에 아버지를 잃고 생활이 어려워지자 요시타다라는 권력자의 시중을 드는 일을 하였다. 요시타다는 하이쿠에 취미가 있었고, 바쇼도 어깨너머로 하이쿠를 배웠다. 요시다타가 죽자 바쇼는 에도(도쿄)로 거처를 옮긴다. 본래의 성 무네후사를 버리고 파초를 의미하는 바쇼(芭蕉)라는 이름을 지은 것도 이때의 일이다. 이때부터 파초처럼 떠도는 하이쿠 시인의 삶을 살았다.

◆◆ 마쓰오 바쇼의 《오쿠로 가는 길》의 서문에서 저자가 발췌한 것.

12월 28일
미래에 대한 향수

2007년, 오스카르 니에메예르◆는 백 살이 되었고, 여덟 가지 새로운 프로젝트를 진행 중이었다.
세계에서 가장 활동적인 이 건축가는 프로젝트를 진행할 때마다 세상의 풍경을 바꿔놓았다.
그의 나이 든 눈은, 우리를 겸손하게 만드는 하늘 높은 곳까지는 바라보지 않았다. 흘러가는 구름을 언제나 새로운 눈으로 바라보며 다음 창작물의 영감을 얻었다.
저 구름 속에서 그는 대성당과 믿을 수 없는 꽃들의 정원, 괴물, 힘차게 내달리는 말, 엄청나게 많은 날개를 가진 새, 터질 듯한 바다, 하늘로 솟구치는 포말, 바람에 흔들리는 여인을 발견했고, 바람에 몸을 맡기고 바람을 따라 떠돌았다.
이제 마지막 시간이 다가왔다며 의사들이 그를 병원에 입원시킬 때마다 오스카는 삼바를 작곡하며 지루함을 달랬고 간호사들과 함께 노래를 불렀다.
끊임없이 도망치는 아름다움을 좇던 이 구름 사냥꾼은 삶의 첫 백 년을 뒤로하고 계속 앞으로 나아갔다.

◆ 오스카르 니에메예르(Oscar Niemeyer, 1907-2012)는 브라질의 건축가로, 태동기 모더니즘 건축에서 가장 중요한 인물 중 한 사람이다. 브라질의 행정 수도인 브라질리아를 설계했으며, 뉴욕에 있는 유엔 본부 건축에 다른 건축가들과 함께 참여했던 것으로 유명하다. 고령에도 활발한 활동을 펼치다가 2012년, 향년 104로 세상을 떠났다. 프리츠커상을 수상했다.

12월 29일

길이 곧 목적지다

곧 떠날 묵은 해에 인사하며 엄청 술을 마셨고, 나는 카디스의 거리에서 길을 잃고 무작정 걷고 또 걸었다.

어디로 가야 시장이 나오느냐고 물었다. 한 노인이 등을 벽에서 떼어내며 가리키는 곳도 없이 마지못해 대답했다.

"거리가 이야기하는 대로 따라가면 돼."

거리가 나에게 말을 건넸고, 나는 드디어 도착할 수 있었다.

수천 년 전, 노아는 나침반과 방향타도 없이 항해에 나섰다.

방주를 바람이 이야기하는 대로 흘러가게 두었다. 그런데도 홍수에서 벗어날 수 있었다.

12월 30일
우리는 음악에서 왔다

귀를 기울이면
아주 멀리서
먼 과거에서 온
더는 현재가 아닌 시간에서,
더는 곁에 있지 않은 삶에서 온
노래가 들린다.
우리 삶은 아마
음악으로 만들어졌을 것이다.
부활의 날
나는 세비야에서 새롭게 눈뜰 것이다.

– 이베리아 무슬림의 마지막 왕 무함마드 12세◆의 글에서

◆ 그라나다 나스르 왕조 최후의 군주이다. 아불 하산 알리 빈 사드의 아들로, 카스티야와의 전쟁이 이어지던 1482년 모친 아이샤와 함께 부왕에 반기를 들어 즉위하였다. 하지만 이듬해 카스티야군과 싸우다 포로가 되었고, 사드가 복위하였다. 이사벨라 1세에 복속을 약속하고 석방된 무함마드 12세는 카스티야와 동맹하여 사드와 그의 후계자인 무함마드 13세와 내전을 벌였다. 그 틈에 카스티야-아라곤 연합군은 1487년 그라나다 왕국의 서부를 완전히 정복하였고, 무함마드 12세 역시 그라나다를 장악하며 복위할 수 있었다. 무함마드 13세 축출 후 이사벨라 1세가 기존 영토를 반환할 것이라 여긴 무함마드 12세는 여전히 무함마드 13세의 수중에 있던 동부에 원군을 보내지 않았을 뿐만 아니라 기독교 연합군을 돕기까지 했다. 하지만 1489년 동부를 완전히 정복한 이사벨라 1세와 페르난도 2세가 예상과 달리 점령지를 돌려주지 않자, 무함마드 12세는 복속을 철회하고 선전포고를 하며 맞섰으나 오히려 그라나다에서 포위되어 6개월의 공방전 끝에 항복하였다. 이로써 그라나다 왕국은 멸망했고, 무함마드 12세는 폐위된 후 알푸하라 영지에서 여생을 보냈다.

208년, 세레누스 삼모니쿠스는 로마에서 《비사Asuntos Secretos》라는 책을 써서 치유에 대한 자신만의 발견을 공개했다.
두 황제의 의사이자 시인이며 당대 최고 도서관의 주인이었던 그는 수많은 치료법 중에서도 3일 열병◆을 피하고 죽음을 쫓아낼 수 있는 확실한 방법을 제안했다. 가슴에 단어 하나를 걸어두어 그것을 통해 밤낮으로 몸을 보호할 수 있다는 것이다.
그 주문은 바로 '아브라카다브라'◆◆였다. 이는 고대 히브리어로 다음과 같은 의미였고, 지금도 똑같은 의미이다.
"너의 불꽃을 세상 끝까지 퍼트려라."

◆ 일정한 주기로 발열이 나타나는 감염병. 일반적으로 '플라스모디움 비박스'에 의해 발병하는 말라리아를 가리킨다. 이 유형의 말라리아는 발열, 오한, 발한이 48시간 주기로 나타나는 특징이 있다. 사흘마다 증상이 반복되는 것이다.
◆◆ 서양에서 흔히 마술을 걸 때 주문으로 사용하는 이 말은 '아브라카다브라 알라카잠(Abracadabra Alakazam)'을 줄인 것으로, '말한 대로 이루어지리다'라는 뜻을 담고 있다. 정확한 어원은 알 수 없지만, 고대 아람어로 된 문장 'Abhra Ke-dhabhra(말한 대로 이루리라)', 또는 'Abhdda Ke-dhabhra(말한 대로 되었다)'에서 유래했다는 설이 가장 보편적이다. 이외에도 히브리어로 '아브레크 아드 아브라'가 기원이라는 설도 있다.

오늘의 역사 역사의 오늘

1쇄 찍은날 2024년 3월 28일
1쇄 펴낸날 2024년 4월 10일

글 에두아르도 갈레아노
옮김 남진희
디렉터 이승희
디자인 즐거운생활

펴낸곳 버터북스
출판등록 제2020-000039호

이메일 butterbooks@naver.com
인스타그램 @butter__books
페이스북 butterNbooks

ISBN 979-11-91803-28-0 03900
책값은 뒤표지에 있습니다.

버터북스는 '내 친구의 서재'의 임프린트입니다.

잘못된 책은 구입하신 서점에서 바꾸어드립니다.